Antony C. Sutton

Wall Street y la
Revolución bolchevique

OMNIA VERITAS.

Antony C. Sutton
(1925-2002)

Economista y ensayista estadounidense de origen británico, Stanford Fellow en la Hoover Institution de 1968 a 1973. Fue profesor de economía en la UCLA. Estudió en Londres, Gotinga y UCLA y se doctoró en Ciencias por la Universidad de Southampton (Inglaterra).

Wall Street y la revolución bolchevique

Wall Street & the Bolshevik Revolution
Publicado por primera vez por New Rochelle, NY:
Arlington House - 1974

Traducido y publicado por Omnia Veritas Limited

⊘MNIA VERITAS®
www.omnia-veritas.com

© Omnia Veritas Ltd - 2025

A esos desconocidos libertarios rusos, también conocidos como Verdes, que en 1919 lucharon tanto contra los Rojos como contra los Blancos en su intento de conseguir una Rusia libre y voluntaria.

Prefacio

Desde principios de la década de 1920, numerosos panfletos y artículos, e incluso algunos libros, han intentado forjar un vínculo entre los "banqueros internacionales" y los "revolucionarios bolcheviques". Rara vez se han apoyado estos intentos en pruebas fehacientes, y nunca se han argumentado dentro del marco de una metodología científica. De hecho, algunas de las "pruebas" utilizadas en estos esfuerzos han sido fraudulentas, otras han sido irrelevantes, muchas no se pueden comprobar. El examen del tema por parte de escritores académicos se ha evitado cuidadosamente, probablemente porque la hipótesis ofende a la clara dicotomía de capitalistas frente a comunistas (y todo el mundo sabe, por supuesto, que son enemigos acérrimos). Además, como mucho de lo que se ha escrito roza el absurdo, una sólida reputación académica podría naufragar fácilmente en los bancos del ridículo. Razón suficiente para evitar el tema.

Afortunadamente, el Archivo Decimal del Departamento de Estado, en particular la sección 861.00, contiene abundante documentación sobre el hipotético vínculo. Cuando las pruebas de estos documentos oficiales se combinan con pruebas no oficiales procedentes de biografías, documentos personales e historias convencionales, surge una historia realmente fascinante.

Descubrimos que existía un vínculo entre *algunos* banqueros internacionales de Nueva York y *muchos* revolucionarios, incluidos los bolcheviques. Estos banqueros -a los que se identifica aquí- tenían intereses financieros en el éxito de la revolución bolchevique y estaban a favor del mismo.

Quién, por qué - y por cuánto - es la historia de este libro.

Marzo de 1974
Antony C. Sutton

Capítulo I

Los actores del escenario revolucionario

> *Estimado Sr. Presidente: Simpatizo con la forma soviética de gobierno como la más adecuada para el pueblo ruso...*
>
> Carta al presidente Woodrow Wilson (17 de octubre de 1918) de William Lawrence Saunders, presidente de Ingersoll-Rand Corp; director de American International Corp; y vicepresidente del Banco de la Reserva Federal de Nueva York.

El frontispicio de este libro fue dibujado por el caricaturista Robert Minor en 1911 para el *St. Louis Post-Dispatch*. Minor era un artista y escritor de talento que, además de revolucionario bolchevique, fue detenido en Rusia en 1915 por supuesta subversión y más tarde financiado por destacados financieros de Wall Street. La caricatura de Minor retrata a un Karl Marx barbudo y radiante de pie en Wall Street con *el socialismo* bajo el brazo y aceptando las felicitaciones de las luminarias financieras J.P. Morgan, el socio de Morgan George W. Perkins, un engreído John D. Rockefeller, John D. Ryan del National City Bank, y Teddy Roosevelt -identificado prominentemente por sus famosos dientes- al fondo. Wall Street está decorada con banderas rojas. La multitud animada y los sombreros al aire sugieren que Karl Marx debía de ser un tipo bastante popular en el distrito financiero de Nueva York.

¿Estaba soñando Robert Minor? Por el contrario, veremos que Minor pisaba terreno firme al describir una alianza entusiasta de Wall Street y el socialismo marxista. Los personajes de la caricatura de Minor -Karl Marx (que simboliza a los futuros revolucionarios Lenin y Trotsky), J. P. Morgan, John D. Rockefeller- y, de hecho, el propio Robert Minor, son también personajes destacados de este libro.

Las contradicciones que sugiere la viñeta de Minor se han metido bajo la alfombra de la historia en porque no encajan en el espectro conceptual aceptado de izquierda y derecha políticas. Los bolcheviques están en el extremo izquierdo del espectro político y los financieros de Wall Street en el extremo derecho; *por tanto*, razonamos implícitamente, los dos grupos no tienen nada en común y cualquier alianza entre ambos es absurda. Los factores contrarios a esta ordenación conceptual suelen rechazarse como observaciones extrañas o errores desafortunados. La historia moderna posee esa dualidad incorporada y, desde luego, si se han rechazado y escondido bajo la alfombra demasiados hechos incómodos, se trata de una historia inexacta.

Por otra parte, puede observarse que tanto la extrema derecha como la extrema izquierda del espectro político convencional son absolutamente colectivistas. Tanto el socialista nacional (por ejemplo, el fascista) como el socialista internacional (por ejemplo, el comunista) recomiendan sistemas político-económicos totalitarios basados en el poder político desnudo y sin restricciones y en la coerción individual. Ambos sistemas requieren el control monopolístico de la sociedad. Mientras que el control monopolístico de las industrias fue en su día el objetivo de J. P. Morgan y J. D. Rockefeller, a finales del siglo XIX los círculos más íntimos de Wall Street comprendieron que la forma más eficaz de conseguir un monopolio indiscutible era "hacer política" y hacer que la sociedad trabajara para los monopolistas, en nombre del bien público y del interés general. Esta estrategia fue detallada en 1906 por Frederick C. Howe en sus *Confesiones of a Monopolist.*[1] Howe, por cierto, es también una figura en la historia de la Revolución Bolchevique.

---

[1] "Estas son las reglas de los grandes negocios. Han sustituido a las enseñanzas de nuestros padres y se reducen a una simple máxima: Consigue un monopolio; deja que la sociedad trabaje para ti: y recuerda que el mejor de todos los negocios es la política, porque una concesión legislativa, franquicia, subvención o exención de impuestos vale más que un filón de Kimberly o Comstock, ya que no requiere ningún trabajo, ni mental ni físico, lote su explotación" (Chicago: Public Publishing, 1906), p. 157.

Por lo tanto, un empaquetamiento conceptual alternativo de las ideas políticas y los sistemas político-económicos sería el de clasificar el grado de libertad individual frente al grado de control político centralizado. Según esta clasificación, el Estado de bienestar corporativo y el socialismo se encuentran en el mismo extremo del espectro. De ahí que veamos que los intentos de control monopolístico de la sociedad por parte de pueden tener diferentes etiquetas y, al mismo tiempo, poseer características comunes.

En consecuencia, una barrera para la comprensión madura de la historia reciente es la noción de que todos los capitalistas son los enemigos acérrimos e inquebrantables de todos los marxistas y socialistas. Esta idea errónea se originó con Karl Marx y fue sin duda útil para sus propósitos. De hecho, la idea no tiene sentido. Ha existido una alianza continua, aunque oculta, entre los capitalistas políticos internacionales y los socialistas revolucionarios internacionales, en beneficio mutuo. Esta alianza ha pasado desapercibida en gran medida porque los historiadores -con algunas notables excepciones- tienen un sesgo marxista inconsciente y, por tanto, están encerrados en la imposibilidad de que exista tal alianza. El lector de mente abierta debería tener en cuenta dos pistas: los capitalistas monopolistas son los enemigos acérrimos de los empresarios del laissez-faire; y, dadas las debilidades de la planificación central socialista, el Estado socialista totalitario es un mercado cautivo perfecto para los capitalistas monopolistas, si se puede establecer una alianza con los agentes del poder socialista. Supongamos -y en este punto es sólo una hipótesis- que los capitalistas monopolistas estadounidenses fueran capaces de reducir una Rusia socialista planificada a la condición de colonia técnica cautiva. ¿No sería ésta la extensión internacionalista lógica del siglo XX de los monopolios ferroviarios de Morgan y del trust petrolero de Rockefeller de finales del siglo XIX?

Aparte de Gabriel Kolko, Murray Rothbard y los revisionistas, los historiadores no han estado alerta ante tal combinación de acontecimientos. La información histórica, con raras excepciones, se ha visto forzada a una dicotomía entre capitalistas y socialistas. El monumental y ameno estudio de George Kennan sobre la Revolución Rusa mantiene sistemáticamente esta ficción de una dicotomía Wall Street-bolcheviques[2]. *Russia Leaves the War* contiene una única referencia incidental a la empresa J.P. Morgan y ninguna referencia a Guaranty Trust Company. Sin embargo, ambas organizaciones se mencionan de forma prominente en los archivos del Departamento de Estado, a los que se hace referencia con frecuencia en este libro, y ambas forman parte del núcleo de las pruebas aquí presentadas. Kennan no menciona ni al autodenominado "banquero bolchevique" Olof Aschberg ni al Nya Banken de Estocolmo, pero ambos fueron fundamentales para la financiación bolchevique. Además, en circunstancias menores pero cruciales, al menos cruciales para *nuestro* argumento, Kennan se equivoca en los hechos. Por ejemplo, Kennan cita al director del Banco de la Reserva Federal, William Boyce Thompson, abandonando Rusia el 27 de noviembre de 1917. Esta fecha de salida haría físicamente imposible que Thompson estuviera en Petrogrado el 2 de diciembre de 1917 para transmitir por cable una petición de un millón de dólares a Morgan en Nueva York. De hecho, Thompson abandonó Petrogrado el 4 de diciembre de 1918, dos días después de enviar el cable a Nueva York. Por otra parte, Kennan afirma que el 30 de noviembre de 1917, Trotsky pronunció un discurso ante el Soviet de Petrogrado en el que observó: "Hoy he tenido aquí en el Instituto Smolny a dos norteamericanos estrechamente relacionados con elementos capitalistas norteamericanos "Según Kennan, "es difícil imaginar" quiénes podrían haber sido estos dos norteamericanos "si no Robins y Gumberg". Pero en [acto Alexander Gumberg era ruso, no estadounidense. Además, como Thompson todavía estaba en Rusia el 30 de noviembre de 1917, entonces los dos estadounidenses que visitaron a Trotsky eran más que probablemente Raymond Robins, un promotor minero convertido en bienhechor, y Thompson, del Banco de la Reserva Federal de Nueva York.

La bolchevización de Wall Street era conocida entre los círculos bien informados ya en 1919. El periodista financiero Barron grabó una conversación con el magnate del petróleo E. H. Doheny en 1919

---

[2] George F. Kennan, *Russia Leaves the War* (Nueva York: Atheneum, 1967); y *Decision to Intervene, Soviet-American Relations, 1917-1920* (Princeton, N.J.: Princeton University Press, 1958).

y nombró específicamente a tres destacados financieros, William Boyce Thompson, Thomas Lamont y Charles R. Crane: A bordo del S.S. Aquitania, viernes por la tarde, 1 de febrero de 1919. Pasé la noche con los Doheny en su suite. El Sr. Doheny dijo: Si crees en la democracia no puedes creer en el socialismo. El socialismo es el veneno que destruye la democracia. Democracia significa oportunidad para todos. El socialismo mantiene la esperanza de que un hombre puede dejar de trabajar y estar mejor. El bolchevismo es el verdadero fruto del socialismo, y si leen el interesante testimonio ante el Comité del Senado a mediados de enero, que mostró a todos estos pacifistas y pacificadores como simpatizantes alemanes, socialistas y bolcheviques, verán que la mayoría de los profesores universitarios de Estados Unidos están enseñando socialismo y bolchevismo, y que cincuenta y dos profesores universitarios estaban en los llamados comités de paz en 1914. El presidente Eliot de Harvard enseña bolchevismo. Los peores bolchevistas de Estados Unidos no son sólo los profesores universitarios, entre los que se encuentra el presidente Wilson, sino los capitalistas y las esposas de los capitalistas, y ninguno de ellos parece saber de lo que está hablando. William Boyce Thompson está enseñando el bolchevismo y todavía puede convertir a Lamont de J.P. Morgan & Company. Vanderlip es bolchevista, al igual que Charles R. Crane. Muchas mujeres se están uniendo al movimiento y ni ellas, ni sus maridos, saben lo que es, ni a qué conduce. Henry Ford es otro y también lo son la mayoría de esos cien historiadores que Wilson se llevó al extranjero con él en la tonta idea de que la historia puede enseñar a la juventud las demarcaciones adecuadas de razas, pueblos y naciones geográficamente.[3]

En resumen, ésta es una historia de la Revolución Bolchevique y sus secuelas, pero una historia que se aleja del habitual enfoque de camisa de fuerza conceptual de capitalistas contra comunistas. Nuestra historia postula una alianza entre el capitalismo monopolista internacional y el socialismo revolucionario internacional en beneficio mutuo. El coste humano final de esta

---

[3] Arthur Pound y Samuel Taylor Moore, *They Told Barron* (Nueva York: Harper & Brothers, 1930), pp. 13-14.

alianza ha recaído sobre los hombros del ruso individual y del estadounidense individual. El espíritu empresarial ha sido desprestigiado y el mundo ha sido impulsado hacia una planificación socialista ineficiente como resultado de estas maniobras monopolistas en el mundo de la política y la revolución.

También es una historia que refleja la traición de la Revolución Rusa. Los zares y su corrupto sistema político fueron expulsados sólo para ser sustituidos por los nuevos detentadores del poder de otro sistema político corrupto. Allí donde Estados Unidos podría haber ejercido su influencia dominante para lograr una Rusia libre, se plegó a las ambiciones de unos cuantos financieros de Wall Street que, para sus propios fines, podían aceptar una Rusia zarista centralizada o una Rusia marxista centralizada, pero no una Rusia libre descentralizada. Y las razones de estas afirmaciones se revelarán a medida que desarrollemos la historia subyacente y, hasta ahora, no contada de la Revolución Rusa y sus secuelas.[4]

---

[4] Existe una historia paralela, y también desconocida, con respecto al movimiento majanovista que luchó tanto contra los "blancos" como contra los "rojos" en la Guerra Civil de 1919-20 (véase Voline, *The Unknown* Revolution [Nueva York: Libertarian Book Club, 1953]). También existió el movimiento "Verde", que luchó tanto contra los Blancos como contra los Rojos. El autor no ha visto ni una sola mención aislada de los Verdes4 en ninguna historia de la Revolución Bolchevique. Sin embargo, ¡el Ejército Verde contaba con al menos 700.000 hombres!

Capítulo II

Trotsky deja Nueva York para completar la Revolución

> *Habrá una revolución, una terrible revolución. El curso que tome dependerá mucho de lo que el Sr. Rockefeller le diga al Sr. Hague que haga. El Sr. Rockefeller es un símbolo de la clase dominante estadounidense y el Sr. Hague es un símbolo de sus herramientas políticas.*
>
> Leon Trotsky, en el New York Times, 13 de diciembre de 1938. (Hague era un político de Nueva Jersey)

En 1916, el año que precedió a la Revolución Rusa, el internacionalista León Trotsky fue expulsado de Francia, oficialmente por su participación en la conferencia de Zimmerwald, pero sin duda también por los artículos incendiarios que escribió para *Nashe Slovo*, un periódico en ruso impreso en París. En septiembre de 1916 Trotsky fue escoltado educadamente a través de la frontera española por la policía francesa. Pocos días después, la policía de Madrid arrestó al internacionalista y lo alojó en una "celda de primera clase" a una tarifa de una peseta y media por día. Posteriormente Trotsky fue conducido a Cádiz, luego a Barcelona para ser finalmente embarcado en el vapor *Monserrat* de la Compañía Transatlántica Española. Trotsky y su familia cruzaron el Océano Atlántico y desembarcaron en Nueva York el 13 de enero de 1917.

Otros trotskistas también se abrieron camino hacia el oeste a través del Atlántico. De hecho, un grupo trotskista adquirió suficiente influencia inmediata en México como para redactar la Constitución de Querétaro para el gobierno revolucionario de Carranza de 1917, otorgando a México la dudosa distinción de ser el primer gobierno del mundo en adoptar una constitución de tipo soviético.

¿Cómo sobrevivió Trotsky, que sólo sabía alemán y ruso, en la América capitalista? Según su autobiografía, *Mi vida*, "Mi única profesión en Nueva York era la de socialista revolucionario". En otras palabras, Trotsky escribía artículos ocasionales para *Novy Mir*, la revista socialista rusa de Nueva York. Sin embargo, sabemos que el apartamento de la familia Trotsky en Nueva York tenía frigorífico y teléfono y, según Trotsky, que la familia viajaba ocasionalmente en una limusina con chófer. Este modo de vida desconcertaba a los dos jóvenes Trotsky. Cuando entraban en un salón de té, los chicos preguntaban ansiosos a su madre: "¿Por qué no entra el chófer?".[5] El elegante nivel de vida tampoco concuerda con los ingresos declarados por Trotsky. Los únicos fondos que Trotsky admite haber recibido en 1916 y 1917 son 310 dólares, y, dijo Trotsky, "distribuí los 310 dólares entre cinco emigrantes que regresaban a Rusia." Sin embargo, Trotsky había pagado una celda de primera clase en España, la familia Trotsky había viajado por Europa hasta Estados Unidos, habían adquirido un excelente apartamento en Nueva York -pagando el alquiler con tres meses de antelación- y disponían de una limusina con chófer. ¡Todo ello con las ganancias de un revolucionario empobrecido por unos cuantos artículos para el periódico en lengua rusa de escasa tirada *Nashe* Slovo de París y *Novy* Mir de Nueva York!

Joseph Nedava estima los ingresos de Trotsky en 1917 en 12 dólares semanales, "complementados con algunos honorarios por conferencias".[6] Trotsky estuvo en Nueva York en 1917 durante tres meses, de enero a marzo, así que eso hace 144 dólares en ingresos de *Novy Mir* y, digamos, otros 100 dólares en honorarios de conferencias, para un total de 244 dólares. De estos 244 dólares, Trotsky pudo regalar 310 dólares a sus amigos, pagar el apartamento de Nueva York , mantener a su familia y encontrar los 10.000 dólares que le quitaron en abril de 1917 las autoridades canadienses en Halifax. Trotsky afirma que los que dijeron que tenía otras

---

[5] León Trotsky, *Mi vida* (Nueva York: Scribner's, 1930), cap. 22.

[6] Joseph Nedava, *Trotsky and the Jews* (Filadelfia: Jewish Publication Society of America, 1972), p. 163.

fuentes de ingresos son "calumniadores" que difunden "estúpidas calumnias" y "mentiras", pero a menos que Trotsky estuviera jugando a los caballos en el hipódromo de Jamaica, no puede ser. Obviamente Trotsky tenía una fuente de ingresos no declarada.

¿Cuál era esa fuente? En *The Road to Safety*, el autor Arthur Willert dice que Trotsky se ganaba la vida trabajando como electricista para Fox Film Studios. Otros escritores han citado otras ocupaciones, pero no hay pruebas de que Trotsky se ocupara para obtener una remuneración de otra forma que no fuera escribiendo y hablando.

La mayor parte de la investigación se ha centrado en el hecho verificable de que cuando Trotsky salió de Nueva York en 1917 hacia Petrogrado, para organizar la fase bolchevique de la revolución, se fue con 10.000 dólares. En 1919, el Comité Overman del Senado estadounidense investigó la propaganda bolchevique y el dinero alemán en Estados Unidos y, de paso, tocó el tema del origen de los 10.000 dólares de Trotsky. El examen del coronel Hurban, agregado en Washington de la legación checa, por el Comité Overman arrojó lo siguiente:

COL. HURBAN: Trotsky, tal vez, tomó dinero de Alemania, pero Trotsky lo negará. Lenin no lo negaría. Miliukov demostró que recibió 10.000 dólares de unos alemanes mientras estaba en América. Miliukov tenía la prueba, pero lo negó. Trotsky lo hizo, aunque Miliukov tenía las pruebas.

SENADOR OVERMAN: Se acusó a Trotsky de recibir 10.000 dólares aquí.

COL. HURBAN: No recuerdo cuánto fue, pero sé que fue una cuestión entre él y Miliukov.

SENADOR OVERMAN: Miliukov lo demostró, ¿verdad?

COL. Sí, señor.

¿Sabe de dónde lo sacó?

COL. HURBAN: Recuerdo que eran 10.000 dólares; pero no importa. Hablaré de su propaganda. El Gobierno alemán conocía Rusia mejor que nadie, y sabían que con la ayuda de esa gente podían destruir el ejército ruso.

(A las 17.45 horas, la subcomisión levanta la sesión hasta mañana, miércoles 19 de febrero, a las 10.30 horas).[7]

Es bastante notable que el comité levantara la sesión abruptamente antes de que la *fuente* de los fondos de Trotsky pudiera constar en el acta del Senado. Cuando el interrogatorio se reanudó al día siguiente, Trotsky y sus 10.000 dólares ya no interesaban al Comité Overman. Más adelante desarrollaremos las pruebas relativas a la financiación de las actividades alemanas y revolucionarias en Estados Unidos por parte de las casas financieras de Nueva York; los orígenes de los 10.000 dólares de Trotsky saldrán entonces a la luz.

También se menciona una cantidad de 10.000 dólares de origen alemán en el telegrama oficial británico a las autoridades navales canadienses en Halifax, que pedían que Trotsky y el partido en ruta hacia la revolución fueran sacados del S.S. *Kristianiafjord* (ver página 28). También sabemos por un informe de la Dirección de Inteligencia británica[8] que Gregory Weinstein, que en 1919 se convertiría en un destacado miembro del Buró Soviético en Nueva York, recaudó fondos para Trotsky en Nueva York. Estos fondos procedían de Alemania y se canalizaban a través del *Volks-zeitung*, un diario alemán en Nueva York subvencionado por el gobierno alemán.

Aunque oficialmente se informa de que los fondos de Trotsky eran alemanes, Trotsky participó activamente en la política estadounidense inmediatamente antes de abandonar Nueva York para ir a Rusia y a la revolución. El 5 de marzo de 1917, los periódicos estadounidenses titularon la creciente posibilidad de guerra con Alemania; esa misma noche Trotsky propuso una resolución en la reunión del Partido Socialista del Condado de Nueva York "comprometiendo a los socialistas a fomentar las huelgas y resistirse al reclutamiento en caso de guerra con

---

[7] Estados Unidos, Senado, *Brewing and Liquor Interests and German and Bolshevik Propaganda* (Subcommittee on the Judiciary), 65° Congreso, 1919.

[8] Special Report No. 5, *The Russian Soviet Bureau in the United States*, 14 de julio de 1919, Scotland House, London S.W.I. Copia en U.S. State Dept. Decimal File, 316-23-1145.

Alemania".[9] Leon Trotsky fue llamado por el *New York Times* "un revolucionario ruso exiliado". Louis C. Fraina, que copatrocinó la resolución Trotsky, escribió más tarde -bajo un alias- un libro acrítico sobre el imperio financiero Morgan titulado *House of Morgan*.[10] La facción de Morris Hillquit se opuso a la propuesta Trotsky-Fraina, y el Partido Socialista votó posteriormente en contra de la resolución.[11]

Más de una semana después, el 16 de marzo, en el momento de la deposición del zar, León Trotsky fue entrevistado en las oficinas de *Novy Mir*. La entrevista contenía una declaración profética sobre la revolución rusa:

> "... *el comité que ha ocupado el lugar del depuesto Ministerio en Rusia no representaba los intereses ni los objetivos de los revolucionarios, que probablemente duraría poco y dimitiría en favor de hombres que estarían más seguros de llevar adelante la democratización de Rusia.*"[12]

Los "hombres que estarían más seguros de llevar adelante la democratización de Rusia", es decir, los mencheviques y los bolcheviques, estaban entonces exiliados en el extranjero y necesitaban primero volver a Rusia. Por tanto, el "comité" temporal fue bautizado como Gobierno Provisional, un título, hay que señalar, que se utilizó desde el comienzo de la revolución en marzo y que los historiadores no aplicaron ex post facto.

---

[9] *New York Times*, 5 de marzo de 1917.

[10] Lewis Corey, House of Morgan: A Social Biography of the Masters of Money (Nueva York: G. W. Watt, 1930).

[11] Morris Hillquit (antes Hillkowitz) había sido abogado defensor de Johann Most, tras el asesinato del presidente McKinley, y en 1917 fue dirigente del Partido Socialista de Nueva York. En la década de 1920, Hillquit se estableció en el mundo bancario de Nueva York al convertirse en director y abogado del International Union Bank. Bajo la presidencia de Franklin D. Roosevelt, Hillquit ayudó a elaborar los códigos NRA para la industria de la confección.

[12] *New York Times*, 16 de marzo de 1917.

Woodrow Wilson y un pasaporte para Trotsky

El presidente Woodrow Wilson fue el hada madrina que proporcionó a Trotsky un pasaporte para volver a Rusia a "llevar adelante" la revolución. Este pasaporte estadounidense iba acompañado de un permiso de entrada ruso y un visado de tránsito británico. Jennings C. Wise, en *Woodrow Wilson: Discípulo de la Revolución*, hace el pertinente comentario: "Los historiadores nunca deben olvidar que Woodrow Wilson, a pesar de los esfuerzos de la policía británica, hizo posible que León Trotsky entrara en Rusia con un pasaporte estadounidense."

El presidente Wilson facilitó el paso de Trotsky a Rusia al mismo tiempo que los cuidadosos burócratas del Departamento de Estado, preocupados por la entrada en Rusia de tales revolucionarios, intentaban unilateralmente endurecer los procedimientos de expedición de pasaportes. La legación de Estocolmo telegrafió al Departamento de Estado el 13 de junio de 1917, justo *después de que* Trotsky cruzara la frontera ruso-finlandesa: "La legación informó confidencialmente a las oficinas de pasaportes rusas, inglesas y francesas en la frontera rusa, Tornea, considerablemente preocupadas por el paso de personas sospechosas que portaban pasaportes estadounidenses."[13]

A este cable, el Departamento de Estado respondió el mismo día: "El Departamento está poniendo especial cuidado en la emisión de pasaportes para Rusia"; el Departamento también autorizó gastos a la legación para establecer una oficina de control de pasaportes en Estocolmo y contratar a un "ciudadano americano absolutamente fiable" para el trabajo de control.[14] Pero el pájaro había volado del gallinero. El menchevique Trotsky y los bolcheviques de Lenin ya estaban en Rusia preparándose para "llevar adelante" la revolución. La red de pasaportes levantada sólo atrapó más pájaros legítimos. Por ejemplo, el 26 de junio de 1917, Herman Bernstein, un reputado periodista neoyorquino que se dirigía a Petrogrado para representar

---

[13] Archivo Decimal del Departamento de Estado de EE.UU., 316-85-1002.

[14] Ibid.

al *New York Herald*, fue retenido en la frontera y se le negó la entrada en Rusia. Algo tardíamente, a mediados de agosto de 1917, la embajada rusa en Washington solicitó al Departamento de Estado (y éste accedió) que "impidiera la entrada en Rusia de criminales y anarquistas... muchos de los cuales ya han ido a Rusia".[15]

En consecuencia, en virtud de un trato preferente para Trotsky, cuando el S.S. *Kristianiafjord* zarpó de Nueva York el 26 de marzo de 1917, Trotsky iba a bordo y con pasaporte estadounidense, y en compañía de otros revolucionarios trotskistas, financieros de Wall Street, comunistas estadounidenses y otras personas interesantes, pocas de las cuales se habían embarcado por negocios legítimos. Esta mezcla de pasajeros ha sido descrita por Lincoln Steffens, el comunista americano:

> *La lista de pasajeros era larga y misteriosa. Trotsky estaba en la tercera clase con un grupo de revolucionarios; había un revolucionario japonés en mi camarote. Había muchos holandeses que volvían de Java, los únicos inocentes a bordo. El resto eran mensajeros de guerra, dos de Wall Street a Alemania.*[16]

En particular, Lincoln Steffens viajó a Rusia por invitación expresa de Charles Richard Crane, uno de sus patrocinadores y antiguo presidente del comité financiero del Partido Demócrata. Charles Crane, vicepresidente de la Crane Company, había organizado la Westinghouse Company en Rusia, era miembro de la misión Root a Rusia y había realizado no menos de veintitrés visitas a Rusia entre 1890 y 1930. Richard Crane, su hijo, era asistente confidencial del entonces Secretario de Estado Robert Lansing. Según el ex embajador en Alemania William Dodd, Crane "hizo mucho para provocar la revolución de Kerensky que dio paso al comunismo".[17]

---

[15] Ibídem, 861.111/315.

[16] Lincoln Steffens, *Autobiography* (Nueva York: Harcourt, Brace, 1931), p. 764. Steffens fue el "intermediario" entre Crane y Woodrow Wilson.

[17] William Edward Dodd, *Ambassador Dodd's Diary, 1933-1938* (Nueva York: Harcourt, Brace, 1941), pp. 42-43.

Por eso son muy pertinentes los comentarios de Steffens en su diario sobre las conversaciones a bordo del S.S. *Kristianiafjord*:"... todos están de acuerdo en que la revolución está sólo en su primera fase, que debe crecer. Crane y los radicales rusos del barco creen que estaremos en Petrogrado para la re-revolución.[18]

Crane regresó a Estados Unidos cuando la Revolución Bolchevique (es decir, "la re-revolución") había concluido y, aunque era un ciudadano privado, recibió informes de primera mano sobre el progreso de la Revolución Bolchevique a medida que se recibían cables en el Departamento de Estado. Por ejemplo, un memorándum, fechado el 11 de diciembre de 1917, se titula "Copia del informe sobre el levantamiento maximalista para el Sr. Crane". Se originó con Maddin Summers, cónsul general de Estados Unidos en Moscú, y la carta de presentación de Summers dice en parte:

> *Tengo el honor de adjuntar a la presente una copia del mismo [informe anterior] con la petición de que se envíe para información confidencial del Sr. Charles R. Crane. Se supone que el Departamento no tendrá inconveniente en que el Sr. Crane vea el informe.[19]*

En resumen, el cuadro improbable y desconcertante que surge es que Charles Crane, amigo y patrocinador de Woodrow Wilson y destacado financiero y político, tuvo un papel conocido en la "primera" revolución y viajó a Rusia a mediados de 1917 en compañía del comunista estadounidense Lincoln Steffens, que estaba en contacto tanto con Woodrow Wilson como con Trotsky. Este último llevaba a su vez un pasaporte expedido por orden de Wilson y 10.000 dólares de supuestas fuentes alemanas. A su regreso a EEUU tras la "re-revolución", Crane tuvo acceso a documentos oficiales relativos a la consolidación del régimen bolchevique: Se trata de un patrón de acontecimientos entrelazados -aunque desconcertantes- que justifica una investigación más

---

[18] Lincoln Steffens, *The Letters of Lincoln Steffens* (Nueva York: Harcourt, Brace, 1941), p. 396.

[19] Archivo Decimal del Departamento de Estado de EE.UU., 861.00/1026.

profunda y sugiere, aunque sin aportar pruebas por el momento, algún vínculo entre el financiero Crane y el revolucionario Trotsky.

Documentos del Gobierno canadiense sobre la liberación de Trotsky[20]

Los documentos sobre la breve estancia de Trotsky bajo custodia canadiense están ahora desclasificados y disponibles en los archivos del gobierno canadiense. Según estos archivos, Trotsky fue sacado por personal naval canadiense y británico del S.S. *Kristianiafjord* en Halifax, Nueva Escocia, el 3 de abril de 1917, catalogado como prisionero de guerra alemán, e internado en la estación de internamiento para prisioneros alemanes de Amherst, Nueva Escocia. La Sra. Trotsky, los dos niños Trotsky y otros cinco hombres de descritos como "socialistas rusos" también fueron llevados e internados. Sus nombres figuran en los archivos canadienses como: Nickita Muchin, Leiba Fisheleff, Konstantin Romanchanco, Gregor Teheodnovski, Gerchon Melintchansky y Leon Bronstein Trotsky (todas las grafías de los documentos canadienses originales).

El formulario LB-l del ejército canadiense, con el número de serie 1098 (incluidas las huellas del pulgar), se rellenó para Trotsky, con la siguiente descripción "37 años, exiliado político, periodista de ocupación, nacido en Gromskty, Chuson, Rusia, ciudadano ruso". El formulario estaba firmado por Leon Trotsky y su nombre completo figuraba como Leon Bromstein *(sic)* Trotsky.

El partido de Trotsky fue retirado del S.S. *Kristianiafjord* bajo instrucciones oficiales recibidas por cablegrama del 29 de marzo de 1917, Londres, presumiblemente originado en el Almirantazgo con el oficial de control naval, Halifax. El cablegrama informaba que el grupo de Trotsky estaba en el *"Christianiafjord" (sic)* y debía ser "desembarcado y retenido en espera de instrucciones". La razón dada al oficial de control naval en Halifax era que "se trata de socialistas rusos que parten con el propósito de iniciar una revolución contra el actual gobierno ruso para la que Trotsky, según

---

[20] Esta sección se basa en los registros del gobierno canadiense.

se informa, tiene 10.000 dólares suscritos por socialistas y alemanes."

El 1 de abril de 1917, el oficial de control naval, capitán O. M. Makins, envió un memorándum confidencial al oficial general al mando en Halifax, en el sentido de que había "examinado a todos los pasajeros rusos" a bordo del S.S. *Kristianiafjord* y había encontrado a seis hombres en la sección de segunda clase: "Todos ellos son socialistas declarados, y aunque profesan el deseo de ayudar al nuevo Gobierno ruso, bien podrían estar aliados con los socialistas alemanes en América, y es muy probable que sean un gran obstáculo para el Gobierno ruso en estos momentos". El capitán Makins añadió que iba a llevarse al grupo, así como a la esposa y a los dos hijos de Trotsky, para internarlos en Halifax. Una copia de este informe fue enviada desde Halifax al jefe del Estado Mayor en Ottawa el 2 de abril de 1917.

El siguiente documento en los archivos canadienses está fechado el 7 de abril, del jefe del Estado Mayor, Ottawa, al director de operaciones de internamiento, y reconoce una carta anterior (no en los archivos) sobre el internamiento de socialistas rusos en Amherst, Nueva Escocia: "... a este respecto, tengo que informarle de la recepción de un largo telegrama ayer del Cónsul General ruso, MONTREAL, protestando contra la detención de estos hombres, ya que estaban en posesión de pasaportes expedidos por el Cónsul General ruso, NUEVA YORK, EE.UU.".

La respuesta a este telegrama de Montreal fue que los hombres estaban internados "bajo sospecha de ser alemanes", y que solo serian liberados si se probaba su nacionalidad y lealtad a los Aliados. No hay telegramas del cónsul general ruso en Nueva York en los archivos canadienses, y se sabe que esta oficina era reacia a expedir pasaportes rusos a los exiliados políticos rusos. Sin embargo, *hay* un telegrama en los archivos de un abogado de Nueva York, N. Aleinikoff, a R. M. Coulter, entonces subdirector general de correos de Canadá. La oficina del director general de correos en Canadá no tenía ninguna relación con el internamiento de prisioneros de guerra ni con actividades militares. Por consiguiente, este telegrama era una intervención personal y no oficial. Dice así:

DR. R. M. COULTER, Postmaster Genl. OTTAWA Exiliados políticos rusos que regresan a Rusia detenidos Halifax internados campo Amherst. Por favor, investigue e informe la causa de la detención y los nombres de todos los detenidos. Confío en que como defensor de la libertad intercederá por ellos. Por favor, envíe un telegrama a cobro revertido. NICHOLAS ALEINIKOFF El 11 de abril, Coulter telegrafió a Aleinikoff: "Telegrama recibido. Le escribo esta tarde. Deberías recibirlo mañana por la tarde. R. M. Coulter". Este telegrama fue enviado por la Canadian Pacific Railway Telegraph pero con cargo al Departamento de Correos de Canadá. Normalmente, un telegrama comercial privado se cobraría al destinatario y éste no era un asunto oficial. La carta de seguimiento de Coulter a Aleinikoff es interesante porque, tras confirmar que la fiesta de Trotsky se celebraba en Amherst, afirma que eran sospechosos de propaganda contra el actual gobierno ruso y "se supone que son agentes de Alemania". Coulter añade a continuación: "... no son lo que ellos mismos representan ser"; el grupo de Trotsky "... no está detenido por Canadá, sino por las autoridades imperiales". Tras asegurar a Aleinikoff que los detenidos estarían cómodos, Coulter añade que cualquier información "a su favor" sería transmitida a las autoridades militares. La impresión general de la carta es que, aunque Coulter simpatiza y es plenamente consciente de los vínculos proalemanes de Trotsky, no está dispuesto a implicarse. El 11 de abril Arthur Wolf de 134 East Broadway, Nueva York, envió un telegrama a Coulter. Aunque enviado desde Nueva York, este telegrama, tras ser acusado de recibo, también fue cargado al Departamento de Correos de Canadá.

Las reacciones de Coulter, sin embargo, reflejan algo más que la indiferente simpatía evidente en su carta a Aleinikoff. Deben considerarse a la luz del hecho de que estas cartas en nombre de Trotsky procedían de dos residentes estadounidenses de la ciudad de Nueva York e implicaban un asunto militar canadiense o imperial de importancia internacional. Además, Coulter, como subdirector general de correos, era un funcionario del gobierno canadiense de cierto rango. Reflexionemos, por un momento, sobre lo que le ocurriría a alguien que interviniera de forma similar en asuntos de Estados Unidos. En el asunto Trotsky tenemos a dos residentes estadounidenses que mantienen correspondencia con un subdirector general de correos canadiense para intervenir en favor de un revolucionario ruso internado.

La actuación posterior de Coulter también sugiere algo más que una intervención casual. Después de que Coulter acusara recibo de los telegramas de Aleinikoff y Wolf, escribió al General de División Willoughby Gwatkin, del Departamento de Milicia y Defensa en Ottawa - un hombre de gran influencia en el ejército canadiense - y adjuntó copias de los telegramas de Aleinikoff y Wolf:

> *Estos hombres han sido hostiles a Rusia por la forma en que los judíos han sido tratados, y ahora están fuertemente a favor de la actual Administración, por lo que yo sé. Ambos son hombres responsables. Ambos son hombres de buena reputación, y le envío sus telegramas por lo que puedan valer, y para que usted pueda representarlos ante las autoridades inglesas si lo considera oportuno.*
> *Obviamente, Coulter sabe -o da a entender que sabe- mucho sobre Aleinikoff y Wolf. Su carta era, en efecto, una referencia de carácter y apuntaba a la raíz del problema del internamiento: Londres. Gwatkin era muy conocido en Londres y, de hecho, fue prestado a Canadá por la Oficina de Guerra de Londres.*[21]

Aleinikoff envió entonces una carta a Coulter para darle las gracias de todo corazón por el interés que ha mostrado por el destino de los exiliados políticos rusos... Usted me conoce, estimado Dr. Coulter, y también conoce mi devoción por la causa de la libertad rusa... Felizmente conozco al Sr. Trotsky, al Sr. Melnichahnsky y al Sr. Chudnowsky... íntimamente.

Cabe señalar que si Aleinikoff conocía a Trotsky "íntimamente", probablemente también sabía que Trotsky había declarado su intención de regresar a Rusia para derrocar al Gobierno Provisional e instituir la "re-revolución". Al recibir la carta de Aleinikoff, Coulter la remitió inmediatamente (16 de abril) al general de

---

[21] Las memoramadas de Gwatkin que figuran en los archivos del gobierno canadiense no están firmadas, sino rubricadas con una marca o símbolo críptico. La marca se ha identificado como de Gwatkin porque se acusó recibo de una carta de Gwatkin (la del 21 de abril) con esa marca críptica.

división Gwatkin, añadiendo que conoció a Aleinikoff "en relación con la acción del Departamento sobre los documentos de Estados Unidos en lengua rusa" y que Aleinikoff trabajaba "en la misma línea que el Sr. Wolf... que era un prisionero fugado de Siberia."

Previamente, el 14 de abril, Gwatkin envió un memorándum a su homólogo naval en el Comité Militar Interdepartamental canadiense repitiendo que los internados eran socialistas rusos con *"10.000 dólares suscritos por socialistas y alemanes"*. El párrafo final decía: "Por otra parte hay quienes declaran que se ha cometido un acto de injusticia prepotente". El 16 de abril, el vicealmirante C. E. Kingsmill, director del Servicio Naval, tomó al pie de la letra la intervención de Gwatkin. En una carta al capitán Makins, oficial de control naval en Halifax, declaró: "Las autoridades de la Milicia solicitan que se acelere la decisión sobre su eliminación (es decir, la de los seis rusos)". Una copia de esta instrucción fue transmitida a Gwatkin, quien a su vez informó al Subdirector General de Correos Coulter. Tres días después, Gwatkin ejerció presión. En un memorándum del 20 de abril al secretario naval, escribió: "¿Puede decir, por favor, si la Oficina de Control Naval ha tomado o no una decisión?".

El mismo día (20 de abril) el capitán Makins escribió al almirante Kingsmill explicando sus razones para retirar a Trotsky; se negó a ser presionado para tomar una decisión, declarando: "Telegrafiaré al Almirantazgo informándoles de que las autoridades de la Milicia solicitan una pronta decisión sobre su eliminación." Sin embargo, al día siguiente, 21 de abril, Gwatkin escribió a Coulter: "Nuestros amigos los socialistas rusos van a ser liberados; y se están haciendo arreglos para su pasaje a Europa". La orden a Makins para la liberación de Trotsky se originó en el Almirantazgo, Londres. Coulter agradeció la información, "que complacerá inmensamente a nuestros corresponsales de Nueva York".

Si bien podemos, por un lado, concluir que Coulter y Gwatkin estaban intensamente interesados en la liberación de Trotsky, no sabemos, por otro lado, por qué. Había pocas cosas en la carrera del Subdirector General de Correos Coulter o del General de División Gwatkin que explicaran la urgencia de liberar al menchevique León Trotsky.

El Dr. Robert Miller Coulter era médico de padres escoceses e irlandeses, liberal, masón y Odd Fellow. Fue nombrado Director General Adjunto de Correos de Canadá en 1897. Su único mérito es haber sido delegado en la Convención de la Unión Postal Universal en 1906 y delegado en Nueva Zelanda y Australia en 1908 para el proyecto "All Red". All Red no tenía nada que ver con los revolucionarios rojos; sólo era un plan para construir barcos de vapor rápidos totalmente rojos o británicos entre Gran Bretaña, Canadá y Australia.

El General de División Willoughby Gwatkin procedía de una larga tradición militar británica (Cambridge y luego Staff College). Especialista en movilización, sirvió en Canadá de 1905 a 1918. Teniendo en cuenta únicamente los documentos de los archivos canadienses, no podemos sino concluir que su intervención en favor de Trotsky es un misterio.

La inteligencia militar canadiense ve a Trotsky

Podemos abordar el caso de la liberación de Trotsky desde otro ángulo: La inteligencia canadiense. El teniente coronel John Bayne MacLean, destacado editor y hombre de negocios canadiense, fundador y presidente de MacLean Publishing Company, Toronto, dirigía numerosas revistas comerciales canadienses, incluido el *Financial Post*. MacLean también estuvo asociado durante mucho tiempo con la Inteligencia del Ejército canadiense.[22]

En 1918 el coronel MacLean escribió para su propia revista *MacLean's* un artículo titulado "¿Por qué dejamos ir a Trotsky? Cómo Canadá perdió una oportunidad de acortar la guerra".[23] El artículo contenía información detallada e inusual sobre León Trotsky, aunque la última mitad del artículo divaga en el espacio comentando asuntos apenas relacionados. Tenemos dos pistas sobre

---

[22] H.J. Morgan, *Canadian Men and Women of the Times*, 1912, 2 vols. (Toronto: W. Briggs, 1898-1912).

[23] junio de 1919, pp. 66a-666. La Biblioteca Pública de Toronto dispone de un ejemplar; el número de *MacLean's* en el que apareció el artículo del coronel MacLean no es fácil de encontrar, por lo que a continuación se ofrece un breve resumen.

la autenticidad de la información. En primer lugar, el coronel MacLean era un hombre íntegro con excelentes conexiones en la inteligencia del gobierno canadiense. En segundo lugar, los registros gubernamentales publicados desde entonces por Canadá, Gran Bretaña y Estados Unidos confirman en gran medida la declaración de MacLean. Algunas declaraciones de MacLean quedan por confirmar, pero la información disponible a principios de la década de 1970 no es necesariamente incoherente con el artículo del coronel MacLean.

El argumento inicial de MacLean es que "algunos políticos o funcionarios canadienses fueron los principales responsables de la prolongación de la guerra [Primera Guerra Mundial], de la gran pérdida de vidas, de las heridas y sufrimientos del invierno de 1917 y de las grandes campañas de 1918".

Además, afirma MacLean, estas personas estaban (en 1919) haciendo todo lo posible para impedir que el Parlamento y el pueblo canadiense conocieran los hechos relacionados. Los informes oficiales, incluidos los de Sir Douglas Haig, demuestran que, de no haber sido por la ruptura rusa en 1917, la guerra habría terminado un año antes, y que "el principal responsable de la deserción de Rusia fue Trotsky... actuando bajo instrucciones alemanas".

¿Quién era Trotsky? Según MacLean, Trotsky no era ruso, sino alemán. Por extraña que pueda parecer esta afirmación, coincide con otros retazos de información de los servicios de inteligencia: a saber, que Trotsky hablaba mejor alemán que ruso, y que era el ejecutivo ruso del "Bono Negro" alemán. Según MacLean, Trotsky en agosto de 1914 había sido expulsado "ostentosamente" de Berlín[24] ; finalmente llegó a Estados Unidos donde organizó a los revolucionarios rusos, así como a los revolucionarios del oeste de Canadá, que "eran en su mayoría alemanes y austriacos que viajaban como rusos." MacLean continúa:

Originalmente los britanicos descubrieron a traves de

---

[24] Véase también Trotsky, *Mi vida*, p. 236.

asociados rusos que Kerensky,[25] Lenin y algunos líderes menores estaban practicamente a sueldo de los alemanes ya en 1915 y descubrieron en 1916 las conexiones con Trotsky que entonces vivia en Nueva York. Desde entonces fue vigilado de cerca por... el Escuadrón de Bombas. A principios de 1916 un oficial alemán zarpó hacia Nueva York. Le acompañaban oficiales de la inteligencia británica. Fue retenido en Halifax, pero siguiendo sus instrucciones fue trasladado con profusas disculpas por el necesario retraso. Después de muchas maniobras llegó a una pequeña y sucia oficina de un periódico en los barrios bajos y allí encontró a Trotsky, a quien dio importantes instrucciones. Desde junio de 1916, hasta que lo pasaron [a] los británicos, el Escuadrón Antibombas de Nueva York nunca perdió el contacto con Trotsky. Descubrieron que su verdadero nombre era Braunstein y que era alemán, no ruso.[26]

Dicha actividad alemana en países neutrales se confirma en un informe del Departamento de Estado (316-9-764-9) que describe la organización de refugiados rusos con fines revolucionarios.

Continuando, MacLean afirma que Trotsky y cuatro asociados navegaron en el "S.S. *Christiania*" *(sic)*, y el 3 de abril se presentaron ante el "Capitán Making" *(sic)* y fueron sacados del barco en Halifax bajo la dirección del Teniente Jones. (En realidad un grupo de nueve, incluyendo seis hombres, fueron sacados del S.S. *Kristianiafjord*. El nombre del oficial de control naval en Halifax era Capitán O. M. Makins, R.N. El nombre del oficial que sacó al grupo de Trotsky del barco no está en los documentos del gobierno canadiense; Trotsky dijo que era "Machen"). De nuevo, según MacLean, el dinero de Trotsky procedía "de fuentes alemanas en

---

[26] Según su propio relato, Trotsky no llegó a Estados Unidos hasta enero de 1917. El verdadero nombre de Trotsky era Bronstein; él inventó el nombre "Trotsky". "Bronstein" es alemán y "Trotsky" es polaco y no ruso. Su nombre de pila se suele dar como "León"; sin embargo, el primer libro de Trotsky, que se publicó en Ginebra, lleva la inicial "N", no "L".

Nueva York". También: generalmente la explicación dada es que la liberación se hizo a petición de Kerensky pero meses antes de esto oficiales británicos y un canadiense sirviendo en Rusia, que podía hablar la lengua rusa, informaron a Londres y Washington que Kerensky estaba al servicio alemán.[27]

Trotsky fue liberado "a petición de la embajada británica en Washington... [que] actuó a petición del Departamento de Estado de EE.UU., que actuaba por cuenta ajena". Los funcionarios canadienses "recibieron instrucciones de informar a la prensa de que Trotsky era un ciudadano estadounidense que viajaba con pasaporte estadounidense; que su liberación había sido exigida especialmente por el Departamento de Estado de Washington." Además, escribe MacLean, en Ottawa "Trotsky tenía, y sigue teniendo, una fuerte influencia clandestina. Allí su poder era tan grande que se dieron órdenes de que se le tuviera toda consideración."

El tema del informe de MacLean es, evidentemente, que Trotsky tenía relaciones íntimas con el Estado Mayor alemán y probablemente trabajaba para él. Mientras que tales relaciones se han establecido con respecto a Lenin -hasta el punto de que Lenin fue subvencionado y su regreso a Rusia facilitado por los alemanes-, parece seguro que Trotsky recibió una ayuda similar. El fondo de 10.000 dólares que Trotsky recibió en Nueva York procedía de fuentes alemanas, y un documento recientemente desclasificado en los archivos del Departamento de Estado de EEUU dice lo siguiente:

9 de marzo de 1918 a: Cónsul Americano, Vladivostok de Polk, Secretario de Estado en funciones, Washington D.C.
Para su información confidencial y pronta atención: Lo que sigue es el contenido del mensaje del 12 de enero de Von Schanz del Banco Imperial Alemán a Trotsky, citando al Banco Imperial Consentimiento para la asignación de cinco millones de rublos del Estado Mayor de Crédito para enviar al asistente del comisionado

---

[27] Véase el Apéndice 3; este documento se obtuvo en 1971 del Ministerio de Asuntos Exteriores británico, pero al parecer era conocido por MacLean.

naval jefe Kudrisheff al Lejano Oriente.

Este mensaje sugiere algún tipo de enlace entre Trotsky y los alemanes de en enero de 1918, momento en el que Trotsky proponía una alianza con Occidente. El Departamento de Estado no da la procedencia del telegrama, sólo que se originó en el personal de la Escuela Superior de Guerra. El Departamento de Estado trató el mensaje como auténtico y actuó sobre la base de la autenticidad asumida. Es coherente con el tema general del artículo del coronel MacLean.

Intenciones y objetivos de Trotsky

En consecuencia, podemos deducir la siguiente secuencia de acontecimientos: Trotsky viajó de Nueva York a Petrogrado con un pasaporte facilitado por la intervención de Woodrow Wilson, y con la intención declarada de "llevar adelante" la revolución. El gobierno británico fue la fuente inmediata de la liberación de Trotsky de la custodia canadiense en abril de 1917, pero bien pudo haber "presiones". Lincoln Steffens, un comunista estadounidense, actuó como enlace entre Wilson y Charles R. Crane y entre Crane y Trotsky. Además, aunque Crane no tenía ningún cargo oficial, su hijo Richard era asistente confidencial del Secretario de Estado Robert Lansing, y Crane padre recibía informes rápidos y detallados sobre el progreso de la revolución bolchevique. Además, el embajador William Dodd (embajador estadounidense en Alemania en la época de Hitler) dijo que Crane tuvo un papel activo en la fase de Kerensky de la revolución; las cartas de Steffens confirman que Crane veía la fase de Kerensky sólo como un paso en una revolución continua.

El punto interesante, sin embargo, no es tanto la comunicación entre personas disímiles como Crane, Steffens, Trotsky y Woodrow Wilson como la existencia de al menos un cierto grado de acuerdo sobre el procedimiento a seguir, es decir, el Gobierno Provisional se consideraba "provisional", y la "re-revolución" debía seguir.

En la otra cara de la moneda, la interpretación de las intenciones de Trotsky debe ser cautelosa: era experto en dobles juegos. La documentación oficial demuestra claramente acciones contradictorias. Por ejemplo, la División de Asuntos del Lejano Oriente del Departamento de Estado de Estados Unidos recibió el 23 de marzo de 1918 dos informes procedentes de Trotsky; uno es incoherente con el otro. Un informe, fechado el 20 de marzo y procedente de Moscú, se originó en el periódico ruso *Russkoe Slovo*. El informe citaba una entrevista con Trotsky en la que afirmaba que cualquier alianza con Estados Unidos era imposible:

> *La Rusia del Soviet no puede aliarse... con la América capitalista porque esto sería una traición Es posible que los americanos busquen tal acercamiento con nosotros, impulsados por su antagonismo hacia Japón, pero en cualquier caso no puede plantearse una alianza nuestra de ninguna naturaleza con una nación burguesa.*[28]

El otro informe, también originado en Moscú, es un mensaje fechado el 17 de marzo de 1918, tres días antes, y del embajador Francis: "Trotsky solicita cinco oficiales americanos como inspectores del ejército que se está organizando para la defensa también solicita hombres y equipo de operación ferroviaria".[29]

Esta petición a EE.UU. es, por supuesto, incoherente con el rechazo a una "alianza".

Antes de dejar a Trotsky, hay que mencionar los juicios espectáculo estalinistas de los años 30 y, en particular, las acusaciones y el juicio en 1938 del "Bloque antisoviético de derechistas y trotskistas". Estas parodias forzadas del proceso judicial, casi unánimemente rechazadas en Occidente, pueden arrojar luz sobre las intenciones de Trotsky.

El quid de la acusación estalinista era que los trotskistas eran agentes a sueldo del capitalismo internacional. K. G. Rakovsky, uno de los acusados en 1938, dijo, o fue inducido a decir: "Éramos la vanguardia de la agresión extranjera, del fascismo internacional, y no sólo en la URSS, sino también en España, China, en todo el

---

[28] Archivo Decimal del Departamento de Estado de EE.UU., 861.00/1351.

[29] Archivo Decimal del Departamento de Estado de EE.UU., 861.00/1341.

mundo." El sumario del "tribunal" contiene la declaración: "No hay un solo hombre en el mundo que haya traído tanto dolor y desgracia a la gente como Trotsky. Es el agente más vil del fascismo...".[30]

Ahora bien, aunque puede que esto no sean más que insultos verbales intercambiados rutinariamente entre los comunistas internacionales de los años 30 y 40, también es notable que los hilos detrás de la autoacusación son coherentes con las pruebas de este capítulo. Y además, como veremos más adelante, Trotsky fue capaz de generar apoyo entre los capitalistas internacionales, que, por cierto, también eran partidarios de Mussolini y Hitler.[31]

Mientras veamos a todos los revolucionarios internacionales y a todos los capitalistas internacionales como enemigos implacables unos de otros, entonces pasamos por alto un punto crucial: que ha habido de hecho cierta cooperación operativa entre los capitalistas internacionales, incluidos los fascistas. Y no hay ninguna razón a priori por la que debamos rechazar a Trotsky como parte de esta alianza.

Esta reevaluación tentativa y limitada se pondrá de manifiesto cuando repasemos la historia de Michael Gruzenberg, el principal agente bolchevique en Escandinavia que, bajo el alias de Alexander Gumberg, fue también asesor confidencial del Chase National Bank de Nueva York y, más tarde, de Floyd Odium, de Atlas Corporation. Esta doble función era conocida y aceptada tanto por los soviéticos como por sus empleadores estadounidenses. La historia de Gruzenberg es un ejemplo de revolución internacional aliada con el capitalismo internacional.

Las observaciones del coronel MacLean de que Trotsky tenía una "fuerte influencia clandestina" y de que su "poder era tan grande que se dieron órdenes de que se le tuviera en cuenta" no son en absoluto

---

[30] *Report of Court Proceedings in the Case of the Anti-Soviet "Bloc of Rightists and Trotskyites"* Heard Before the Military Collegium of the Supreme Court of the USSR (Moscú: Comisariado del Pueblo de Justicia de la URSS, 1938), p. 293.

[31] Ver: Thomas Lamont de los Morgan fue uno de los primeros partidarios de Mussolini.

incoherentes con la intervención de Coulter-Gwatkin en favor de Trotsky; o, para el caso, con esos sucesos posteriores, las acusaciones estalinistas en los juicios de exhibición trotskistas de los años treinta. Tampoco son incompatibles con el caso Gruzenberg. Por otra parte, el único vínculo directo conocido entre Trotsky y la banca internacional es a través de su primo Abram Givatovzo, que fue banquero privado en Kiev antes de la Revolución Rusa y en Estocolmo después de la revolución. Aunque Givatovzo profesaba el antibolchevismo, en realidad actuaba en nombre de los soviéticos en 1918 en las transacciones de divisas.

¿Es posible que se cree una red internacional a partir de estos acontecimientos? Primero está Trotsky, un revolucionario internacionalista ruso con conexiones alemanas que suscita la ayuda de dos supuestos partidarios del gobierno del príncipe Lvov en Rusia (Aleinikoff y Wolf, rusos residentes en Nueva York). Estos dos encienden la acción de un subdirector general de correos liberal canadiense, que a su vez intercede ante un destacado general de división del ejército británico en el Estado Mayor canadiense. Todos estos vínculos son verificables.

En resumen, las lealtades no siempre son lo que se llaman o parecen. Sin embargo, podemos *suponer* que Trotsky, Aleinikoff, Wolf, Coulter y Gwatkin, al actuar por un objetivo común limitado, también tenían algún objetivo común más elevado que la lealtad nacional o la etiqueta política. Para enfatizar, no hay pruebas absolutas de que esto sea así. Es, por el momento, sólo una suposición lógica a partir de los hechos. Una lealtad superior a la forjada por un objetivo común inmediato no tiene por qué haber sido más que la de la amistad, aunque eso fuerza la imaginación cuando ponderamos una combinación tan políglota. También puede haber sido promovida por otros motivos. El panorama aún está incompleto.

Capítulo III

Lenin y la ayuda alemana a la revolución bolchevique

> *Hasta que los bolcheviques no recibieron de nosotros un flujo constante de fondos a través de diversos canales y bajo diferentes etiquetas, no estuvieron en condiciones de construir su principal órgano, Pravda, de llevar a cabo una enérgica propaganda y de ampliar apreciablemente la originalmente estrecha base de su partido.*
>
> Von Kühlmann, ministro de asuntos exteriores,
> al kaiser, 3 de diciembre de 1917

En abril de 1917, Lenin y un grupo de 32 revolucionarios rusos, en su mayoría bolcheviques, viajaron en tren desde Suiza a través de Alemania, pasando por Suecia, hasta Petrogrado, Rusia. Se dirigían a reunirse con León Trotsky para "completar la revolución". Su tránsito por Alemania fue aprobado, facilitado y financiado por el Estado Mayor alemán. El tránsito de Lenin a Rusia formaba parte de un plan aprobado por el Mando Supremo alemán, aparentemente no conocido inmediatamente por el káiser, para ayudar a la desintegración del ejército ruso y eliminar así a Rusia de la Primera Guerra Mundial. Al Estado Mayor alemán no se le ocurrió la posibilidad de que los bolcheviques se volvieran contra Alemania y Europa. El mayor general Hoffman ha escrito: "No sabíamos ni preveíamos el peligro para la humanidad de las consecuencias de este viaje de los bolcheviques a Rusia."[32]

---

[32] Max Hoffman, *War Diaries and Other Papers* (Londres: M. Secker, 1929),

Al más alto nivel, el funcionario político alemán que aprobó el viaje de Lenin a Rusia fue el canciller Theobald von Bethmann-Hollweg, descendiente de la familia de banqueros Bethmann de Frankfurt, que alcanzó una gran prosperidad en el siglo XIX. Bethmann-Hollweg fue nombrado canciller en 1909 y en noviembre de 1913 fue objeto del primer voto de censura aprobado por el Reichstag alemán contra un canciller. Fue Bethmann-Hollweg quien en 1914 dijo al mundo que la garantía alemana a Bélgica era un mero "trozo de papel". Sin embargo, en otros asuntos de guerra -como el uso de la guerra submarina sin restricciones- Bethmann-Hollweg se mostró ambivalente; en enero de 1917 le dijo al kaiser: "No puedo dar a Su Majestad ni mi asentimiento a la guerra submarina sin restricciones ni mi negativa". En 1917 Bethmann-Hollweg había perdido el apoyo del Reichstag y dimitió - pero no antes de aprobar el tránsito de revolucionarios bolcheviques a Rusia. Las instrucciones de tránsito de Bethmann-Hollweg llegaron al ministro alemán en Berna a principios de abril de 1917 a través del secretario de estado Arthur Zimmermann, que estaba inmediatamente por debajo de Bethmann-Hollweg y que se ocupaba de los detalles operativos diarios con los ministros alemanes tanto en Berna como en Copenhague. El propio káiser no tuvo conocimiento del movimiento revolucionario hasta después de que Lenin hubiera pasado a Rusia.

Aunque el propio Lenin no conocía la fuente exacta de la ayuda, sin duda sabía que el gobierno alemán aportaba algunos fondos. Sin embargo, existían vínculos intermedios entre el Ministerio de Asuntos Exteriores alemán y Lenin, como se muestra a continuación:

TRASLADO DE LENIN A RUSIA EN ABRIL DE 1917

Decisión final   BETHMANN-HOLLWEG

(Canciller)

Intermediario I   ARTHUR ZIMMERMANN

(Secretario de Estado)

2:177.

Intermediario II BROCKDORFF-RANTZAU

(Ministro alemán en Copenhague)

Intermediario III ALEXANDER ISRAEL

HELPHAND

(alias PARVUS)

Intermediario IV   JACOB FURSTENBERG

(alias GANETSKY)

LENIN, en Suiza

Desde Berlín, Zimmermann y Bethmann-Hollweg se comunicaban con el ministro alemán en Copenhague, Brockdorff-Rantzau. A su vez, Brockdorff-Rantzau estaba en contacto con Alexander Israel Helphand (más conocido por su alias, Parvus), que se encontraba en Copenhague.[33] Parvus era la conexión con Jacob Furstenberg, un polaco descendiente de una familia adinerada pero más conocido por su alias, Ganetsky. Y Jacob Furstenberg era el vínculo inmediato con Lenin.

Aunque el canciller Bethmann-Hollweg era la autoridad final para el traslado de Lenin, y aunque Lenin probablemente era consciente de los orígenes alemanes de la ayuda, Lenin no puede ser calificado de agente alemán. El Ministerio de Asuntos Exteriores alemán valoró las probables acciones de Lenin en Rusia como coherentes con sus propios objetivos en la disolución de la estructura de poder existente en Rusia. Sin embargo, ambas partes tenían también objetivos ocultos: Alemania quería un acceso prioritario a los mercados de posguerra en Rusia, y Lenin pretendía establecer una dictadura marxista.

La idea de utilizar a los revolucionarios rusos de este modo se remonta a 1915. El 14 de agosto de ese año, Brockdorff-Rantzau escribió al subsecretario de estado alemán sobre una conversación

---

[33] Z. A. B. Zeman y W. B. Scharlau, *El mercader de la revolución.... The Life of Alexander Israel Helphand* (Parvus), 1867-1924 (Nueva York: Oxford University Press, 1965).

con Helphand (Parvus), e hizo una fuerte recomendación para emplear a Helphand, *"un* hombre extraordinariamente importante cuyos poderes inusuales siento que *debemos* emplear mientras dure la guerra...".[34] El informe incluía una advertencia: *"Tal vez sea* arriesgado querer utilizar los poderes de que hay detrás de Helphand, pero sin duda sería una admisión de nuestra propia debilidad si rechazáramos sus servicios por miedo a no ser capaces de dirigirlos."[35]

Las ideas de Brockdorff-Rantzau de dirigir o controlar a los revolucionarios son paralelas, como veremos, a las de los financieros de Wall Street. Fueron J.P. Morgan y la American International Corporation quienes intentaron controlar a los revolucionarios nacionales y extranjeros en Estados Unidos para sus propios fines.

Un documento posterior[36] esbozaba los términos exigidos por Lenin, de los cuales el más interesante era el punto número siete, que permitía "el avance de las tropas rusas hacia la India"; esto sugería que Lenin pretendía continuar el programa expansionista zarista. Zeman también deja constancia del papel de Max Warburg en el establecimiento de una editorial rusa y hace referencia a un acuerdo fechado el 12 de agosto de 1916, en el que el industrial alemán Stinnes accedía a aportar dos millones de rublos para financiar una editorial en Rusia.[37]

En consecuencia, el 16 de abril de 1917, un tren con treinta y dos pasajeros, entre ellos Lenin, su esposa Nadezhda Krupskaya, Grigori Zinoviev, Sokolnikov y Karl Radek, partió de la Estación Central de Berna rumbo a Estocolmo. Cuando el grupo llegó a la frontera rusa, sólo se negó la entrada en Rusia a Fritz Plattan y

---

[34] Z. A. B. Zeman, *Alemania y la revolución en Rusia*, 1915-1918. Documents from the Archives of the German Foreign Ministry (Londres: Oxford University Press, 1958).

[35] Ibid.

[36] Ibídem, p. 6, doc. 6, en el que se informa de una conversación con el intermediario estonio Keskula.

[37] Ibídem, p. 92, n. 3.

Radek. Al resto del grupo se le permitió la entrada. Varios meses después les siguieron casi 200 mencheviques, entre ellos Mártov y Axelrod.

Merece la pena señalar que Trotsky, por aquel entonces en Nueva York, también disponía de fondos procedentes de fuentes alemanas. Además, Von Kuhlmann alude a la incapacidad de Lenin para ampliar la base de su partido bolchevique hasta que los alemanes le suministraron fondos. Trotsky era un menchevique que no se hizo bolchevique hasta 1917. Esto sugiere que los fondos alemanes tal vez estuvieran relacionados con el cambio de etiqueta del partido de Trotsky.

Los documentos Sisson

A principios de 1918, Edgar Sisson, representante en Petrogrado del Comité de Información Pública de Estados Unidos, compró un lote de documentos rusos que pretendían demostrar que Trotsky, Lenin y los demás revolucionarios bolcheviques no sólo estaban a sueldo del gobierno alemán, sino que también eran agentes de éste.

Estos documentos, más tarde conocidos como los "Documentos Sisson", fueron enviados a Estados Unidos con gran prisa y en secreto. En Washington, D.C. fueron presentados a la Junta Nacional del Servicio Histórico para su autentificación. Dos destacados historiadores, J. Franklin Jameson y Samuel N. Harper, dieron fe de su autenticidad. Estos historiadores dividieron los documentos de Sisson en tres grupos. Con respecto al Grupo I, concluyeron:

Los hemos sometido con gran cuidado a todas las pruebas aplicables a las que están acostumbrados los estudiantes de historia y... sobre la base de estas investigaciones, no dudamos en declarar que no vemos razón alguna para dudar de la genuinidad o autenticidad de estos cincuenta y tres documentos.[38]

Los historiadores tenían menos confianza en el material del Grupo

---

[38] EE.UU., Comité de Información Pública, *The German-Bolshevik Conspiracy*, War Information Series, nº 20, octubre de 1918.

II. Este grupo no se rechazó como falsificación pura y simple, pero se sugirió que eran copias de documentos originales. Aunque los historiadores no hicieron "ninguna declaración de confianza" sobre el Grupo III, no estaban dispuestos a rechazar los documentos como falsificaciones absolutas.

Los Documentos Sisson fueron publicados por el Comité de Información Pública, cuyo presidente era George Creel, antiguo colaborador del probolchevique *Masses*. La prensa estadounidense en general aceptó los documentos como auténticos. La notable excepción fue el *New York Evening Post*, en aquel momento propiedad de Thomas W. Lamont, socio de la firma Morgan. Cuando sólo se habían publicado unos pocos fascículos, el *Post* cuestionó la autenticidad de todos los documentos.[39]

Ahora sabemos que los Documentos Sisson eran casi todos falsos: sólo una o dos de las circulares alemanas de menor importancia eran auténticas. Incluso un examen casual del membrete alemán sugiere que los falsificadores eran unos falsificadores inusualmente descuidados que tal vez trabajaban para el crédulo mercado estadounidense. El texto alemán estaba plagado de términos que rozaban el ridículo: por ejemplo, *Bureau* en lugar de la palabra alemana *Büro; Central* en lugar de la alemana *Zentral;* etc.

Que los documentos son falsificaciones es la conclusión de un exhaustivo estudio de George Kennan[40] y de estudios realizados en los años veinte por el gobierno británico. Algunos documentos se basaban en información auténtica y, como observa Kennan, quienes los falsificaron tuvieron sin duda acceso a una información inusualmente buena. Por ejemplo, los Documentos 1, 54, 61 y 67 mencionan que el Nya Banken de Estocolmo sirvió de conducto para los fondos bolcheviques procedentes de Alemania. Este conducto ha sido confirmado en fuentes más fiables. Los documentos 54, 63 y 64 mencionan a Furstenberg como banquero intermediario entre los

---

[39] *New York Evening Post,* 16-18 de septiembre, 21; 4 de octubre de 1918. También es interesante, pero no concluyente de nada, que los bolcheviques también cuestionaran enérgicamente la autenticidad de los documentos.

[40] George F. Kennan, "The Sisson Documents", *Journal of Modern History* 27-28 (1955-56): 130-154.

alemanes y los bolcheviques; el nombre de Furstenberg aparece en otros documentos auténticos. El Documento 54 de Sisson menciona a Olof Aschberg, y Olof Aschberg según sus propias declaraciones era el "banquero bolchevique". Aschberg en 1917 era el director del Nya Banken. Otros documentos de la serie Sisson enumeran nombres e instituciones, como el Banco Industrial Alemán de Nafta, la Disconto Gesellschaft y Max Warburg, el banquero de Hamburgo, pero las pruebas sólidas de apoyo son más elusivas. En general, los Documentos Sisson, a pesar de ser en sí mismos falsificaciones, se basan en parte en información generalmente auténtica.

Un aspecto desconcertante a la luz de la historia de este libro es que los documentos llegaron a Edgar Sisson de manos de Alexander Gumberg (alias Berg, nombre real Michael Gruzenberg), el agente bolchevique en Escandinavia y más tarde asistente confidencial del Chase National Bank y de Floyd Odium de Atlas Corporation. Los bolcheviques, por su parte, repudiaron estridentemente el material de Sisson. También lo hizo John Reed, el representante estadounidense en la ejecutiva de la Tercera Internacional y cuya nómina procedía de la revista *Metropolitan,* propiedad de los intereses de J.P. Morgan.[41] También lo hizo Thomas Lamont, el socio de Morgan que era propietario del *New York Evening Post.* Hay varias explicaciones posibles. Probablemente las conexiones entre los intereses de Morgan en Nueva York y agentes como John Reed y Alexander Gumberg eran muy flexibles. Esto *podría* haber sido una maniobra de Gumberg para desacreditar a Sisson y Creel plantando documentos falsificados; o tal vez Gumberg estaba trabajando en su propio interés.

Los Documentos Sisson "prueban" la exclusiva implicación alemana con los bolcheviques. También se han utilizado para "probar" una teoría de conspiración judeo-bolchevique similar a la de los Protocolos de Sión. En 1918, el gobierno de Estados Unidos quería unir a la opinión pública estadounidense en torno a una guerra impopular contra Alemania, y los Documentos Sisson "probaron" de forma espectacular la complicidad exclusiva de Alemania con los

---

[41] John Reed, *The Sisson Documents* (Nueva York: Liberator Publishing, s.f.).

bolcheviques. Los documentos también proporcionaron una cortina de humo contra el conocimiento público de los acontecimientos que se describirán en este libro.

El tira y afloja en Washington[42]

Una revisión de los documentos del Archivo Decimal del Departamento de Estado sugiere que el Departamento de Estado y el embajador Francis en Petrogrado estaban bastante bien informados sobre las intenciones y el progreso del movimiento bolchevique. En el verano de 1917, por ejemplo, el Departamento de Estado quiso detener la salida de Estados Unidos de "personas perjudiciales" (es decir, revolucionarios rusos que regresaban), pero no pudo hacerlo porque utilizaban nuevos pasaportes rusos y estadounidenses. Los preparativos de la propia revolución bolchevique eran bien conocidos al menos seis semanas antes de que se produjera. Un informe de los archivos del Departamento de Estado afirma, en relación con las fuerzas de Kerensky, que era "dudoso que el gobierno de... [pueda] suprimir el brote". A lo largo de septiembre y octubre se informó de la desintegración del gobierno de Kerensky, así como de los preparativos bolcheviques para un golpe de estado. El gobierno británico advirtió a los residentes británicos en Rusia que se marcharan al menos seis semanas antes de la fase bolchevique de la revolución.

El primer informe completo de los acontecimientos de principios de noviembre llegó a Washington el 9 de diciembre de 1917. Este informe describía la naturaleza discreta de la propia revolución, mencionaba que el general William V. Judson había realizado una visita no autorizada a Trotsky y señalaba la presencia de alemanes en Smolny, el cuartel general soviético.

El 28 de noviembre de 1917, el presidente Woodrow Wilson ordenó que no se interfiriera en la Revolución Bolchevique. Al parecer, esta instrucción respondía a la petición del embajador Francis de celebrar

---

[42] Esta parte se basa en la sección 861.00 del Archivo Decimal del Departamento de Estado de EE.UU., también disponible en los rollos 10 y 11 de la microcopia 316 de los Archivos Nacionales.

una conferencia aliada, a la que Gran Bretaña ya había accedido. El Departamento de Estado argumentó que dicha conferencia era poco práctica. Hubo discusiones en París entre los Aliados y el coronel Edward M. House, quien informó de ellas a Woodrow Wilson como "largas y frecuentes discusiones sobre Rusia." Respecto a tal conferencia, House declaró que Inglaterra estaba "pasivamente dispuesta", Francia "indiferentemente en contra" e Italia "activamente". Poco después, Woodrow Wilson aprobó un cable redactado por el Secretario de Estado Robert Lansing, que proporcionaba ayuda financiera al movimiento Kaledin (12 de diciembre de 1917). También se filtraron rumores en Washington de que "monárquicos que trabajan con los bolcheviques y los mismos apoyados por diversos sucesos y circunstancias"; que el gobierno de Smolny estaba absolutamente bajo control del Estado Mayor alemán; y rumores en otros lugares de que "muchos o la mayoría de ellos [es decir, los bolcheviques] son de América."

En diciembre, el general Judson visitó de nuevo a Trotsky; esto se consideró un paso hacia el reconocimiento por parte de Estados Unidos, aunque un informe fechado el 5 de febrero de 1918, del embajador Francis en Washington, recomendaba no reconocerlo. Un memorándum originado por Basil Miles en Washington argumentaba que "deberíamos tratar con todas las autoridades de Rusia, incluidos los bolcheviques". Y el 15 de febrero de 1918, el Departamento de Estado envió un telegrama al embajador Francis en Petrogrado, afirmando que el "departamento desea que usted se mantenga gradualmente en contacto algo más estrecho e informal con las autoridades bolcheviques utilizando canales que eviten cualquier reconocimiento oficial."

Al día siguiente el Secretario de Estado Lansing transmitió lo siguiente al embajador francés J. J. Jusserand en Washington: "Se considera desaconsejable tomar cualquier acción que antagonice en este momento a cualquiera de los diversos elementos del pueblo que ahora controlan el poder en Rusia..."[43]

El 20 de febrero, el embajador Francis envió un telegrama a

---

[43] U.S. State Dept. Decimal File, 861.00/1117a. El mismo mensaje fue transmitido al embajador italiano.

Washington para informar del inminente fin del gobierno bolchevique. Dos semanas más tarde, el 7 de marzo de 1918, Arthur Bullard informó al coronel House de que dinero alemán estaba subvencionando a los bolcheviques y que esta subvención era más sustancial de lo que se pensaba. Arthur Bullard (del Comité de Información Pública de Estados Unidos) argumentó: "deberíamos estar dispuestos a ayudar a cualquier gobierno nacional honesto. Pero los hombres o el dinero o el equipo enviados a los actuales gobernantes de Rusia serán utilizados contra los rusos al menos tanto como contra los alemanes."[44]

Esto fue seguido por otro mensaje de Bullard al Coronel House: "Recomiendo encarecidamente no dar ayuda material al actual gobierno ruso. Elementos siniestros en los soviéticos parecen estar ganando el control".

Pero había influyentes contrafuerzas en acción. Ya el 28 de noviembre de 1917, el coronel House telegrafió desde París al presidente Woodrow Wilson que era "sumamente importante" que se "suprimieran" los comentarios de los periódicos estadounidenses que defendían que "Rusia debía ser tratada como un enemigo". Al mes siguiente, William Franklin Sands, secretario ejecutivo de la American International Corporation controlada por Morgan y amigo del ya mencionado Basil Miles, presentó un memorándum que describía a Lenin y Trotsky como atractivos para las masas y que instaba a Estados Unidos a reconocer a Rusia. Incluso el socialista estadounidense Walling se quejó al Departamento de Estado de la actitud prosoviética de George Creel (del Comité de Información Pública de Estados Unidos), Herbert Swope y William Boyce Thompson (del Banco de la Reserva Federal de Nueva York).

El 17 de diciembre de 1917 apareció en un periódico moscovita un ataque contra el coronel de la Cruz Roja Raymond Robins y Thompson, alegando un vínculo entre la Revolución Rusa y los banqueros estadounidenses:

¿Por qué les interesa tanto la ilustración? ¿Por qué se dio el dinero a los revolucionarios socialistas y no a los demócratas

---

[44] Véanse los documentos de Arthur Bullard en la Universidad de Princeton.

constitucionales? Se podría suponer que estos últimos están más cerca y son más queridos por los banqueros.

El artículo continúa argumentando que esto se debió a que el capital estadounidense veía a Rusia como un mercado de futuro y, por tanto, quería afianzarse. El dinero se entregó a los revolucionarios porque los obreros y campesinos atrasados confían en los socialrevolucionarios. En el momento en que se aprobó el dinero, los socialrevolucionarios estaban en el poder y se suponía que seguirían controlando Rusia durante algún tiempo.

Otro informe, fechado el 12 de diciembre de 1917 y relacionado con Raymond Robins, detalla la "negociación con un grupo de banqueros estadounidenses de la Misión de la Cruz Roja Americana"; la "negociación" se refería a un pago de dos millones de dólares. El 22 de enero de 1918, Robert L Owen, presidente de la Comisión de Banca y Moneda del Senado estadounidense y vinculado a los intereses de Wall Street, envió una carta a Woodrow Wilson en la que recomendaba el reconocimiento de facto de Rusia, el permiso para un cargamento de mercancías que se necesitaban urgentemente en Rusia, el nombramiento de representantes en Rusia para contrarrestar la influencia alemana y el establecimiento de un grupo de servicio de carrera en Rusia.

Este enfoque contó con la ayuda constante de Raymond Robins en Rusia. Por ejemplo, el 15 de febrero de 1918, un cable de Robins en Petrogrado a Davison en la Cruz Roja en Washington (y para ser remitido a William Boyce Thompson) argumentaba que se debía dar apoyo a la autoridad bolchevique durante el mayor tiempo posible, y que la nueva Rusia revolucionaria se volvería hacia Estados Unidos al haber "roto con el imperialismo alemán". Según Robins, los bolcheviques querían la ayuda y cooperación de Estados Unidos junto con la reorganización del ferrocarril, porque "mediante una generosa ayuda y asesoramiento técnico en la reorganización del comercio y la industria, Estados Unidos puede excluir por completo el comercio alemán durante equilibrio de la guerra."

En resumen, el tira y afloja en Washington reflejaba una lucha entre, por un lado, diplomáticos de la vieja guardia (como el embajador Francis) y funcionarios departamentales de menor rango y, por otro, financieros como Robins, Thompson y Sands con aliados como

Lansing y Miles en el Departamento de Estado y el senador Owen
en el Congreso.

Capítulo IV

Wall Street y la revolución mundial

En lo que discrepáis vosotros, los radicales, y nosotros, los que mantenemos posturas opuestas, no es tanto en el fin como en los medios, no tanto en lo que debe conseguirse sino en cómo debe y puede conseguirse...
Otto H. Kahn, director de American International Corp. y socio de Kuhn, Loeb & Co., hablando ante la League/or Industrial Democracy, Nueva York, 30 de diciembre de 1924.

B ntes de la Primera Guerra Mundial, la estructura financiera y empresarial de Estados Unidos estaba dominada por dos conglomerados: Standard Oil, o la empresa de los Rockefeller, y el complejo industrial de los Morgan: empresas financieras y de transporte. Las alianzas fiduciarias de Rockefeller y Morgan dominaban no sólo Wall Street sino, a través de los consejos de administración entrelazados, casi todo el entramado económico de Estados Unidos.[45] Los intereses de Rockefeller monopolizaban las industrias del petróleo y afines, y controlaban el trust del cobre, el trust de las fundiciones y el gigantesco trust del tabaco, además de tener influencia en algunas propiedades de Morgan, como la U.S. Steel Corporation, así como en cientos de trust industriales más pequeños, operaciones de servicios públicos, ferrocarriles e instituciones bancarias. El National City Bank era el mayor de los bancos influidos por Standard Oil-Rockefeller, pero el control financiero se extendía a la United States Trust Company y al

---

[45] John Moody, *The Truth about the Trusts* (Nueva York: Moody Publishing, 1904).

Hanover National Bank, así como a las principales compañías de seguros de vida: Equitable Life y Mutual of New York.

Las grandes empresas de Morgan estaban en el acero, el transporte marítimo y la industria eléctrica; incluían General Electric, el trust del caucho y los ferrocarriles. Al igual que Rockefeller, Morgan controlaba corporaciones financieras: el National Bank of Commerce y el Chase National Bank, New York Life Insurance y la Guaranty Trust Company. Los nombres de J.P. Morgan y Guaranty Trust Company aparecen repetidamente a lo largo de este libro. A principios del siglo XX, la Guaranty Trust Company estaba dominada por los intereses de Harriman. Cuando el mayor de los Harriman (Edward Henry) murió en 1909, Morgan y sus socios compraron Guaranty Trust, Mutual Life y New York Life. En 1919 Morgan compró también el control de Equitable Life, y la Guaranty Trust Company absorbió otras seis compañías fiduciarias de menor importancia. Por lo tanto, al final de la Primera Guerra Mundial, Guaranty Trust y Bankers Trust eran, respectivamente, la primera y la segunda mayores empresas fiduciarias de Estados Unidos, ambas dominadas por los intereses de Morgan.[46]

Los financieros estadounidenses asociados a estos grupos participaron en la financiación de la revolución incluso antes de 1917. La intervención del bufete de abogados de Wall Street, Sullivan & Cromwell, en la controversia del Canal de Panamá está registrada en las audiencias del Congreso de 1913. El episodio es resumido por el congresista Rainey:

Sostengo que los representantes de este Gobierno [Estados Unidos] hicieron posible la revolución en el istmo de Panamá. Que si no hubiera sido por la interferencia de este Gobierno, una revolución exitosa no podría haber ocurrido, y sostengo que este Gobierno violó el tratado de 1846. Podré presentar pruebas que demuestren que la

---

[46] La J. P. Morgan Company se fundó originalmente en Londres con el nombre de George Peabody and Co. en 1838. No se constituyó como sociedad anónima hasta el 21 de marzo de 1940. La empresa dejó de existir en abril de 1954, cuando se fusionó con la Guaranty Trust Company, entonces su filial bancaria comercial más importante, y hoy se conoce como Morgan Guarantee Trust Company of New York.

declaración de independencia que fue promulgada en Panamá el 3 de noviembre de 1903, fue preparada aquí mismo en la ciudad de Nueva York y llevada allí - preparada en la oficina de Wilson (sic) Nelson Cromwell.[47]

El congresista Rainey continuó afirmando que sólo diez o doce de los principales revolucionarios panameños más "los oficiales de la Panama Railroad & Steamship Co., que estaban bajo el control de William Nelson Cromwell, de Nueva York y los funcionarios del Departamento de Estado en Washington", sabían de la inminente revolución.[48] El propósito de la revolución era privar a Colombia, de la que Panamá formaba entonces parte, de 40 millones de dólares y adquirir el control del Canal de Panamá.

El ejemplo mejor documentado de la intervención de Wall Street en una revolución es la actuación de un sindicato neoyorquino en la revolución china de 1912, que dirigía Sun Yat-sen. Aunque los beneficios finales del sindicato siguen sin estar claros, la intención y el papel del grupo de financiación neoyorquino están plenamente documentados hasta las cantidades de dinero, la información sobre las sociedades secretas chinas afiliadas y las listas de envío del armamento que se iba a comprar. El sindicato de banqueros de Nueva York para la revolución de Sun Yat- sen incluía a Charles B. Hill, abogado del bufete Hunt, Hill & Betts. En 1912 el bufete estaba situado en 165 Broadway, Nueva York, pero en 1917 se trasladó a 120 Broadway (véase el capítulo ocho sobre la importancia de esta dirección). Charles B. Hill era director de varias filiales de Westinghouse, como Bryant Electric, Perkins Electric Switch y Westinghouse Lamp, todas ellas afiliadas a Westinghouse Electric, cuya oficina de Nueva York también estaba situada en el 120 de Broadway. Charles R. Crane, organizador de las filiales de Westinghouse en Rusia, tuvo un papel conocido en la primera y segunda fases de la Revolución Bolchevique (véase la página 26).

El trabajo del sindicato de Hill en China en 1910 está documentado

---

[47] Estados Unidos, Cámara de Representantes, Comité de Asuntos Exteriores, *The Story of Panama*, Hearings on the Rainey Resolution, 1913. p. 53.

[48] Ibídem, p. 60.

en los Laurence Boothe Papers de la Hoover Institution.[49] Estos documentos contienen más de 110 artículos relacionados, incluidas cartas de Sun Yat-sen a y de sus patrocinadores estadounidenses. A cambio de apoyo financiero, Sun Yat-sen prometió al sindicato de Hill concesiones ferroviarias, bancarias y comerciales en la nueva China revolucionaria.

Otro caso de revolución apoyada por las instituciones financieras neoyorquinas fue el de México en 1915-16. Von Rintelen, un agente de espionaje alemán en Estados Unidos[50], fue acusado durante su juicio en mayo de 1917 en Nueva York de intentar "embrollar" a Estados Unidos con México y Japón para desviar municiones que en ese momento fluían hacia los Aliados en Europa.[51] El pago de las municiones que se enviaron desde Estados Unidos al revolucionario mexicano Pancho Villa, se realizó a través de Guaranty Trust Company. El consejero de Von Rintelen, Sommerfeld, pagó 380.000 dólares a través de Guaranty Trust y Mississippi Valley Trust Company a la Western Cartridge Company de Alton, Illinois, por la munición enviada a El Paso, para su envio a Villa. Esto fue a mediados de 1915. El 10 de enero de 1916, Villa asesinó a diecisiete mineros estadounidenses en Santa Isabel y el 9 de marzo de 1916, Villa asaltó Columbus, Nuevo México, y asesinó a dieciocho estadounidenses más.

La participación de Wall Street en estas incursiones en la frontera mexicana fue el tema de una carta (6 de octubre de 1916) de Lincoln Steffens, un comunista estadounidense, al coronel House, "ayudante" de Woodrow Wilson:

Mi querido Coronel House:

> *Justo antes de salir de Nueva York el lunes pasado, me dijeron convincentemente que "Wall Street" había*

---

[49] Stanford, Calif. Véase también *Los Angeles Times*, 13 de octubre de 1966.

[50] Más tarde codirector, con Hjalmar Schacht (banquero de Hitler) y Emil Wittenberg, del Nationalbank für Deutschland.

[51] Estados Unidos, Senado, Comité de Relaciones Exteriores, *Investigación de asuntos mexicanos*, 1920.

> *completado los arreglos para una incursión más de bandidos mexicanos en los Estados Unidos: que sería tan oportuna y tan atroz que resolvería las elecciones.*[52]
>
> *Una vez en el poder en México, el gobierno de Carranza compró armas adicionales en Estados Unidos. La American Gun Company contrató el envío de 5.000 Mausers y la Junta de Comercio de Guerra emitió una licencia de embarque para 15.000 armas y 15.000.000 de cartuchos. El embajador estadounidense en México, Fletcher, "se negó rotundamente a recomendar o sancionar el envío de municiones, rifles, etc., a Carranza".*[53] *Sin embargo, la intervención del Secretario de Estado Robert Lansing redujo la barrera a un retraso temporal, y "en poco tiempo... [a la American Gun Company] se le permitiría hacer el envío y la entrega".*[54]

Las incursiones en Estados Unidos de las fuerzas de Villa y Carranza fueron descritas en *el New York Times* como la "Revolución de Texas" (una especie de ensayo general de la Revolución bolchevique) y fueron llevadas a cabo conjuntamente por alemanes y bolcheviques. El testimonio de John A. Walls, fiscal del distrito de Brownsville, Texas, ante el Comité de Otoño de 1919 aportó pruebas documentales del vínculo entre los intereses bolcheviques en Estados Unidos, la actividad alemana y las fuerzas de Carranza en México.[55] En consecuencia, el gobierno de Carranza, el primero en el mundo con una constitución de tipo soviético (que fue redactada por trotskistas), era un gobierno con apoyo en Wall Street. La revolución carrancista probablemente no habría tenido éxito sin las municiones estadounidenses y Carranza no habría permanecido

---

[52] Lincoln Steffens, *The Letters of Lincoln Steffens* (Nueva York: Harcourt, Brace, 1941, P. 386)

[53] EE.UU., Senado, Comité de Relaciones Exteriores, *Investigación de Asuntos Mexicanos*, 1920, pts. 2, 18, p. 681.

[54] Ibid.

[55] *New York Times*, 23 de enero de 1919.

en el poder tanto tiempo como lo hizo sin la ayuda estadounidense.[56] Una intervención similar en la revolución bolchevique de 1917 en Rusia gira en torno al banquero e intermediario sueco Olof Aschberg. Lógicamente, la historia comienza con los préstamos zaristas prerrevolucionarios de los sindicatos bancarios de Wall Street.

Los banqueros estadounidenses y los préstamos zaristas

En agosto de 1914 Europa entró en guerra. Según el derecho internacional, los países neutrales (y Estados Unidos lo fue hasta abril de 1917) no podían conceder préstamos a los países beligerantes. Se trataba de una cuestión jurídica y moral. Cuando la casa Morgan ofreció préstamos de guerra para Gran Bretaña y Francia en 1915, J.P. Morgan argumentó que no se trataba en absoluto de préstamos de guerra, sino simplemente de un medio para facilitar el comercio internacional. El presidente Wilson había hecho tal distinción en octubre de 1914; explicó que la venta de bonos en Estados Unidos para gobiernos extranjeros era en realidad un préstamo de ahorros a los gobiernos beligerantes y no financiaba una guerra. Por otra parte, la aceptación de pagarés del Tesoro u otras pruebas de deuda en pago de artículos era sólo un medio de facilitar el comercio y no de financiar un esfuerzo bélico.[57]

Los documentos de los archivos del Departamento de Estado demuestran que el National City Bank, controlado por los intereses de Stillman y Rockefeller, y el Guaranty Trust, controlado por los intereses de Morgan, consiguieron conjuntamente importantes préstamos para la Rusia beligerante antes de la entrada de Estados Unidos en la guerra, y que estos préstamos se consiguieron *después de que* el Departamento de Estado señalara a estas empresas que eran contrarios al derecho internacional. Además, las negociaciones para los préstamos se llevaron a cabo a través de las instalaciones

---

[56] EE.UU., Senado, Comité de Relaciones Exteriores, op. cit., pp. 795-96.

[57] U.S., Senate, Hearings Before the Special Committee Investigating the Munitions Industry, 73-74th Cong., 1934-37, pt. 25, p. 76-66.

oficiales de comunicaciones del gobierno de EE.UU. al amparo de la "Cifra Verde" de alto nivel del Departamento de Estado. A continuación se exponen extractos de cables del Departamento de Estado que servirán para explicar el caso.

El 94 de mayo de 1916, el embajador Francis en Petrogrado envió el siguiente cable al Departamento de Estado en Washington para que lo remitiera a Frank Arthur Vanderlip, entonces presidente del National City Bank de Nueva York. El cable fue enviado en clave verde y fue cifrado y descifrado por funcionarios del Departamento de Estado de EE.UU. en Petrogrado y Washington a expensas de los contribuyentes (archivo 861.51/110). 563, mayo del 94, 1 p.m.

Para el Vanderlip National City Bank de Nueva York. Cinco. Nuestras opiniones anteriores crédito reforzado. Apoyamos el plan cableado como inversión segura más especulación muy atractiva en rublos. En vista de la garantía del tipo de cambio hemos colocado el tipo algo por encima del mercado actual. Debido a la opinión desfavorable creada por el largo retraso, hemos ofrecido, bajo nuestra responsabilidad, veinticinco millones de dólares. Creemos que una gran parte de todo debe ser retenida por el banco y las instituciones aliadas. Con cláusula respecto bonos de aduanas se convierten en embargo práctico sobre más de ciento cincuenta millones de dólares por año aduanas haciendo absoluta seguridad y asegura el mercado incluso si defecto. Consideramos muy valiosa la opción de tres [¿años?] sobre los bonos y por esa razón la cantidad de crédito en rublos debería ser ampliada por el grupo o por distribución a amigos cercanos. American International debería tomar el bloque e informaríamos al Gobierno. Creo que debería formarse un grupo de inmediato para tomar y emitir bonos... debería asegurarse una garantía de cooperación total. Sugiero que veas a Jack personalmente, haz todo lo posible para que trabajen realmente, de lo contrario, coopera y garantiza la formación de un nuevo grupo. Oportunidades aquí durante los próximos diez años muy grandes a lo largo del estado y la financiación industrial y si esta transacción consumada sin duda debe establecerse. En

la contestación tenga presente la situación con respecto
al cable.

MacRoberts Rich.

FRANCIS, EMBAJADOR DE ESTADOS UNIDOS[58]

Para entender la historia que sigue, hay que tener en cuenta varios aspectos del cable. En primer lugar, nótese la referencia a American International Corporation, una empresa de Morgan, y un nombre que aparece una y otra vez en esta historia. En segundo lugar, "garantía" se refiere a Guaranty Trust Company. En tercer lugar, *"MacRoberts"* era Samuel MacRoberts, vicepresidente y director ejecutivo del National City Bank.

El 24 de mayo de 1916, el embajador Francis envió por cable un mensaje de Rolph Marsh, del Guaranty Trust de Petrogrado, al Guaranty Trust de Nueva York, de nuevo en el cifrado verde especial y de nuevo utilizando los servicios del Departamento de Estado. Este cable dice lo siguiente:

565, 24 de mayo, 18.00 h.

para Guaranty Trust Company Nueva York: Tres.

Olof y yo consideramos que la nueva propuesta se ocupa
de Olof y ayudará en lugar de dañar su prestigio. Esta
situacion hace necesaria la cooperacion si se quieren
lograr grandes cosas aqui. Insto encarecidamente a que
te pongas de acuerdo con City para considerar y actuar
conjuntamente en todas las grandes propuestas aquí.
Ventajas decididas para ambos y evita jugar uno contra
otro. Los representantes de la ciudad aquí desean
(escrito a mano) tal cooperación. Proposición
considerada elimina nuestro crédito en nombre también
opción pero ambos consideramos el crédito de rublo con
la opción de bono en proposiciones. El segundo párrafo
ofrece la oportunidad provechosa maravillosa, urge

---

[58] Archivo Decimal del Departamento de Estado de EE.UU., 861.51/110 (316-116-682).

fuertemente su aceptación. Por favor, envíeme un cable con plena autoridad para actuar en relación con la ciudad. Considere nuestra entretenida propuesta una situación satisfactoria para nosotros y permite hacer grandes cosas. De nuevo, le insto a que acepte veinticinco millones de rublos de crédito. Sin posibilidad de pérdidas y con grandes ventajas especulativas. Insto de nuevo a tener al vicepresidente sobre el terreno. El efecto aquí será decididamente bueno. Abogado residente no tiene el mismo prestigio y peso. Esto va a través de la Embajada por código de respuesta de la misma manera. Ver cable sobre posibilidades.

ROLPH MARSH FRANCIS, EMBAJADOR AMERICANO

Nota:-Mensaje en clave verde. SALA DEL TELÉGRAFO[59]

"Olof" en el cable era Olof Aschberg, banquero sueco y jefe del Nya Banken de Estocolmo. Aschberg había estado en Nueva York en 1915 consultando con la firma Morgan sobre estos préstamos rusos. Ahora, en 1916, estaba en Petrogrado con Rolph Marsh del Guaranty Trust y Samuel MacRoberts y Rich del National City Bank ("City" en cable) concertando préstamos para un consorcio Morgan-Rockefeller. Al año siguiente, Aschberg, como veremos más adelante, sería conocido como el "banquero bolchevique", y sus propias memorias reproducen pruebas de su derecho al título.

Los archivos del Departamento de Estado también contienen una serie de cables entre el embajador Francis, el secretario en funciones Frank Polk y el secretario de Estado Robert Lansing relativos a la legalidad y conveniencia de transmitir cables del National City Bank y del Guaranty Trust con cargo al erario público. El 25 de mayo de 1916, el embajador Francis telegrafió a Washington lo siguiente y se refirió a los dos cables anteriores:

569, 25 de mayo, una p.m.

Mis telegramas 563 y 565 del veinticuatro de mayo se

---

[59] Archivo Decimal del Departamento de Estado de EE.UU., 861.51/112.

envían a los representantes locales de las instituciones a las que se dirigen con la esperanza de consumar un préstamo que aumentaría en gran medida el comercio internacional y beneficiaría enormemente [¿relaciones diplomáticas?]. Las perspectivas de éxito son prometedoras. Los representantes de Petrogrado consideran los términos presentados muy satisfactorios pero temen que tales representaciones a sus instituciones impidan la consumación del préstamo si el Gobierno aquí conoce estas propuestas.

FRANCIS, EMBAJADOR AMERICANO.[60]

La razón básica citada por Francis para facilitar los cables es "la esperanza de consumar un préstamo que aumentaría en gran medida el comercio internacional". La transmisión de mensajes comerciales utilizando las instalaciones del Departamento de Estado había sido prohibida, y el 1 de junio de 1916, Polk telegrafió a Francis:

842

En vista de la regulación del Departamento contenida en su instrucción telegráfica circular del quince de marzo, (discontinuación del reenvío de mensajes comerciales)[61] 1915, por favor explique por qué los mensajes en su 563, 565 y 575, deben ser comunicados.

En lo sucesivo, siga atentamente las instrucciones del Departamento.

Actuación. Polk

861.51/112/110

Posteriormente, el 8 de junio de 1916, el Secretario de Estado Lansing amplió la prohibición de y declaró claramente que los préstamos propuestos eran ilegales:

---

[60] Archivo Decimal del Departamento de Estado de EE.UU., 861.51/111.

[61] Escrito a mano entre paréntesis.

860 Your 563, 565, May 24, g: 569 May 25.1 pm Antes de entregar los mensajes a Vanderlip y Guaranty Trust Company, debo preguntar si se refieren a préstamos del Gobierno ruso de cualquier tipo. Si lo hacen, lamento que el Departamento no puede ser una parte a su transmisión, como tal acción lo sometería a la crítica justificable debido a la participación de este Gobierno en la transacción de préstamo por un beligerante con el fin de llevar a cabo sus operaciones hostiles. Tal participación es contraria a la norma aceptada del derecho internacional de que los gobiernos neutrales no deben prestar su ayuda a la obtención de préstamos de guerra por parte de los beligerantes.

La última línea del cable de Lansing no fue transmitida a Petrogrado. La línea decía: "¿No se pueden hacer arreglos para enviar estos mensajes a través de los canales rusos?"

¿Cómo podemos evaluar estos cables y las partes implicadas?

Es evidente que a los intereses de Morgan-Rockefeller no les interesaba respetar el derecho internacional. En estos cables hay una intención obvia de suministrar préstamos a los beligerantes. Estas empresas no dudaron en utilizar las instalaciones del Departamento de Estado para las negociaciones. Además, a pesar de las protestas, el Departamento de Estado permitió que se transmitieran los mensajes. Por último, y lo más interesante para los acontecimientos posteriores, Olof Aschberg, el banquero sueco, fue un destacado participante e intermediario en las negociaciones en nombre de Guaranty Trust. Echemos, pues, un vistazo más de cerca a Olof Aschberg.

Olof Aschberg en Nueva York, 1916

Olof Aschberg, el "banquero bolchevique" (o "Bankier der Weltrevolution", como se le ha llamado en la prensa alemana), era propietario del Nya Banken, fundado en 1912 en Estocolmo. Entre sus codirectores figuraban destacados miembros de las cooperativas suecas y socialistas suecos, como G. W. Dahl, K. G. Rosling y C. Gerhard Magnusson.[62] En 1918, el Nya Banken fue incluido en la lista negra de los aliados por sus operaciones financieras a favor de Alemania. En respuesta a la inclusión en la lista negra, el Nya Banken cambió su nombre por el de Svensk Ekonomiebolaget. El banco permaneció bajo el control de Aschberg, y era principalmente de su propiedad. El agente del banco en Londres era el British Bank of North Commerce, cuyo presidente era Earl Grey, antiguo socio de Cecil Rhodes. Otros miembros del interesante círculo de socios comerciales de Aschberg eran Krassin, que hasta la revolución bolchevique (cuando cambió de color para emerger como uno de los principales bolcheviques) fue gerente ruso de Siemens-Schukert en Petrogrado; Carl Furstenberg, ministro de Finanzas del primer gobierno bolchevique; y Max May, vicepresidente a cargo de las operaciones en el extranjero de Guaranty Trust de Nueva York. Olof Aschberg tenía en tan alta estima a Max May que en el libro de Aschberg se incluye una fotografía suya.[63]

En el verano de 1916, Olof Aschberg estaba en Nueva York representando tanto a Nya Banken como a Pierre Bark, ministro zarista de Finanzas. El principal asunto de Aschberg en Nueva York, según el *New York Times* (4 de agosto de 1916), era negociar un préstamo de 50 millones de dólares para Rusia con un sindicato bancario estadounidense encabezado por el National City Bank de Stillman. Este negocio se concluyó el 5 de junio de 1916; los resultados fueron un crédito ruso de 50 millones de dólares en Nueva York a una comisión bancaria del 7 1/2 por ciento anual, y un crédito correspondiente de 150 millones de rublos para el sindicato del NCB en Rusia. A continuación, el sindicato neoyorquino se dio la vuelta y emitió certificados al 6,5% en su propio nombre en el mercado estadounidense por valor de 50 millones de dólares. De este modo, el sindicato del BCN obtuvo un beneficio del préstamo de 50 millones de dólares a Rusia, lo sacó a bolsa en el mercado

---

[62] Olof Aschberg, *En Vandrande Jude Frän Glasbruksgatan* (Estocolmo: Albert Bonniers Förlag, s.f.), pp. 98-99, incluido en *Memoarer* (Estocolmo: Albert Bonniers Förlag, 1946). Para más información sobre Aschberg, véase también Gästboken (Estocolmo: Tidens Förlag, 1955).

[63] Aschberg, p. 123.

estadounidense para obtener otro beneficio y obtuvo un crédito de 150 millones de rublos en Rusia.

Durante su visita a Nueva York en nombre del gobierno zarista ruso, Aschberg hizo algunos comentarios proféticos sobre el futuro de Estados Unidos en Rusia:

> La apertura al capital americano y a la iniciativa americana, con el despertar de traído por la guerra, se extenderá por todo el país cuando la lucha haya terminado. Ahora hay muchos norteamericanos en Petrogrado, representantes de empresas comerciales, que se mantienen en contacto con la situación, y tan pronto como se produzca el cambio debería surgir un enorme comercio norteamericano con Rusia.[64]

Olof Aschberg en la revolución bolchevique

Mientras esta operación de préstamo zarista se llevaba a cabo en Nueva York, Nya Banken y Olof Aschberg canalizaban fondos del gobierno alemán a los revolucionarios rusos, que acabarían derrocando al "comité Kerensky" y estableciendo el régimen bolchevique.

Las pruebas de la íntima conexión de Olof Aschberg con la financiación de la revolución bolchevique proceden de varias fuentes, algunas de mayor valor que otras. El Nya Banken y Olof Aschberg se citan de forma prominente en los papeles de Sisson (véase el capítulo tres); sin embargo, George Kennan ha analizado sistemáticamente estos papeles y ha demostrado que son falsos, aunque probablemente se basan en parte en material auténtico. Otras pruebas proceden del coronel B. V. Nikitine, encargado de la contrainteligencia en el gobierno de Kerensky, y consisten en veintinueve telegramas transmitidos de Estocolmo a Petrogrado, y viceversa, relativos a la financiación de los bolcheviques. Tres de estos telegramas se refieren a bancos: los telegramas 10 y 11 se refieren al Nya Banken, y el telegrama 14 se refiere al Banco Ruso-

---

[64] *New York Times*, 4 de agosto de 1916.

Asiático de Petrogrado. El telegrama 10 dice lo siguiente:

> *Gisa Furstenberg Saltsjobaden. Fondos muy bajos no pueden ayudar si realmente urgente dar 500 como último pago lápices enorme pérdida original desesperada instruir Nya Banken cable más 100 mil Sumenson.*

Telegrama 11 dice:

> *Kozlovsky Sergievskaya 81. Primeras cartas recibidas Nya Banken telegrafió cable que Soloman ofreciendo agencia telegráfica local se refiere a Bronck Savelievich Avilov.*

Fürstenberg fue el intermediario entre Parvus (Alexander I. Helphand) y el gobierno alemán. Sobre estas transferencias, concluye Michael Futrell:

> *Se descubrió que durante los últimos meses ella [Evegeniya Sumenson] había recibido casi un millón de rublos de Furstenberg a través del Nya Banken de Estocolmo, y que este dinero procedía de fuentes alemanas.*[65]

El telegrama 14 de la serie Nikitine dice: "Furstenberg Saltsjöbaden. Número 90 período cien mil en Russo-Asiatic Sumenson". El representante estadounidense de Russo-Asiatic era MacGregor Grant Company en 120 Broadway, Nueva York, y el banco estaba financiado por Guaranty Trust en EE.UU. y Nya Banken en Suecia.

Otra mención al Nya Banken se encuentra en el material "Los cargos contra los bolcheviques", que se publicó en el periodo de Kerensky. En ese material destaca especialmente un documento firmado por Gregory Alexinsky, antiguo miembro de la Segunda Duma Estatal, en referencia a las transferencias monetarias a los bolcheviques. El

---

[65] Michael Futrell, *Northern Underground* (Londres: Faber and Faber, 1963), p. 162.

documento, en parte, dice lo siguiente:

> *De acuerdo con la información que acabamos de recibir, estas personas de confianza en Estocolmo eran: el bolchevique Jacob Furstenberg, más conocido bajo el nombre de "Hanecki" (Ganetskii), y Parvus (Dr. Helfand); en Petrogrado: el abogado bolchevique, M. U. Kozlovsky, una mujer pariente de Hanecki - Sumenson, dedicada a la especulación junto con Hanecki, y otros. Kozlovsky es el principal receptor del dinero alemán, que es transferido desde Berlín a través de la "Disconto-Gesellschaft" al "Via Bank" de Estocolmo, y de allí al Banco Siberiano de Petrogrado, donde su cuenta tiene actualmente un saldo de más de 2.000.000 de rublos. La censura militar ha descubierto un intercambio ininterrumpido de telegramas de carácter político y financiero entre los agentes alemanes y los dirigentes bolcheviques [Estocolmo-Petrogrado].*[66]

Además, hay en los archivos del Departamento de Estado un mensaje cifrado verde de la embajada de EE.UU. en Christiania (llamada Oslo, 1925), Noruega, fechado el 21 de febrero de 1918, que dice: "Estoy informado de que los fondos bolcheviques están depositados en Nya Banken, Estocolmo, Legación Estocolmo aconsejó. Schmedeman".[67]

Por último, Michael Furtell, que entrevistó a Olof Aschberg justo antes de su muerte, concluye que efectivamente se transfirieron fondos bolcheviques desde Alemania a través de Nya Banken y Jacob Furstenberg bajo la apariencia de pago por mercancías enviadas. Según Futrell, Aschberg le confirmó que Furstenberg tenía un negocio comercial con Nya Banken y que Furstenberg también había enviado fondos a Petrogrado. Estas declaraciones están autentificadas en las memorias de Aschberg (ver página 70).

---

[66] Véase Robert Paul Browder y Alexander F. Kerensky, *The Russian Provisional government, 1917* (Stanford, Calif.: Stanford University Perss, 1961), 3: 1365. "Via Bank" es obviamente Nya Banken.

[67] Archivo Decimal del Departamento de Estado de EE.UU., 861.00/1130.

En resumen, Aschberg, a través de su Nya Banken, era sin duda un canal para los fondos utilizados en la revolución bolchevique, y Guaranty Trust estaba indirectamente vinculado a través de su asociación con Aschberg y su interés en MacGregor Grant Co., Nueva York, agente del Russo-Asiatic Bank, otro vehículo de transferencia.

NYA Banken y Guaranty Trust se unen a Ruskombank

Varios años más tarde, en otoño de 1922, los soviéticos crearon su primer banco internacional. Se basaba en un sindicato en el que participaban los antiguos banqueros privados rusos y algunas nuevas inversiones de banqueros alemanes, suecos, estadounidenses y británicos. Conocido como el Ruskombank (Banco Comercial Extranjero o Banco de Comercio Exterior), estaba dirigido por Olof Aschberg; su consejo estaba formado por banqueros privados zaristas, representantes de bancos alemanes, suecos y estadounidenses y, por supuesto, representantes de la Unión Soviética. La legación estadounidense en Estocolmo informó a Washington sobre esta cuestión y señaló, en una referencia a Aschberg, que "su reputación es mala". Se hizo referencia a él en el Documento 54 de los documentos de Sisson y en el Despacho n° 138 del 4 de enero de 1921 de una legación en Copenhague".[68]

El consorcio bancario extranjero implicado en el Ruskombank

---

[68] U.S. State Dept. Decimal File, 861.516/129, 28 de agosto de 1922. Un informe del Departamento de Estado de Estocolmo, fechado el 9 de octubre de 1922 (861.516/137), dice con respecto a Aschberg: "Me reuní con el Sr. Aschberg hace algunas semanas y en la conversación que mantuve con él me dijo básicamente todo lo que aparece en este informe. También me pidió que le preguntara si podía visitar Estados Unidos y me dio como referencias algunos de los bancos más importantes. En relación con esto, sin embargo, deseo llamar la atención del departamento sobre el Documento 54 de los Documentos Sisson, y también sobre muchos otros despachos que esta legación escribió en relación con este hombre durante la guerra, cuya reputación y posición no son buenas. Sin duda trabaja en estrecha relación con los soviéticos, y durante toda la guerra estuvo en estrecha cooperación con los alemanes" (Archivo Decimal del Departamento de Estado de EE.UU., 861.516/137, Estocolmo, 9 de octubre de 1922. El informe estaba firmado por Ira N. Morris).

representaba principalmente capital británico. Incluía a Russo-Asiatic Consolidated Limited, que era uno de los mayores acreedores privados de Rusia, y al que los soviéticos concedieron 3 millones de libras para compensar los daños sufridos por sus propiedades en la Unión Soviética a causa de la nacionalización. El propio gobierno británico ya había adquirido intereses sustanciales en los bancos privados rusos; según un informe del Departamento de Estado, "el gobierno británico está fuertemente invertido en el consorcio en cuestión."[69]

El consorcio obtuvo amplias concesiones en Rusia y el banco tenía un capital social de diez millones de rublos oro. Un informe del periódico danés *National Titende* afirmaba que "se han creado posibilidades de cooperación con el gobierno soviético allí donde, mediante negociaciones políticas, habría sido imposible".[70] En otras palabras, como continúa diciendo el periódico, los políticos no habían logrado la cooperación con los soviéticos, pero "puede darse por sentado que la explotación capitalista de Rusia está empezando a adoptar formas más definidas."[71]

A principios de octubre de 1922, Olof Aschberg se reunió en Berlín con Emil Wittenberg, director del Nationalbank fur Deutschland, y Scheinmann, jefe del Banco Estatal Ruso. Tras mantener conversaciones sobre la participación alemana en el Ruskombank, los tres banqueros se trasladaron a Estocolmo y allí se reunieron con Max May, vicepresidente de la Guaranty Trust Company. Max May fue designado entonces director de la División Extranjera del Ruskombank, además de Schlesinger, antiguo jefe del Banco Mercantil de Moscú; Kalaschkin, antiguo jefe del Banco Junker; y Ternoffsky, antiguo jefe del Banco Siberiano. Este último banco había sido adquirido en parte por el gobierno británico en 1918. El profesor sueco Gustav Cassell aceptó actuar como asesor del Ruskombank. Cassell fue citado en un periódico sueco (*Svenskadagbladet* del 17 de octubre de 1922) de la siguiente

---

[69] Ibid. 861.516/130, 13 de septiembre de 1922.

[70] Ibid.

[71] Ibid.

manera:

> *Que ahora se haya creado un banco en Rusia para ocuparse de asuntos puramente bancarios es un gran paso adelante, y me parece que este banco se ha creado con el fin de hacer algo para crear una nueva vida económica en Rusia. Lo que Rusia necesita es un banco para crear comercio interior y exterior. Si va a haber algún negocio entre Rusia y otros países, debe haber un banco que lo gestione. Este paso adelante debe ser apoyado en todos los sentidos por los demás países, y cuando me pidieron consejo dije que estaba dispuesto a darlo. No estoy a favor de una política negativa y creo que deben aprovecharse todas las oportunidades para contribuir a una reconstrucción positiva. La gran cuestión es cómo devolver el cambio ruso a la normalidad. Es una cuestión complicada y requerirá una investigación a fondo. Para resolver este problema estoy, naturalmente, más que dispuesto a participar en el trabajo. Dejar a Rusia en manos de sus propios recursos y su propio destino es una locura.[72]*

El antiguo edificio del Banco Siberiano en Petrogrado se utilizó como sede del Ruskombank, cuyos objetivos eran obtener préstamos a corto plazo en países extranjeros, introducir capital extranjero en la Unión Soviética y, en general, facilitar el comercio exterior ruso. Se inauguró el 1 de diciembre de 1922 en Moscú y empleaba a unas 300 personas.

En Suecia, el Ruskombank estaba representado por el Svenska Ekonomibolaget de Estocolmo, el Nya Banken de Olof Aschberg con un nuevo nombre, y en Alemania por el Garantie und Creditbank fur Den Osten de Berlín. En Estados Unidos, el banco estaba representado por la Guaranty Trust Company de Nueva York. Al inaugurar el banco, Olof Aschberg comentó:

> *El nuevo banco se ocupará de la compra de maquinaria*

---

[72] Ibídem, 861.516/140, Estocolmo, 23 de octubre de 1922.

> *y materias primas a Inglaterra y Estados Unidos y dará*
> *garantías para la realización de los contratos. Aún no se*
> *ha planteado la cuestión de las compras en Suecia, pero*
> *se espera que así sea más adelante.*[73]

Al incorporarse a Ruskombank, Max May, de Guaranty Trust, hizo una declaración similar:

> *Estados Unidos, al ser un país rico con industrias bien*
> *desarrolladas, no necesita importar nada del extranjero,*
> *pero... está muy interesado en exportar sus productos a*
> *otros países y considera que Rusia es el mercado más*
> *adecuado para ello, teniendo en cuenta las enormes*
> *necesidades de Rusia en todas las líneas de su vida*
> *económica.*[74]

May declaró que el Banco Comercial Ruso era "muy importante" y que "financiaría en gran medida todas las líneas de las industrias rusas".

Desde el principio, las operaciones del Ruskombank se vieron restringidas por el monopolio soviético del comercio exterior. El banco tenía dificultades para obtener anticipos sobre las mercancías rusas depositadas en el extranjero. Como se transmitían en nombre de las delegaciones comerciales soviéticas, gran parte de los fondos del Ruskombank quedaron bloqueados en depósitos en el Banco Estatal Ruso. Finalmente, a principios de 1924, el Banco Comercial Ruso se fusionó con el Comisariado de Comercio Exterior soviético, y Olof Aschberg fue destituido de su cargo en el banco porque, según se afirmó en Moscú, había hecho un uso indebido de los fondos del banco. Su relación original con el banco se debía a su amistad con Maxim Litvinov. A través de esta asociación, según un informe del Departamento de Estado, Olof Aschberg tuvo acceso a grandes sumas de dinero con el fin de hacer frente a los pagos de bienes encargados por los soviéticos en Europa:

---

[73] Ibídem, 861.516/147, 8 de diciembre de 1922.

[74] Ibídem, 861.516/144, 18 de noviembre de 1922.

> *Al parecer, estas sumas se depositaron en Ekonomibolaget, una sociedad bancaria privada propiedad del Sr. Aschberg. Ahora se alega [sic] que una gran parte de estos fondos fueron empleados por el Sr. Aschberg para hacer inversiones por su cuenta personal y que ahora está tratando de mantener su posición en el banco a través de su posesión de este dinero. Según mi informante, el señor Aschberg no ha sido el único que se ha beneficiado de sus operaciones con los fondos soviéticos, sino que ha repartido las ganancias con los responsables de su nombramiento en el Banco de Comercio Ruso, entre ellos Litvinoff.*[75]

Ruskombank se convirtió entonces en Vneshtorg, nombre por el que se la conoce en la actualidad.

Ahora tenemos que volver sobre nuestros pasos y examinar las actividades de la empresa asociada de Aschberg en Nueva York, Guaranty Trust Company, durante la Primera Guerra Mundial, para sentar las bases del examen de su papel en la era revolucionaria en Rusia.

Guaranty Trust y el espionaje alemán en Estados Unidos, 1914-1917[76]

Durante la Primera Guerra Mundial, Alemania recaudó fondos considerables en Nueva York para espionaje y operaciones encubiertas en Norteamérica y Sudamérica. Es importante registrar el flujo de estos fondos porque procede de las mismas empresas - Guaranty Trust y American International Corporation- que participaron en la Revolución Bolchevique y sus secuelas. Por no mencionar el hecho (esbozado en el capítulo tres) de que el gobierno

---

[75] Ibídem, 861.316/197, Estocolmo, 7 de marzo de 1924.

[76] Esta sección se basa en las audiencias del Comité Overman, U.S., Senate, *Brewing and Liquor Interests and German and Bolshevik Propaganda*, Hearings before the Subcommittee on the Judiciary, 65th Cong., 1919, 2:2154-74.

alemán también financió las actividades revolucionarias de Lenin.

Un resumen de los préstamos concedidos por bancos estadounidenses a intereses alemanes en la Primera Guerra Mundial fue entregado al Comité Overman del Senado de los Estados Unidos en 1919 por la Inteligencia Militar estadounidense. El resumen se basaba en la declaración de Karl Heynen, que llegó a Estados Unidos en abril de 1915 para ayudar al Dr. Albert con los asuntos comerciales y financieros del gobierno alemán. El trabajo oficial de Heynen era el transporte de mercancías de Estados Unidos a Alemania a través de Suecia, Suiza y Holanda. De hecho, estaba metido hasta las orejas en operaciones encubiertas.

Los principales préstamos alemanes obtenidos en Estados Unidos entre 1915 y 1918, según Heynen, fueron los siguientes: El primer préstamo, de 400.000 dólares, fue realizado hacia septiembre de 1914 por los banqueros de inversión Kuhn, Loeb & Co. Se depositó una garantía de 25 millones de marcos en Max M. Warburg en Hamburgo, la filial alemana de Kuhn, Loeb & Co. El capitán George B. Lester, de la Inteligencia Militar estadounidense, declaró ante el Senado que la respuesta de Heynen a la pregunta "¿Por qué acudió a Kuhn, Loeb & Co?" fue: "Kuhn, Loeb & Co. nos parecían los banqueros naturales del gobierno alemán y del Reichsbank."

El segundo préstamo, de 1,3 millones de dólares, no procedía directamente de Estados Unidos, sino que fue negociado por John Simon, agente de la Suedeutsche Disconto-Gesellschaft, con el fin de obtener fondos para realizar envíos a Alemania.

El tercer préstamo fue del Chase National Bank (del grupo Morgan) por valor de tres millones de dólares. El cuarto préstamo fue del Mechanics and Metals National Bank por valor de un millón de dólares. Estos préstamos financiaron actividades de espionaje alemán en Estados Unidos y México. Algunos fondos fueron rastreados hasta Sommerfeld, que era asesor de Von Rintelen (otro agente de espionaje alemán) y que más tarde se asoció con Hjalmar Schacht y Emil Wittenberg. Sommerfeld debía comprar municiones para su uso en México. Tenía una cuenta en la Guaranty Trust Company y desde ella se hacían pagos a la Western Cartridge Co. de Alton, Illinois, por munición que era enviada a El Paso para su uso en México por los bandidos de Pancho Villa. Se gastaron unos 400.000 dólares en municiones, propaganda mexicana y actividades similares en.

El entonces embajador alemán, conde Von Bernstorff, ha relatado su amistad con Adolph von Pavenstedt, socio principal de Amsinck & Co, controlada y en noviembre de 1917 propiedad de American International Corporation. American International ocupa un lugar destacado en capítulos posteriores; en su consejo de administración figuraban los nombres clave de Wall Street: Rockefeller, Kahn, Stillman, du Pont, Winthrop, etc. Según Von Bernstorff, Von Pavenstedt estaba "íntimamente familiarizado con todos los miembros de la Embajada".[77] El propio Von Bernstorff consideraba a Von Pavenstedt como uno de los más respetados, "si no *el* más respetado alemán imperial en Nueva York."[78] De hecho, Von Pavenstedt fue "durante muchos años jefe de pago del sistema de espionaje alemán en este país".[79] En otras palabras, no hay duda de que Armsinck & Co, controlada por American International Corporation, estaba íntimamente asociada con la financiación del espionaje alemán de guerra en Estados Unidos. Para corroborar la última afirmación de Von Bernstorff, existe una fotografía de un cheque a favor de Amsinck & Co., fechado el 8 de diciembre de 1917 -sólo cuatro semanas después del comienzo de la revolución bolchevique en Rusia-, firmado por Von Papen (otro operador del espionaje alemán), y con un contrapliego en el que figura la anotación "gastos de viaje de Von W [es decir, Von Wedell]". French Strothers,[80] que publicó la fotografía, ha declarado que este cheque es una prueba de que Von Papen "se convirtió en cómplice a posteriori de un delito contra las leyes estadounidenses"; también hace a Amsinck & Co. objeto de una acusación similar.

Paul Bolo-Pasha, otro agente de espionaje alemán, y destacado financiero francés anteriormente al servicio del gobierno egipcio,

---

[77] Conde Von Bernstorff, *Mis tres años en América* (Nueva York: Scribner's, 1920), p. 261.

[78] Ibid.

[79] Ibid.

[80] French Strothers, *Fighting Germany's Spies* (Garden City, N.Y.: Doubleday, Page, 1918), p. 152.

llegó a Nueva York en marzo de 1916 con una carta de presentación de a Von Pavenstedt. A través de este último, Bolo-Pasha conoció a Hugo Schmidt, director del Deutsche Bank en Berlín y su representante en Estados Unidos. Uno de los proyectos de Bolo-Pasha era comprar periódicos extranjeros para inclinar sus editoriales a favor de Alemania. Los fondos para este programa se obtuvieron en Berlín en forma de crédito con Guaranty Trust Company, que posteriormente se puso a disposición de Amsinck & Co. Adolph von Pavenstedt, de Amsinck, a su vez puso los fondos a disposición de Bolo-Pasha.

En otras palabras, tanto Guaranty Trust Company como Amsinck & Co, filial de American International Corporation, participaron directamente en la realización de actividades de espionaje alemán y de otro tipo en Estados Unidos. Desde estas empresas se pueden establecer algunos vínculos con cada uno de los principales operadores alemanes en Estados Unidos: el Dr. Albert, Karl Heynen, Von Rintelen, Von Papan, el conde Jacques Minotto (véase más adelante) y Paul Bolo-Pasha.

En 1919, el Comité Overman del Senado también estableció que Guaranty Trust tuvo un papel activo en la financiación de los esfuerzos alemanes en la Primera Guerra Mundial de una manera "no neutral". El testimonio del oficial de inteligencia estadounidense Becker lo deja claro:

En esta misión, Hugo Schmidt [del Deutsche Bank] recibió una gran ayuda de ciertas instituciones bancarias americanas. Fue mientras éramos neutrales, pero actuaron en detrimento de los intereses británicos, y tengo datos considerables sobre la actividad de la Guaranty Trust Co. a ese respecto, y me gustaría saber si la comisión desea que entre en ello.

Es una sucursal del City Bank, ¿no?

SR. BECKER: No.

SENADOR OVERMAN: Si era contrario a los intereses británicos no era neutral, y creo que es mejor dejarlo salir.

¿Fue una transacción bancaria ordinaria?

SR. BECKER: Eso sería una cuestión de opinión. Tiene que ver con el camuflaje del intercambio para hacerlo aparecer como intercambio neutral, cuando en realidad era intercambio alemán en Londres. Como resultado de esas operaciones en las que el Guaranty Trust Co. participó principalmente entre el 1 de agosto de 1914 y el momento en que Estados Unidos entró en la guerra, el Deutsche Banke en sus sucursales en América del Sur logró negociar 4.670.000 libras esterlinas de intercambio en Londres en tiempo de guerra.

SENADOR OVERMAN: Creo que es competente.[81]

Lo realmente importante no es tanto que se prestara ayuda financiera a Alemania, que sólo era ilegal, sino que los directivos de Guaranty Trust estaban ayudando financieramente a los Aliados al mismo tiempo. En otras palabras, Guaranty Trust estaba financiando a ambos bandos del conflicto. Esto plantea la cuestión de la moralidad.

The Garanty Trust - Hilos Minotto-Caillaux[82]

El conde Jacques Minotto es un hilo muy improbable pero verificable y persistente que vincula la revolución bolchevique en Rusia con los bancos alemanes, el espionaje alemán de la Primera Guerra Mundial en Estados Unidos, la Guaranty Trust Company de Nueva York, la abortada revolución bolchevique francesa y los juicios de espionaje relacionados Caillaux-Malvy en Francia.

Jacques Minotto nació el 17 de febrero de 1891 en Berlín, hijo de padre austriaco, descendiente de la nobleza italiana, y madre alemana. El joven Minotto se educó en Berlín y en 1912 entró a

---

[81] EE.UU., Senado, Comité Overman, 2:2009.

[82] Esta sección se basa en las siguientes fuentes (así como en las citadas en otros lugares): Jean Bardanne, *Le Colonel Nicolai: espion de genie* (París: Editions Siboney, s.f.); Cours de Justice, *Affaire Caillaux, Loustalot et Comby: Procedure Generale Interrogatoires* (París, 1919), pp. 349-50, 937-46; Paul Vergnet, *L'Affaire Caillaux* (París 1918), especialmente el capítulo titulado "Marx de Mannheim"; Henri Guernut, Emile Kahn y Camille M. Lemercier, *Etudes documentaires sur L'Affaire Caillaux* (París, s.f.), pp. 1012-15; y George Adam, *Treason and Tragedy: An Account of French War Trials* (Londres: Jonathan Cape, 1929).

trabajar en el Deutsche Bank de Berlín. Casi de inmediato, Minotto fue enviado a Estados Unidos como ayudante de Hugo Schmidt, subdirector del Deutsche Bank y su representante en Nueva York. Tras un año en Nueva York, Minotto fue enviado por el Deutsche Bank a Londres, donde circuló por destacados círculos políticos y diplomáticos. Al estallar la Primera Guerra Mundial, Minotto regresó a Estados Unidos e inmediatamente se entrevistó con el embajador alemán, el conde Von Bernstorff, tras lo cual entró a trabajar en la Guaranty Trust Company de Nueva York. En Guaranty Trust, Minotto estaba bajo las órdenes directas de Max May, director de su departamento exterior y socio del banquero sueco Olof Aschberg. Minotto no era un funcionario bancario menor. Los interrogatorios de los juicios de Caillaux en París en 1919 establecieron que Minotto trabajaba directamente bajo las órdenes de Max May. El 25 de octubre de 1914, Guaranty Trust envió a Jacques Minotto a Sudamérica para hacer un informe sobre la situación política, financiera y comercial. Al igual que hizo en Londres, Washington y Nueva York, Minotto se movía aquí en los más altos círculos diplomáticos y políticos. Uno de los propósitos de la misión de Minotto en América Latina era establecer el mecanismo por el cual Guaranty Trust pudiera ser utilizado como intermediario para la ya mencionada recaudación de fondos alemanes en el mercado monetario de Londres, que en ese momento le estaba negada a Alemania debido a la Primera Guerra Mundial. Minotto regresó a Estados Unidos, renovó su asociación con el conde Von Bernstorff y el conde Luxberg, y posteriormente, en 1916, intentó obtener un puesto en la Inteligencia Naval de Estados Unidos.

Posteriormente fue detenido acusado de actividades proalemanas. Cuando fue arrestado Minotto estaba trabajando en la planta de Chicago de su suegro Louis Swift, de Swift & Co, empacadores de carne. Swift pagó la fianza de 50.000 dólares necesaria para liberar a Minotto, que estaba representado por Henry Veeder, abogado de Swift & Co. Louis Swift fue arrestado por actividades pro-alemanas en una fecha posterior. Como coincidencia interesante y no poco importante, el "Mayor" Harold H. Swift, hermano de Louis Swift, fue miembro de la Misión de la Cruz Roja a Petrogrado de William Boyce Thompson en 1917, es decir, uno del grupo de abogados y hombres de negocios de Wall Street cuyas íntimas conexiones con la Revolución Rusa se describirán más adelante. Helen Swift Neilson, hermana de Louis y Harold Swift, se relacionó más tarde con el procomunista Centro Abraham Lincoln "Unidad". Esto estableció un vínculo menor entre los bancos alemanes, los bancos americanos, el espionaje alemán y, como veremos más adelante, la Revolución Bolchevique.[83]

Joseph Caillaux fue un famoso (a veces llamado notorio) político francés. También estuvo asociado con el conde Minotto en las operaciones de este último en América Latina para Guaranty Trust, y más tarde se vio implicado en los famosos casos de espionaje francés de 1919, que tenían conexiones bolcheviques. En 1911, Caillaux fue nombrado ministro de Finanzas y más tarde, ese mismo año, primer ministro de Francia. John Louis Malvy fue subsecretario de Estado en el gobierno de Caillaux. Varios años después, Madame Caillaux asesinó a Gaston Calmette, director del destacado periódico parisino *Figaro*. La fiscalía acusó a Madame Caillaux de asesinar a Calmette para impedir la publicación de ciertos documentos comprometedores. Este asunto provocó la salida de Caillaux y su esposa de Francia. La pareja viajó a América Latina y allí se reunió con el conde Minotto, agente de la Guaranty Trust Company que se encontraba en América Latina para establecer intermediarios para las finanzas alemanas. El conde Minotto se relacionó socialmente con el matrimonio Caillaux en Río de Janeiro y Sao Paulo, Brasil, en Montevideo, Uruguay, y en Buenos Aires, Argentina. En otras palabras, el conde Minotto fue un compañero constante del matrimonio Caillaux durante su estancia en América Latina.[84] A su regreso a Francia, Caillaux y su esposa se alojaron en Biarritz como huéspedes de Paul Bolo-Pasha, que, como hemos visto, era también un operador del espionaje alemán en Estados Unidos y Francia.[85] Más tarde, en julio de 1915, el conde Minotto

---

[83] Esta interrelación se trata ampliamente en el informe en tres volúmenes del Comité Overman de 1919. Véase la bibliografía.

[84] Véase Rudolph Binion, *Defeated Leaders* (Nueva York: Columbia University Press, 1960).

[85] George Adam, Traición y tragedia: An Account of French War Trials (Londres: Jonathan Cape, 1929).

llegó a Francia procedente de Italia y se reunió con el matrimonio Caillaux; ese mismo año, el matrimonio Caillaux volvió a visitar a Bolo-Pasha en Biarritz. En otras palabras, en 1915 y 1916 Caillaux estableció una relación social continuada con el conde Minotto y Bolo-Pasha, ambos agentes del espionaje alemán en Estados Unidos.

El trabajo de Bolo-Pasha en Francia sirvió para ganar influencia para Alemania en los periódicos parisinos *Le Temps* y *Figaro*. Bolo-Pasha se dirigió entonces a Nueva York, donde llegó el 24 de febrero de 1916. Aquí iba a negociar un préstamo de 2 millones de dólares - y aquí se asoció con Von Pavenstedt, el prominente agente alemán de Amsinck & Co.[86] Severance Johnson, en *The Enemy Within*, ha relacionado a Caillaux y Malvy con la revolución bolchevique francesa abortada en 1918, y afirma que si la revolución hubiera triunfado, "Malvy habría sido el Trotsky de Francia y Caillaux su Lenin."[87] Caillaux y Malvy formaron un partido socialista radical en Francia utilizando fondos alemanes y fueron llevados a juicio por estos esfuerzos subversivos. Los interrogatorios del tribunal en los juicios por espionaje francés de 1919 introducen testimonios sobre banqueros neoyorquinos y su relación con estos operadores del espionaje alemán. También exponen los vínculos entre el Conde Minotto y Caillaux, así como la relación de la Guaranty Trust Company con el Deutsche Bank y la cooperación entre Hugo Schmidt del Deutsche Bank y Max May de la Guaranty Trust Company. El interrogatorio francés (página 940) contiene el siguiente extracto de la declaración del Conde Minotto en Nueva York (página 10, y retraducido del francés):

PREGUNTA: ¿Bajo las órdenes de quién estaba en Guaranty Trust?

RESPUESTA: Bajo las órdenes del Sr. Max May.

PREGUNTA: ¿Era vicepresidente?

RESPUESTA: Era Vicepresidente y Director del Departamento de Asuntos Exteriores.

---

[86] Ibid.

[87] *The Enemy* Within (Londres: George Allen & Unwin, 1920).

Más tarde, en 1922, Max May se convirtió en director del Ruskombank soviético y representó los intereses de Guaranty Trust en ese banco. El interrogatorio francés establece que el conde Minotto, un agente de espionaje alemán, estaba al servicio de Guaranty Trust Company; que Max May era su oficial superior; y que Max May también estaba estrechamente asociado con el banquero bolchevique Olof Aschberg. En resumen: Max May, de Guaranty Trust, estuvo vinculado a la recaudación ilegal de fondos y al espionaje alemán en Estados Unidos durante la Primera Guerra Mundial; estuvo vinculado indirectamente a la revolución bolchevique y directamente a la creación del Ruskombank, el primer banco internacional de la Unión Soviética.

Es demasiado pronto para intentar dar una explicación a esta actividad internacional aparentemente incoherente, ilegal y a veces inmoral. En general, hay dos explicaciones plausibles: la primera, una búsqueda incesante de beneficios; la segunda -que coincide con las palabras de Otto Kahn de Kuhn, Loeb & Co. y de American International Corporation en el epigrafe de este capítulo-, la realización de objetivos socialistas, objetivos que "deberían, y pueden, lograrse" por medios no socialistas.

Capítulo V

La misión de la Cruz Roja Americana en Rusia - 1917

> *El pobre Sr. Billings creía estar a cargo de una misión científica para el socorro de Rusia... En realidad, no era más que una máscara; el aspecto de la misión de la Cruz Roja no era más que una máscara.*
>
> Cornelius Kelleher, ayudante de William Boyce Thompson (en George F. Kennan, Russia Leaves the War)

El proyecto de Wall Street en Rusia en 1917 utilizó la Misión de la Cruz Roja como vehículo operativo. Tanto el Guaranty Trust como el National City Bank tenían representantes en Rusia en el momento de la revolución. Frederick M. Corse, de la sucursal del National City Bank en Petrogrado, estaba adscrito a la Misión de la Cruz Roja estadounidense, de la que se hablará mucho más adelante. Guaranty Trust estaba representado por Henry Crosby Emery. Emery fue retenido temporalmente por los alemanes en 1918 y luego pasó a representar a Guaranty Trust en China.

Hasta aproximadamente 1915, la persona más influyente en la sede nacional de la Cruz Roja Americana en Washington, D.C. era la señorita Mabel Boardman. Promotora activa y enérgica, la señorita Boardman había sido la fuerza motriz de la empresa de la Cruz Roja, aunque su dotación procedía de personas adineradas y prominentes como J. P. Morgan, la señora E. H. Harriman, Cleveland H. Dodge y la señora Russell Sage. La campaña de recaudación de fondos de 1910 por valor de 2 millones de dólares, por ejemplo, sólo tuvo éxito porque contó con el apoyo de estos acaudalados residentes de la ciudad de Nueva York. De hecho, la mayor parte del dinero procedía de Nueva York. El propio J.P. Morgan aportó 100.000 dólares y otros siete contribuyentes de Nueva York reunieron 300.000 dólares en. Sólo una persona de fuera de Nueva York contribuyó con más de 10.000 dólares y fue William J. Boardman, el padre de la señorita Boardman. Henry P. Davison fue presidente del Comité de Recaudación de Fondos de Nueva York de 1910 y más tarde se convirtió en presidente del Consejo de Guerra de la Cruz Roja Americana. En otras palabras, en la Primera Guerra Mundial la Cruz Roja dependía en gran medida de Wall Street, y concretamente de la firma Morgan.

La Cruz Roja fue incapaz de hacer frente a las exigencias de la Primera Guerra Mundial y, en efecto, fue absorbida por estos banqueros neoyorquinos. Según John Foster Dulles, estos hombres de negocios "consideraban a la Cruz Roja Americana como un brazo virtual del gobierno, preveían hacer una contribución incalculable para ganar la guerra."[88] Con ello se burlaban del lema de la Cruz Roja: "Neutralidad y Humanidad".

A cambio de recaudar fondos, Wall Street solicitó el Consejo de Guerra de la Cruz Roja; y por recomendación de Cleveland H. Dodge, uno de los patrocinadores financieros de Woodrow Wilson, Henry P. Davison, socio de J.P. Morgan Company, se convirtió en presidente. La lista de administradores de la Cruz Roja empezó entonces a tomar el aspecto del Directorio de Nueva York: John D. Ryan, presidente de la Anaconda Copper Company (véase el frontispicio); George W. Hill, presidente de la American Tobacco Company; Grayson M.P. Murphy, vicepresidente de la Guaranty Trust Company; e Ivy Lee, experta en relaciones públicas para los Rockefeller. Harry Hopkins, que más tarde alcanzaría la fama bajo la presidencia de Roosevelt, se convirtió en ayudante del director general de la Cruz Roja en Washington, D.C.

La cuestión de una Misión de la Cruz Roja a Rusia se planteó en la tercera reunión de este Consejo de Guerra reconstruido, que se celebró en el Edificio de la Cruz Roja, Washington, D.C., el viernes 29 de mayo de 1917, a las 11:00 A.M. El Presidente Davison fue designado para explorar la idea con Alexander Legge de la

---

[88] John Foster Dulles, *Cruz Roja Americana* (Nueva York: Harper, 1950).

International Harvester Company. Posteriormente, International Harvester, que tenía considerables intereses en Rusia, aportó 200.000 dólares para ayudar a financiar la misión rusa. En una reunión posterior se hizo saber que William Boyce Thompson, director del Banco de la Reserva Federal de Nueva York, se había "ofrecido a pagar todos los gastos de la comisión"; esta oferta fue aceptada en un telegrama: "Su deseo de pagar los gastos de la comisión a Rusia es muy apreciado y desde nuestro punto de vista muy importante".[89]

Los miembros de la misión no recibieron ninguna remuneración. Todos los gastos fueron pagados por William Boyce Thompson y los 200.000 dólares de International Harvester fueron aparentemente utilizados en Rusia para subvenciones políticas. Sabemos por los archivos de la embajada de EE.UU. en Petrogrado que la Cruz Roja de EE.UU. dio 4.000 rublos al príncipe Lvoff, presidente del Consejo de Ministros, para "alivio de los revolucionarios" y 10.000 rublos en dos pagos a Kerensky para "alivio de los refugiados políticos."

Misión de la Cruz Roja Americana en Rusia, 1917

En agosto de 1917, la Misión de la Cruz Roja Americana en Rusia sólo tenía una relación nominal con la Cruz Roja Americana, y debió de ser realmente la Misión de la Cruz Roja más inusual de la historia. Todos los gastos, incluidos los de los uniformes -los miembros eran todos coroneles, mayores, capitanes o tenientes- se pagaron del bolsillo de William Boyce Thompson. Un observador contemporáneo apodó al grupo de oficiales un "ejército haytiano":

La delegación de la Cruz Roja Americana, unos cuarenta coroneles, mayores, capitanes y tenientes, llegó ayer. Está encabezada por el Coronel (Doctor) Billings de Chicago, e incluye al Coronel William B. Thompson y muchos médicos y civiles, todos con títulos militares; apodamos al equipo el "Ejército Haytiano" porque no había soldados rasos. No han venido a cumplir ninguna misión

---

[89] Actas del Consejo de Guerra de la Cruz Roja Nacional Americana (Washington, D.C., mayo de 1917)

claramente definida, por lo que he podido averiguar; de hecho, el gobernador Francis me dijo hace algún tiempo que había instado a que no se les permitiera venir, pues ya había demasiadas misiones de los diversos aliados en Rusia. Aparentemente, esta Comisión imaginó que había una necesidad urgente de médicos y enfermeras en Rusia; de hecho, en la actualidad hay un excedente de talento médico y enfermeras, nativas y extranjeras, en el país y muchos hospitales vacíos en las grandes ciudades.[90]

En realidad, la misión sólo estaba compuesta por veinticuatro personas (no cuarenta), con rangos militares desde teniente coronel hasta teniente, y se completaba con tres ordenanzas, dos fotógrafos de cine y dos intérpretes, sin rango. Sólo cinco (de veinticuatro) eran médicos; además, había dos investigadores médicos. La misión llegó en tren a Petrogrado vía Siberia en agosto de 1917. Los cinco médicos y ordenanzas permanecieron un mes, regresando a Estados Unidos el 11 de septiembre. El Dr. Frank Billings, jefe nominal de la misión y profesor de medicina en la Universidad de Chicago, estaba disgustado con las actividades abiertamente políticas de la mayoría de la misión. Los otros médicos eran William S. Thayer, profesor de medicina en la Universidad Johns Hopkins; D. J. McCarthy, miembro del Instituto Phipps para el Estudio y la Prevención de la Tuberculosis, en Filadelfia; Henry C. Sherman, profesor de química alimentaria en la Universidad de Columbia; C. E. A. Winslow, catedrático de bacteriología e higiene de la Facultad de Medicina de Yale; Wilbur E. Post, catedrático de medicina del Rush Medical College; el Dr. Malcolm Grow, del Cuerpo de Reserva de Oficiales Médicos del Ejército de los Estados Unidos; y Orrin Wightman, catedrático de medicina clínica del Hospital Policlínico de Nueva York. George C. Whipple figuraba como profesor de ingeniería sanitaria en la Universidad de Harvard, pero en realidad era socio de la empresa neoyorquina Hazen, Whipple & Fuller, consultores de ingeniería. Esto es significativo porque Malcolm Pirnie -del que se hablará más adelante- figuraba como ingeniero sanitario adjunto y empleado como ingeniero por Hazen,

---

[90] Diario de Gibbs, 9 de agosto de 1917. Sociedad Histórica Estatal de Wisconsin.

Whipple & Fuller.

La mayor parte de la misión, como se ve en la tabla, estaba formada por abogados, financieros y sus ayudantes, procedentes del distrito financiero de Nueva York. La misión fue financiada por William B. Thompson, descrito en la circular oficial de la Cruz Roja como "Comisionado y Gerente de Negocios; Director del Banco Federal de los Estados Unidos de Nueva York". Thompson llevó consigo a Cornelius Kelleher, descrito como agregado a la misión pero en realidad secretario de Thompson y con la misma dirección: 14 Wall Street, Nueva York. La publicidad de la misión corrió a cargo de Henry S. Brown, de la misma dirección. Thomas Day Thacher era abogado de Simpson, Thacher & Bartlett, un bufete fundado por su padre, Thomas Thacher, en 1884 y muy implicado en la reorganización y fusiones de ferrocarriles. Thomas, como junior, trabajó primero para el bufete familiar, se convirtió en ayudante del fiscal de EE.UU. bajo el mandato de Henry L. Stimson, y regresó al bufete familiar en 1909. El joven Thacher era íntimo amigo de Felix Frankfurter y más tarde fue ayudante de Raymond Robins, también en la misión de la Cruz Roja. En 1925 fue nombrado juez de distrito con el presidente Coolidge, se convirtió en procurador general con Herbert Hoover y fue director del Instituto William Boyce Thompson.

La misión de la Cruz Roja Americana a Rusia en 1917

Miembros de la comunidad financiera de Wall Street y sus afiliaciones	Médicos	Ordenanzas, intérpretes, etc.
Andrews (Tabaco Liggett & Myers)	Billings (médico)	Brooks (ordenanza)
Barr (Chase National Bank)	Crecer (médico)	Clark (ordenanza)
Brown (c/o William B. Thompson)	McCarthy (investigación médica; médico)	Rocchia (ordenanza)
Cochran (Condado de McCann)	Puesto (médico)	

Kelleher (c/o William B. Thompson)	Sherman (química alimentaria)	Travis (películas)
Nicholson (Remolino & Co.)	Thayer (médico)	Wyckoff (películas)
Pirnie (Hazen, Whipple & Fuller)		
Redfield (Stetson, Jennings & Russell)	Wightman (medicina)	Hardy (justicia)
Robins (promotor minero)	Winslow (higiene)	Bocina (transporte)
Swift (Swift & Co.)		
Thacher (Simpson, Thacher & Bartlett)		
Thompson (Banco de la Reserva Federal de Nueva York)		
Wardwell (Stetson, Jennings & Russell)		
Whipple (Hazen, Whipple & Fuller)		
Corse (National City Bank)		
Magnuson (recomendado por un agente confidencial del Coronel Thompson)		

Alan Wardwell, también comisionado adjunto y secretario del presidente, era abogado del bufete Stetson, Jennings & Russell del 15 de Broad Street, Nueva York, y H. B. Redfield era secretario jurídico de Wardwell. El mayor Wardwell era hijo de William Thomas Wardwell, tesorero durante mucho tiempo de Standard Oil de Nueva Jersey y Standard Oil de Nueva York. El mayor de los Wardwell fue uno de los firmantes del famoso contrato fiduciario de Standard Oil, miembro del comité para organizar las actividades de la Cruz Roja en la Guerra Hispanoamericana y director de la Caja de Ahorros de Greenwich. Su hijo Alan fue director no sólo de Greenwich Savings, sino también del Bank of New York and Trust Co. y de la Georgian Manganese Company (junto con W. Averell Harriman, director de Guaranty Trust). En 1917 Alan Wardwell se afilió a Stetson, Jennings 8c Russell y más tarde se incorporó a Davis, Polk, Wardwell, Gardner & Read (Frank L. Polk fue secretario de Estado en funciones durante el periodo de la Revolución Bolchevique). El Comité Overman del Senado señaló que Wardwell era favorable al régimen soviético, aunque Poole, el funcionario del Departamento de Estado en el lugar, señaló que "el mayor Wardwell tiene de todos los estadounidenses el más amplio conocimiento personal del terror" (316-23-1449). En la década de 1920, Wardwell colaboró activamente con la Cámara de Comercio Ruso-Americana en la promoción de los objetivos comerciales soviéticos.

El tesorero de la misión era James W. Andrews, auditor de Liggett & Myers Tobacco Company de St. Robert I. Barr, otro miembro, figuraba como comisario adjunto; era vicepresidente de Chase Securities Company (120 Broadway) y del Chase National Bank. William Cochran, del número 61 de Broadway, Nueva York, figuraba como responsable de publicidad. Raymond Robins, promotor minero, fue incluido como comisionado adjunto y descrito como "un economista social". Por último, la misión incluía a dos miembros de Swift & Company de Union Stockyards, Chicago. Los Swift han sido mencionados anteriormente por estar relacionados con el espionaje alemán en Estados Unidos durante la Primera Guerra Mundial. Harold H. Swift, comisionado adjunto, era ayudante del vicepresidente de Swift & Company; William G. Nicholson también trabajaba en Swift & Company, Union Stockyards.

Dos personas fueron añadidas extraoficialmente a la misión después de su llegada a Petrogrado: Frederick M. Corse, representante del National City Bank en Petrogrado; y Herbert A. Magnuson, "muy recomendado por John W. Finch, agente confidencial en China del coronel William B. Thompson".[91]

Los papeles de Pirnie, depositados en la Institución Hoover, contienen material primario sobre la misión. Malcolm Pirnie era un ingeniero empleado por la empresa Hazen, Whipple & Fuller, ingenieros consultores, de la calle 42 de Nueva York. Pirnie era miembro de la misión y figuraba en un manifiesto como ingeniero sanitario auxiliar. George C. Whipple, socio de la firma, también formaba parte del grupo. Los papeles de Pirnie incluyen un telegrama original de William B. Thompson, invitando al ingeniero sanitario asistente Pirnie a reunirse con él y Henry P. Davison, presidente del Consejo de Guerra de la Cruz Roja y socio de la firma J.P. Morgan, antes de partir hacia Rusia. El telegrama dice lo siguiente:

WESTERN UNION TELEGRAM Nueva York, 21 de junio de 1917

A Malcolm Pirnie

> *Me gustaría mucho que cenara conmigo en el Metropolitan Club, en la calle Dieciséis con la Quinta Avenida de Nueva York, a las ocho de la tarde de mañana viernes, para conocer al Sr. H. P. Davison.*

W. B. Thompson, 14 Wall Street

Los archivos no aclaran por qué Davison, socio de Morgan, y Thompson, director del Banco de la Reserva Federal -dos de los hombres de finanzas más prominentes de Nueva York- deseaban cenar con un ingeniero sanitario auxiliar a punto de partir hacia Rusia. Los archivos tampoco explican por qué Davison no pudo reunirse posteriormente con el Dr. Billings y la propia comisión, ni por qué fue necesario avisar a Pirnie de su imposibilidad de hacerlo. Pero podemos suponer que la tapadera oficial de la misión -las actividades de la Cruz Roja- tenía mucho menos interés que las actividades de Thompson y Pirnie, fueran cuales fueran. Sabemos que Davison escribió al Dr. Billings el 25 de junio de 1917:

---

[91] Informe de Billings a Henry P. Davison, 22 de octubre de 1917, Archivos de la Cruz Roja Americana.

Querido Doctor Billings:

> *Es una decepción para mí y para mis asociados en el
> Consejo de Guerra no haber podido reunir en un cuerpo
> a los miembros de su Comisión...*

También se envió por correo una copia de esta carta al ingeniero
sanitario adjunto Pirnie junto con una carta personal del banquero
de Morgan Henry P. Davison, en la que se leía:

Mi querido Sr. Pirnie:

> *Estoy seguro de que entenderá perfectamente el motivo
> de la carta al Dr. Billings, de la que adjuntamos copia, y
> la aceptará en el espíritu en que se envía...*

El propósito de la carta de Davison al Dr. Billings era disculparse
ante la comisión y Billings por no haber podido reunirse con ellos.
Podemos entonces estar justificados en suponer que algunos
arreglos más profundos fueron hechos por Davison y Pirnie con
respecto a las actividades de la misión en Rusia y que estos arreglos
eran conocidos por Thompson. La probable naturaleza de estas
actividades se describirá más adelante.[92]

La Misión de la Cruz Roja Americana (o quizás deberíamos llamarla
la Misión de Wall Street a Rusia) también empleó a tres intérpretes
ruso-inglés: El capitán Ilovaisky, un bolchevique ruso; Boris
Reinstein, un ruso-estadounidense, más tarde secretario de Lenin y
jefe de la Oficina de Propaganda Revolucionaria Internacional de
Karl Radek, que también empleaba a John Reed y Albert Rhys
Williams; y Alexander Gumberg (alias Berg, nombre real Michael
Gruzenberg), que era hermano de Zorin, un ministro bolchevique.

---

[92] Los papeles de Pirnie también nos permiten fijar con exactitud las fechas en
que los miembros de la misión abandonaron Rusia. En el caso de William B.
Thompson, esta fecha es fundamental para el argumento de este libro:
Thompson salió de Petrogrado con destino a Londres el 4 de diciembre de 1917.
George F. Kennan afirma que Thompson abandonó Petrogrado el 27 de
noviembre de 1917 *(Russia Leaves the War, p. 1140).*

Gumberg era también el principal agente bolchevique en Escandinavia. Más tarde se convirtió en asistente confidencial de Floyd Odlum, de Atlas Corporation, en Estados Unidos, así como en asesor de Reeve Schley, vicepresidente del Chase Bank.

Cabe preguntarse de paso: ¿Hasta qué punto fueron útiles las traducciones proporcionadas por estos intérpretes? El 13 de septiembre de 1918, H. A. Doolittle, vicecónsul americano en Estocolmo, informó al secretario de Estado sobre una conversación con el capitán Ilovaisky (que era "amigo personal íntimo" del coronel Robins de la Misión de la Cruz Roja) relativa a una reunión del Soviet de Murman y los Aliados. La cuestión de invitar a los Aliados a desembarcar en Murman estaba siendo discutida en el Soviet, con el Mayor Thacher de la Misión de la Cruz Roja actuando en nombre de los Aliados. Ilovaisky interpretó las opiniones de Thacher para el Soviet. "Ilovaisky habló largo y tendido en ruso, supuestamente traduciendo para Thacher, pero en realidad para Trotsky... " en el sentido de que "los Estados Unidos nunca permitirían que tal desembarco ocurriera e instando al rápido reconocimiento de los soviéticos y su política".[93] Aparentemente Thacher sospechó que estaba siendo mal traducido y expresó su indignación. Sin embargo, "Ilovaisky telegrafió inmediatamente el contenido al cuartel general bolchevique y a través de su oficina de prensa lo hizo aparecer en todos los periódicos como emanado de las observaciones del mayor Thacher y como la opinión general de todos los representantes americanos verdaderamente acreditados."[94]

Ilovaisky relató a Maddin Summers, cónsul general de Estados Unidos en Moscú, varios casos en los que él (Ilovaisky) y Raymond Robins, de la Misión de la Cruz Roja, habían manipulado a la prensa bolchevique, especialmente "en relación con la retirada del embajador, el señor Francis". Admitió que no habían sido escrupulosos, "sino que habían actuado de acuerdo con sus ideas de lo correcto, independientemente de cómo pudieran haber entrado en conflicto con la política de los representantes americanos

---

[93] Archivo Decimal del Departamento de Estado de EE.UU., 861.00/3644.

[94] Ibid.

acreditados."[95]

Así fue la Misión de la Cruz Roja Americana en Rusia en 1917.

Misión de la Cruz Roja Americana en Rumanía

En 1917, la Cruz Roja estadounidense también envió una misión de asistencia médica a Rumania, que entonces luchaba contra las Potencias Centrales como aliada de Rusia. La comparación entre la misión de la Cruz Roja estadounidense en Rusia y la enviada a Rumania sugiere que la misión de la Cruz Roja con sede en Petrogrado tenía muy poca relación oficial con la Cruz Roja y aún menos con la asistencia médica. Mientras que la Misión de la Cruz Roja en Rumania defendió valientemente los principios gemelos de la Cruz Roja de "humanidad" y "neutralidad", la Misión de la Cruz Roja en Petrogrado abusó flagrantemente de ambos.

La Misión de la Cruz Roja Americana en Rumania partió de los Estados Unidos en julio de 1917 y se estableció en Jassy. La misión constaba de treinta personas bajo la dirección del presidente Henry W. Anderson, un abogado de Virginia. De los treinta, dieciséis eran médicos o cirujanos. En comparación, de las veintinueve personas de la Misión de la Cruz Roja en Rusia, sólo tres eran médicos, aunque otros cuatro miembros procedían de universidades y estaban especializados en campos relacionados con la medicina. Como máximo, siete podían clasificarse como médicos en la misión de en Rusia, frente a dieciséis en la misión de Rumania. En ambas misiones había aproximadamente el mismo número de camilleros y enfermeros. Sin embargo, la comparación más significativa es que la misión rumana sólo contaba con dos abogados, un tesorero y un ingeniero. La misión rusa contaba con quince abogados y hombres de negocios. Ninguno de los abogados o médicos de la misión rumana procedía de la zona de Nueva York, pero todos, excepto uno (un "observador" del Departamento de Justicia de Washington, D.C.), de los abogados y hombres de negocios de la misión rusa procedían de esa zona. Es decir, más de la mitad del total de la misión rusa procedía del distrito financiero de Nueva York. En otras

---

[95] Ibid.

palabras, la composición relativa de estas misiones confirma que la misión en Rumania tenía un propósito legítimo - ejercer la medicina - mientras que la misión rusa tenía un objetivo no médico y estrictamente político. Por su personal, podría clasificarse como misión comercial o financiera, pero por sus acciones era un grupo subversivo de acción política.

Personal de las misiones de la Cruz Roja Americana a Rusia y Rumania, 1917

	MISIÓN DE LA CRUZ ROJA AMERICANA	
Personal	**Rusia**	**Rumanía**
Medicina (médicos y cirujanos)	7	16
Celadores, enfermeras	7	10
Abogados y empresarios	15	4
TOTAL	29	30

FUENTES: Cruz Roja Americana, Washington, D.C.

Departamento de Estado de EE.UU., embajada de Petrogrado, archivo de la Cruz Roja, 1917.

La Misión de la Cruz Roja en Rumania permaneció en su puesto de Jassy durante el resto de 1917 y hasta 1918. El personal médico de la Misión de la Cruz Roja Americana en Rusia -los siete médicos- abandonó disgustado en agosto de 1917, protestó por las actividades políticas del coronel Thompson y regresó a Estados Unidos. En consecuencia, en septiembre de 1917, cuando la misión rumana hizo un llamamiento a Petrogrado para que médicos y enfermeras estadounidenses ayudaran en las condiciones cercanas a la crisis en Jassy, no había médicos ni enfermeras estadounidenses en Rusia disponibles para ir a Rumania.

Mientras que el grueso de la misión en Rusia se dedicaba a maniobras políticas internas, la misión en Rumania se lanzó a las tareas de socorro nada más llegar. El 17 de septiembre de 1917, un cable confidencial de Henry W. Anderson, presidente de la misión en Rumania, al embajador estadounidense Francis en Petrogrado solicitaba ayuda inmediata y urgente en forma de 5 millones de dólares para hacer frente a una catástrofe inminente en Rumania. A continuación se sucedieron una serie de cartas, cables y comunicaciones de Anderson a Francis solicitando, sin éxito, ayuda.

El 28 de septiembre de 1917, Vopicka, ministro norteamericano en Rumania, envió un extenso cable a Francis, para que lo transmitiera a Washington, y repitió el análisis de Anderson sobre la crisis rumana y el peligro de epidemias -y cosas peores- a medida que se acercaba el invierno:

> *Se necesita mucho dinero y medidas heroicas para evitar un desastre de gran alcance... Inútil intentar manejar la situación sin alguien con autoridad y acceso al gobierno... Con una organización adecuada para ocuparse del transporte, recibir y distribuir suministros.*

Las manos de Vopicka y Anderson estaban atadas, ya que todos los suministros y transacciones financieras rumanas eran manejados por la Misión de la Cruz Roja en Petrogrado, y Thompson y su personal de quince abogados y hombres de negocios de Wall Street aparentemente tenían asuntos de mayor preocupación que los asuntos de la Cruz Roja rumana. No hay indicios en los archivos de la embajada de Petrogrado en el Departamento de Estado de Estados Unidos de que Thompson, Robins o Thacher se preocuparan en ningún momento en 1917 o 1918 de la urgente situación en Rumanía. Las comunicaciones procedentes de Rumania se dirigían al embajador Francis o a algún miembro del personal de su embajada, y ocasionalmente a través del consulado en Moscú.

En octubre de 1917 la situación rumana alcanzó el punto de crisis. Vopicka telegrafió a Davison en Nueva York (vía Petrogrado) el 5 de octubre:

> *El problema más urgente aquí... Se teme un efecto desastroso... ¿Podría organizar un envío especial... Debe apresurarse o será demasiado tarde.*

El 5 de noviembre Anderson telegrafió a la embajada de Petrogrado diciendo que los retrasos en el envío de ayuda ya habían "costado varios miles de vidas". El 13 de noviembre Anderson telegrafió al embajador Francis acerca de la falta de interés de Thompson por las condiciones rumanas:

> *Pedí a Thompson que me facilitara información detallada sobre todos los envíos recibidos, pero no la he recibido... También le pedí que me mantuviera informado sobre las condiciones de transporte, pero he recibido muy poca información.*

Anderson solicitó entonces que el embajador Francis intercediera en su nombre para que los fondos destinados a la Cruz Roja Rumana se gestionaran en una cuenta separada en Londres, directamente bajo Anderson y fuera del control de la misión de Thompson.

Thompson en la Rusia de Kerensky

¿Qué hacía entonces la Misión de la Cruz Roja? Thompson adquirió ciertamente una reputación de vida opulenta en Petrogrado, pero aparentemente sólo emprendió dos proyectos importantes en la Rusia de Kerensky: el apoyo a un programa de propaganda estadounidense y el apoyo al Préstamo Libertad Ruso. Poco después de llegar a Rusia, Thompson se reunió con Madame Breshko-Breshkovskaya y con David Soskice, secretario de Kerensky, y acordaron contribuir con dos millones de dólares a un comité de educación popular para que pudiera "tener su propia prensa y... contratar a un equipo de conferenciantes, con ilustraciones cinematográficas" (861.00/1032); esto tenía el propósito propagandístico de instar a Rusia a continuar en la guerra contra Alemania. Según Soskice, "un paquete de 50.000 rublos" fue entregado a Breshko-Breshkovskaya con la declaración: "Esto es para que lo gastes según tu mejor criterio". Otros 2.100.000 rublos fueron depositados en una cuenta corriente bancaria. Una carta de J. P. Morgan al Departamento de Estado (861.51/190) confirma que Morgan envió por cable 425.000 rublos a Thompson a petición de éste para el Préstamo de la Libertad Rusa; J. P. también transmitió el interés de la firma Morgan respecto a "la conveniencia de hacer una suscripción individual a través del Sr. Thompson" al Préstamo de la Libertad Rusa. Estas sumas se transmitieron a través de la sucursal del National City Bank en Petrogrado.

Thompson da a los bolcheviques 1 millón de dólares

De mayor importancia histórica, sin embargo, fue la ayuda prestada a los bolcheviques primero por Thompson y luego, después del 4 de diciembre de 1917, por Raymond Robins.

La contribución de Thompson a la causa bolchevique quedó registrada en la prensa estadounidense contemporánea. *El Washington Post* del 2 de febrero de 1918 publicó los siguientes párrafos:

DA UN MILLÓN A LOS BOLCHEVIQUES

> *W. B. Thompson, donante de la Cruz Roja, cree que el partido ha sido tergiversado. Nueva York, 2 de febrero (1918). William B. Thompson, que estuvo en Petrogrado desde julio hasta noviembre pasados, ha hecho una contribución personal de 1.000.000 de dólares a los bolcheviques con el propósito de difundir su doctrina en Alemania y Austria.*

El Sr. Thompson tuvo la oportunidad de estudiar las condiciones rusas como jefe de la Misión de la Cruz Roja Americana, cuyos gastos también fueron sufragados en gran parte por sus contribuciones personales. Cree que los bolcheviques constituyen el mayor poder contra el progermanismo en Rusia y que su propaganda ha ido minando los regímenes militaristas de los Imperios Generales.

El Sr. Thompson desaprueba las críticas estadounidenses a los bolcheviques. Cree que han sido mal representados y ha hecho la contribución financiera a la causa en la creencia de que será dinero bien gastado para el futuro de Rusia, así como para la causa aliada.

La biografía de Hermann Hagedorn *The Magnate: William Boyce Thompson and His Time (1869-1930*) reproduce una fotografía de un cablegrama de J. P. Morgan en Nueva York a W. B. Thompson,

"Care American Red Cross, Hotel Europe, Petrograd". El cable lleva un sello con la fecha, que indica que fue recibido en Petrogrado "8-Dek 1917" (8 de diciembre de 1917), y dice:

> *Nueva York Y757/5 24W5 Nil - Su segundo cable recibido. Hemos pagado al National City Bank un millón de dólares según las instrucciones - Morgan.*
> La sucursal del National City Bank en Petrogrado había sido eximida del decreto de nacionalización bolchevique - el único banco ruso extranjero o nacional de que había sido eximido de esta medida. Hagedorn dice que este millón de dólares ingresado en la cuenta del NCB de Thompson se utilizó para "fines políticos".

El promotor minero socialista Raymond Robins[96]

William B. Thompson abandonó Rusia a principios de diciembre de 1917 para regresar a casa. Viajó vía Londres, donde, en compañía de Thomas Lamont, de la firma J.P. Morgan, visitó al Primer Ministro Lloyd George, episodio que retomamos en el próximo capítulo. Su adjunto, Raymond Robins, quedó a cargo de la Misión de la Cruz Roja en Rusia. La impresión general que dio el coronel Robins en los meses siguientes no pasó desapercibida para la prensa. En palabras del periódico ruso *Russkoe Slovo*, Robins "por una parte representa al trabajo americano y por otra al capital americano, que se esfuerza a través de los soviéticos por ganar sus mercados rusos."[97]

Raymond Robins empezó su vida como gerente del economato de una empresa de fosfatos de Florida. Desde allí explotó un yacimiento de caolín y, a finales del siglo XIX, exploró Texas y los territorios indios. Trasladado al norte, a Alaska, Robins hizo fortuna en la fiebre del oro de Klondike. Después, sin motivo aparente, se pasó al socialismo y al movimiento reformista. En 1912 ya era

---

[96] Robins es la grafía correcta. El nombre se escribe siempre "Robbins" en los archivos del Departamento Stale.

[97] U.S. State Dept. Decimal File, 316-11-1265, 19 de marzo de 1918.

miembro activo del Partido Progresista de Roosevelt. Se unió a la Misión de la Cruz Roja Americana a Rusia en 1917 como "economista social".

Hay pruebas considerables, incluidas las propias declaraciones de Robins, de que sus llamamientos reformistas de bien social eran poco más que tapaderas para la adquisición de más poder y riqueza, reminiscencias de las sugerencias de Frederick Howe en *Confesiones de un monopolista*. Por ejemplo, en febrero de 1918 Arthur Bullard estaba en Petrogrado con el Comité de Información Pública de Estados Unidos y se dedicó a escribir un largo memorándum para el coronel Edward House. Bullard entregó este memorándum a Robins para que lo comentara y criticara antes de transmitirlo a House en Washington, D.C. a través de. Los comentarios de Robins, muy poco socialistas e imperialistas, fueron que el manuscrito era "extraordinariamente perspicaz, clarividente y bien hecho", pero que tenía una o dos reservas -en particular, que el reconocimiento de los bolcheviques se había retrasado mucho, que debería haberse efectuado inmediatamente, y que si EE.UU. hubiera reconocido así a los bolcheviques, no habría sido posible.Creo que ahora estaríamos en control de los recursos excedentes de Rusia y tendríamos oficiales de control en todos los puntos de la frontera".[98]

Este deseo de hacerse con el "control de los recursos excedentarios de Rusia" también era obvio para los rusos. ¿Le suena esto a reformador social de la Cruz Roja estadounidense o a promotor minero de Wall Street dedicado al ejercicio práctico del imperialismo?

En cualquier caso, Robins no ocultó su apoyo a los bolcheviques.[99] Apenas tres semanas después de que comenzara la fase bolchevique de la Revolución, Robins telegrafió a Henry Davison al cuartel general de la Cruz Roja: "Por favor, insista ante el Presidente en la

---

[98] Bullard ms., Archivo Decimal del Departamento de Estado de EE.UU., 316-11-1265.

[99] The *New World Review* (otoño 1967, p. 40) comenta sobre Robins, señalando que "simpatizaba con los objetivos de la Revolución, aunque era capitalista".

necesidad de continuar nuestras relaciones con el gobierno bolchevique". Curiosamente, este cable era en respuesta a un cable en el que se instruía a Robins de que el "Presidente desea que se retengan las comunicaciones directas de los representantes de Estados Unidos con el Gobierno bolchevique."[100] Varios informes del Departamento de Estado se quejaban de la naturaleza partidista de las actividades de Robins. Por ejemplo, el 27 de marzo de 1919, Harris, cónsul estadounidense en Vladivostok, comentó una larga conversación que había mantenido con Robins y protestó por las graves inexactitudes de los informes de este último. Harris escribió: "Robins me declaró que ningún prisionero de guerra alemán o austriaco se había unido al ejército bolchevique hasta mayo de 1918. Robbins sabía que esta afirmación era absolutamente falsa". Harris procedió entonces a proporcionar los detalles de las pruebas de que disponía Robins.[101]

Harris concluyó: "Robbins tergiversó deliberadamente los hechos relativos a Rusia en aquel momento y lo ha estado haciendo desde entonces".

Límite de la zona controlada por los bolcheviques, enero de 1918

---

[100] Embajada de Petrogrado, archivo de la Cruz Roja.

[101] Archivo Decimal del Departamento de Estado de EE.UU., 861.00/4168.

A su regreso a Estados Unidos en 1918, Robins continuó sus esfuerzos en favor de los bolcheviques. Cuando el Comité Lusk se incautó de los archivos del Buró Soviético, se descubrió que Robins había mantenido una "considerable correspondencia" con Ludwig Martens y otros miembros del Buró. Uno de los documentos más interesantes incautados fue una carta de Santeri Nuorteva (alias Alexander Nyberg), el primer representante soviético en EEUU, al "camarada Cahan", editor del *New York Daily Forward*. La carta pedía a los fieles del partido que prepararan el camino para Raymond Robins:

(A diario) FORWARD 6 de julio de 1918

Estimado camarada Cahan:

> *Es de la mayor importancia que la prensa socialista establezca inmediatamente un clamor para que el coronel Raymond Robins, que acaba de regresar de Rusia al frente de la Misión de la Cruz Roja, sea oído en un informe público al pueblo americano. El peligro de intervención armada ha aumentado enormemente. Los reaccionarios están utilizando la aventura checoeslovaca para provocar la invasión. Robins tiene todos los datos sobre esto y sobre la situación en Rusia en general. Adopta nuestro punto de vista.*
>
> *Adjunto copia del editorial de Call que muestra una línea general de argumentación, así como algunos datos sobre los checoslovacos.*
>
> *Fraternalmente,*
> *PS&AU Santeri Nuorteva*

La Cruz Roja Internacional y la Revolución

Sin que sus administradores lo supieran, la Cruz Roja ha sido utilizada en ocasiones como vehículo o tapadera de actividades revolucionarias. El uso de las marcas de la Cruz Roja para fines no autorizados no es infrecuente. Cuando el zar Nicolás fue trasladado de Petrogrado a Tobolsk supuestamente por su seguridad (aunque esta dirección era hacia el peligro más que hacia la seguridad), el tren llevaba pancartas japonesas de la Cruz Roja. Los archivos del Departamento de Estado contienen ejemplos de actividad revolucionaria encubierta bajo las actividades de la Cruz Roja. Por ejemplo, un funcionario ruso de la Cruz Roja (Chelgajnov) fue arrestado en Holanda en 1919 por actos revolucionarios (316-21-107). Durante la revolución bolchevique húngara de 1918, dirigida por Bela Kun, se encontraron miembros rusos de la Cruz Roja (o revolucionarios que actuaban como miembros de la Cruz Roja rusa) en Viena y Budapest. En 1919, el embajador de Estados Unidos en Londres envió por cable a Washington noticias alarmantes; a través del gobierno británico se había enterado de que "varios estadounidenses que habían llegado a este país con el uniforme de la Cruz Roja y que declararon ser bolcheviques... se dirigían a través de Francia a Suiza para difundir propaganda bolchevique". El embajador señaló que unas 400 personas de la Cruz Roja estadounidense habían llegado a Londres en noviembre y diciembre de 1918; de ese número, una cuarta parte regresó a Estados Unidos y "el resto insistió en dirigirse a Francia." Hubo un informe posterior, el 15 de enero de 1918, en el sentido de que un editor de un periódico obrero de Londres había sido abordado en tres ocasiones diferentes por tres funcionarios distintos de la Cruz Roja estadounidense que se ofrecían a llevar comisiones a los bolcheviques en Alemania. El editor había sugerido a la embajada de Estados Unidos que vigilara al personal de la Cruz Roja estadounidense. El Departamento de Estado de EE.UU. se tomó en serio estos informes y Polk envió un telegrama pidiendo nombres, declarando: "Si es cierto, lo considero de la mayor importancia" (861.00/3602 y /3627).

En resumen: la imagen que nos formamos de la misión de la Cruz Roja estadounidense a Rusia en 1917 dista mucho de ser la de un humanitarismo neutral. La misión era en realidad una misión de los financieros de Wall Street para influir y allanar el camino para el control, a través de Kerensky o de los revolucionarios bolcheviques, del mercado y los recursos rusos. Ninguna otra explicación explicará las acciones de la misión. Sin embargo, ni Thompson ni Robins eran bolcheviques. Ninguno de los dos era siquiera un socialista consecuente. El autor se inclina por la interpretación de que los llamamientos socialistas de cada uno de ellos encubrían objetivos más prosaicos. Cada uno de ellos tenía una intención comercial; es decir, cada uno pretendía utilizar el proceso político en Rusia para fines financieros personales. No importaba si el pueblo ruso quería a los bolcheviques. No importaba si el régimen bolchevique actuaría contra Estados Unidos, como hizo sistemáticamente más tarde. El único objetivo abrumador era ganar influencia política y económica con el nuevo régimen, fuera cual fuera su ideología. Si William Boyce Thompson hubiera actuado solo, su cargo de director del Banco de la Reserva Federal sería intrascendente. Sin embargo, el hecho de que su misión estuviera dominada por representantes de instituciones de Wall Street plantea una seria cuestión: en efecto, si la misión fue una operación planeada y premeditada por un sindicato de Wall Street. Esto tendrá que juzgarlo el lector por sí mismo, a medida que se desarrolle el resto de la historia.

Capítulo VI

Consolidación y exportación de la Revolución

> *El gran libro de Marx, Das Kapital, es a la vez un monumento al razonamiento y un almacén de hechos.*
> Lord Milner, miembro del Gabinete de Guerra británico, 1917,
> y director del London Joint Stock Bank.

W illiam Boyce Thompson es un nombre desconocido en la historia del siglo XX, y sin embargo Thompson desempeñó un papel crucial en la Revolución Bolchevique.[102] De hecho, si Thompson no hubiera estado en Rusia en 1917, la historia posterior podría haber seguido un curso muy diferente. Sin la ayuda financiera y, lo que es más importante, diplomática y propagandística que Thompson, Robins y sus socios neoyorquinos prestaron a Trotsky y Lenin, los bolcheviques bien podrían haberse marchitado y Rusia evolucionar hacia una sociedad socialista pero constitucional.

¿Quién era William Boyce Thompson? Thompson fue un promotor de acciones mineras, uno de los mejores en un negocio de alto riesgo. Antes de la Primera Guerra Mundial se encargaba de las operaciones bursátiles de los intereses del cobre de los Guggenheim. Cuando los Guggenheim necesitaron capital rápido para una lucha bursátil con John D. Rockefeller, fue Thompson quien promocionó Yukon Consolidated Goldfields ante un público desprevenido para

---

[102] Para una biografía, véase Hermann Hagedorn, *The Magnate: William Boyce Thompson and His Time (1869-1930)* (Nueva York: Reynal & Hitchcock, 1935).

recaudar 3,5 millones de dólares. Thompson fue gerente del sindicato Kennecott, otra operación de Guggenheim, valorada en 200 millones de dólares. Por otra parte, fue Guggenheim Exploration la que se hizo con las opciones de Thompson sobre la rica Nevada Consolidated Copper Company. Alrededor de tres cuartas partes de la Guggenheim Exploration Company original estaban controladas por la familia Guggenheim, la familia Whitney (propietaria de la revista *Metropolitan*, que empleaba al bolchevique John Reed) y John Ryan. En 1916, los intereses de Guggenheim se reorganizaron en Guggenheim Brothers e incorporaron a William C. Potter, que antes trabajaba en la American Smelting and Refining Company de Guggenheim, pero que en 1916 era vicepresidente primero de Guaranty Trust.

Su extraordinaria habilidad para reunir capital para arriesgadas promociones mineras le valió a Thompson una fortuna personal y cargos directivos en Inspiration Consolidated Copper Company, Nevada Consolidated Copper Company y Utah Copper Company, todas ellas importantes productoras nacionales de cobre. El cobre es, por supuesto, un material fundamental en la fabricación de municiones. Thompson fue también director de la Chicago Rock Island & Pacific Railroad, la Magma Arizona Railroad y la Metropolitan Life Insurance Company. Y, de especial interés para este libro, Thompson era "uno de los mayores accionistas del Chase National Bank". Fue Albert H. Wiggin, presidente del Chase Bank, quien presionó a Thompson para que ocupara un puesto en el Sistema de la Reserva Federal; y en 1914 Thompson se convirtió en el primer director con mandato completo del Banco de la Reserva Federal de Nueva York, el banco más importante del Sistema de la Reserva Federal.

En 1917, William Boyce Thompson era un operador financiero con medios sustanciales, capacidad demostrada, con un don para la promoción e implementación de proyectos capitalistas, y con fácil acceso a los centros de poder político y financiero. Era el mismo hombre que primero apoyó a Aleksandr Kerensky, y que luego se convirtió en un ardiente partidario de los bolcheviques, legando un símbolo superviviente de este apoyo: un panfleto laudatorio en ruso,

"Pravda o Rossii i Bolshevikakh".[103]

Antes de abandonar Rusia a principios de diciembre de 1917, Thompson entregó la Misión de la Cruz Roja Americana a su adjunto Raymond Robins. Robins organizó entonces a los revolucionarios rusos para que pusieran en práctica el plan de Thompson para difundir la propaganda bolchevique en Europa (véase el Apéndice 3). Un documento del gobierno francés lo confirma "Al parecer, el coronel Robins... pudo enviar una misión subversiva de bolcheviques rusos a Alemania para iniciar allí una revolución".[104] Esta misión condujo a la abortada revuelta espartaquista alemana de 1918. El plan general también incluía planes para lanzar literatura bolchevique por avión o para pasarla de contrabando a través de las líneas alemanas.

Thompson hizo preparativos a finales de 1917 para salir de Petrogrado y vender la revolución bolchevique a los gobiernos de Europa y de EE.UU. Con esta intención, Thompson envió un telegrama a Thomas W. Lamont, socio de la firma Morgan que se encontraba entonces en París con el coronel E. M. House. Lamont dejó constancia de la recepción de este cablegrama en su biografía:

> *Justo cuando la Misión de la Casa estaba terminando sus discusiones en París en diciembre de 1917, recibí un cable de mi viejo amigo de la escuela y de los negocios, William Boyce Thompson, que estaba entonces en Petrogrado a cargo de la Misión de la Cruz Roja Americana allí.*[105]

---

[103] Polkovnik' Villiam' Boic' Thompson', "Pravda o Rossii i Bol'shevikakh" (Nueva York: Russian-American Publication Society, 1918).

[104] John Bradley, *Allied Intervention in Russia* (Londres: Weidenfeld and Nicolson, 1968.)

[105] Thomas W. Lamont, *Across World Frontiers* (Nueva York: Harcourt, Brace, 1959), p. 85. Véanse también las págs. 94-97, en las que se dan golpes de pecho masivos por el hecho de que el presidente Wilson no actuara con prontitud para entablar amistad con el régimen soviético. Corliss Lamont, su hijo, se convirtió en un [font-line doméstico izquierdista en Estados Unidos.

Lamont viajó a Londres y se reunió con Thompson, que había salido de Petrogrado el 5 de diciembre, viajó vía Bergen, Noruega, y llegó a Londres el 10 de diciembre. El logro más importante de Thompson y Lamont en Londres fue convencer al Gabinete de Guerra británico -entonces decididamente antibolchevique- de que el régimen bolchevique había llegado para quedarse, y de que la política británica debía dejar de ser antibolchevique, aceptar las nuevas realidades y apoyar a Lenin y Trotsky. Thompson y Lamont abandonaron Londres el 18 de diciembre y llegaron a Nueva York el 25 de diciembre de 1917. Intentaron el mismo proceso de conversión en Estados Unidos.

Una consulta con Lloyd George

Los documentos secretos del Gabinete de Guerra británico están ahora disponibles y registran el argumento utilizado por Thompson para vender al gobierno británico una política pro-bolchevique. El primer ministro de Gran Bretaña era David Lloyd George. Las maquinaciones privadas y políticas de Lloyd George rivalizaban con las de un político de Tammany Hall; sin embargo, durante su vida y décadas después, los biógrafos no pudieron, o no quisieron, enfrentarse a ellas. En 1970, *The Mask of Merlin (La máscara de Merlín)*, de Donald McCormick, levantó el velo del secreto. McCormick demuestra que en 1917 David Lloyd George se había metido "demasiado en la malla de las intrigas armamentísticas internacionales como para ser un agente libre" y estaba en deuda con Sir Basil Zaharoff, un traficante internacional de armamento, cuya considerable fortuna se hizo vendiendo armas a ambos bandos en varias guerras.[106] Zaharoff ejercía un enorme poder entre bastidores y, según McCormick, era consultado sobre las políticas de guerra por los líderes aliados. En más de una ocasión, informa McCormick, Woodrow Wilson, Lloyd George y Georges Clemenceau se reunieron en la casa de Zaharoff en París. McCormick señala que "los estadistas y líderes aliados estaban obligados a consultarle antes

---

[106] Donald McCormick, *The Mask of Merlin* (Londres: MacDonald, 1963; Nueva York: Holt, Rinehart and Winston, 1964), p. 208. La vida personal de Lloyd George le dejaría ciertamente expuesto al chantaje.

de planear cualquier gran ataque". La inteligencia británica, según McCormick, "descubrió documentos que incriminaban a servidores de la Corona como agentes secretos de Sir Basil Zaharoff *con el conocimiento de Lloyd George*".[107] En 1917 Zaharoff estaba vinculado a los bolcheviques; trataba de desviar municiones de los antibolcheviques y ya había intervenido en favor del régimen bolchevique tanto en Londres como en París.

A finales de 1917, pues -en el momento en que Lamont y Thompson llegaron a Londres- el primer ministro Lloyd George estaba en deuda con poderosos intereses armamentísticos internacionales que estaban aliados con los bolcheviques y proporcionaban ayuda para extender el poder bolchevique en Rusia. El primer ministro británico que se reunió con William Thompson en 1917 no era entonces un agente libre; Lord Milner era el poder entre bastidores y, como sugiere el epígrafe de este capítulo, favorablemente inclinado hacia el socialismo y Karl Marx.

Los papeles "secretos" del Gabinete de Guerra dan cuenta del "relato del Primer Ministro de una conversación con el Sr. Thompson, un estadounidense que regresó de Rusia",[108] y el informe hecho por el Primer Ministro al Gabinete de Guerra después de reunirse con Thompson.[109] El documento del gabinete dice lo siguiente:

> *El Primer Ministro informó de una conversación que había mantenido con un tal Sr. Thompson -viajero americano y hombre de considerables recursos- que acababa de regresar de Rusia, y que le había dado una impresión de los asuntos de aquel país algo diferente de lo que generalmente se creía. Lo esencial de sus observaciones era que la Revolución había llegado para quedarse; que los aliados no se habían mostrado*

---

[107] Ibid. Cursiva de McCormick.

[108] Documentos del Gabinete de Guerra británico, no. 302, sec. 2 (Public Records Office, Londres).

[109] El memorando escrito que Thompson presentó a Lloyd George y que se convirtió en la base de la declaración del Gabinete de Guerra está disponible en los archivos estadounidenses y se reproduce íntegramente en el Apéndice 3.

suficientemente comprensivos con la Revolución; y que MM. Trotzki y Lenin no estaban a sueldo de Alemania, siendo este último un profesor bastante distinguido. El Sr. Thompson había añadido que consideraba que los Aliados debían realizar en Rusia una propaganda activa, llevada a cabo por alguna forma de Consejo Aliado compuesto por hombres especialmente seleccionados para este fin; además, que en general, consideraba que, teniendo en cuenta el carácter del Gobierno ruso de facto, los diversos Gobiernos Aliados no estaban adecuadamente representados en Petrogrado. En opinión del Sr. Thompson, era necesario que los Aliados se dieran cuenta de que el ejército y el pueblo rusos estaban fuera de la guerra, y que los Aliados tendrían que elegir entre Rusia como país amigo o como país neutral hostil.

Se discutió la cuestión de si los Aliados no deberían cambiar su política con respecto al Gobierno ruso de facto, ya que el Sr. Thompson afirmó que los bolcheviques eran alemanes. A este respecto, Lord Robert Cecil llamó la atención sobre las condiciones del armisticio entre los ejércitos alemán y ruso, que preveía, entre otras cosas, el comercio entre los dos países y el establecimiento de una Comisión de Compras en Odessa, siendo todo el acuerdo obviamente dictado por los alemanes. Lord Robert Cecil expresó la opinión de que los alemanes se esforzarían por mantener el armisticio hasta que el ejército ruso se hubiera disuelto.

Sir Edward Carson leyó una comunicación, firmada por M. Trotzki, que le había sido enviada por un súbdito británico, director de la sucursal rusa de la Vauxhall Motor Company, que acababa de regresar de Rusia [Documento G.T. - 3040]. Este informe indicaba que la política del Sr. Trotzki era, al menos aparentemente, hostil a la organización de la sociedad civilizada y no proalemana. Por otra parte, se sugería que una supuesta actitud de este tipo no era en absoluto incompatible con el hecho de que Trotzki fuera un agente alemán, cuyo objetivo era arruinar a Rusia para que Alemania pudiera hacer lo que quisiera en ese país.

Tras escuchar el informe de Lloyd George y los argumentos que lo apoyaban, el Gabinete de Guerra *decidió seguir la corriente de Thompson y los bolcheviques. Milner tenía a un antiguo cónsul británico en Rusia, Bruce Lockhart, preparado y esperando entre bastidores. Lockhart fue informado y enviado a Rusia con instrucciones de trabajar informalmente con los soviéticos.*

La minuciosidad del trabajo de Thompson en Londres y la presión que pudo ejercer sobre la situación quedan sugeridas por los informes posteriores que llegaron a manos del Gabinete de Guerra, procedentes de fuentes auténticas. Los informes proporcionan una visión de Trotsky y los bolcheviques bastante diferente de la presentada por Thompson, y sin embargo fueron ignorados por el gabinete. En abril de 1918, el general Jan Smuts informó al Gabinete de Guerra de su conversación con el general Nieffel, jefe de la misión militar francesa que acababa de regresar de Rusia:

Trotski (sic)... era un canalla consumado que puede no ser pro-alemán, pero es completamente pro-Trotski y pro-revolucionario y no se puede confiar en él de ninguna manera. Su influencia queda demostrada por la forma en que ha llegado a dominar a Lockhart, Robins y el representante francés. Él [Nieffel] aconseja gran prudencia en el trato con Trotski, a quien admite como el único hombre realmente capaz en Rusia.[110]

Varios meses después, Thomas D. Thacher, abogado de Wall Street y otro miembro de la Misión de la Cruz Roja Americana a Rusia, se encontraba en Londres. El 13 de abril de 1918, Thacher escribió al embajador estadounidense en Londres para comunicarle que había recibido una petición de H. P. Davison, socio de Morgan, *"para conferenciar con lord Northcliffe"* sobre la situación en Rusia y luego ir a París *"para otras conferencias"*. Lord Northcliffe estaba enfermo y Thacher dejó con otro socio de Morgan, Dwight W. Morrow, un memorándum que debía presentar a Northcliffe a su

---

[110] El memorándum completo se encuentra en el Archivo Decimal del Departamento de Estado de EE.UU., 316-13-698.

regreso a Londres.[111] Este memorándum no sólo hacía sugerencias explícitas sobre la política rusa que apoyaban la posición de Thompson, sino que incluso afirmaba que "debería prestarse la máxima ayuda al gobierno soviético en sus esfuerzos por organizar un ejército revolucionario de voluntarios." Las cuatro propuestas principales de este informe Thacher son:

En primer lugar... los aliados deberían desalentar la intervención japonesa en Siberia.

En segundo lugar, debe prestarse la máxima ayuda al Gobierno soviético en sus esfuerzos por organizar un ejército revolucionario de voluntarios.

En tercer lugar, los gobiernos aliados deben prestar su apoyo moral al pueblo ruso en sus esfuerzos por elaborar sus propios sistemas políticos libres de la dominación de cualquier potencia extranjera....

En cuarto lugar, hasta el momento en que se produzca un conflicto abierto entre el Gobierno alemán y el Gobierno soviético de Rusia, habrá oportunidad para la penetración comercial pacífica de las agencias alemanas en Rusia. Mientras no haya una ruptura abierta, probablemente será imposible impedir por completo tal comercio. Por lo tanto, deben tomarse medidas para impedir, en la medida de lo posible, el transporte de grano y materias primas a Alemania desde Rusia.[112]

Intenciones y objetivos de Thompson

¿Por qué un destacado financiero de Wall Street, y director del Banco de la Reserva Federal, querría organizar y ayudar a los revolucionarios bolcheviques? ¿Por qué querrían no uno, sino varios

---

[111] Documentos del Gabinete de Guerra, 24/49/7197 (G.T. 4322) Secreto, 24 de abril de 1918.

[112] Carta reproducida íntegramente en el Apéndice 3. Cabe señalar que hemos identificado a Thomas Lamont, Dwight Morrow y H. P. Davison como estrechamente implicados en el desarrollo de la política hacia los bolcheviques. Todos eran socios de la firma J.P. Morgan. Thacher trabajaba en el bufete Simpson, Thacher & Bartlett y era amigo íntimo de Felix Frankfurter.

socios de Morgan trabajando en concierto, alentar la formación de un "ejército revolucionario de voluntarios" soviéticos, un ejército supuestamente dedicado al derrocamiento de Wall Street, incluyendo a Thompson, Thomas Lamont, Dwight Morrow, la firma Morgan y todos sus asociados?

Thompson, al menos, fue claro sobre sus objetivos en Rusia: quería mantener a Rusia en guerra con Alemania (aunque argumentó ante el Gabinete de Guerra británico que Rusia estaba fuera de la guerra de todos modos) y conservar a Rusia como mercado para las empresas estadounidenses de la posguerra. El memorándum de Thompson a Lloyd George de diciembre de 1917 describe estos objetivos.[113] El memorándum comienza así: "La situación rusa está perdida y Rusia está totalmente abierta a la explotación alemana sin oposición...". " y concluye: "Creo que un trabajo inteligente y valiente impedirá todavía que Alemania ocupe el campo para sí y explote así a Rusia a expensas de los Aliados". Por consiguiente, era la explotación comercial e industrial alemana de Rusia lo que Thompson temía (esto también se refleja en el memorándum Thacher) y lo que llevó a Thompson y a sus amigos neoyorquinos a aliarse con los bolcheviques. Además, esta interpretación se refleja en una declaración casi jocosa hecha por Raymond Robins, adjunto de Thompson, a Bruce Lockhart, el agente británico:

> *Oirás decir que soy el representante de Wall Street; que soy el servidor de William B. Thompson para conseguirle el cobre de Altai; que ya he conseguido para mí 500.000 acres de las mejores tierras madereras de Rusia; que ya he copado el ferrocarril transiberiano; que me han dado el monopolio del platino de Rusia; que eso explica que trabaje para el soviet... Oirás esas habladurías. No creo que sea cierto, Comisario, pero supongamos que lo es: Asumamos que estoy aquí para capturar Rusia para Wall Street y los hombres de negocios americanos. Supongamos que usted es un lobo británico y yo soy un lobo americano, y que cuando esta guerra termine vamos a comernos mutuamente por el mercado ruso;*

---

[113] Véase el anexo 3.

> *hagámoslo de manera perfectamente franca, como*
> *hombres, pero supongamos al mismo tiempo que somos*
> *lobos bastante inteligentes, y que sabemos que si no*
> *cazamos juntos en esta hora el lobo alemán nos comerá*
> *a los dos, y entonces pongámonos a trabajar.*[114]

Teniendo esto en cuenta, echemos un vistazo a las motivaciones personales de Thompson. Thompson era un financiero, un promotor y, aunque sin interés previo en Rusia, había financiado personalmente la Misión de la Cruz Roja en Rusia y utilizado la misión como vehículo de maniobra política. Del cuadro total podemos deducir que los motivos de Thompson eran principalmente financieros y comerciales. Específicamente, Thompson estaba interesado en el mercado ruso, y cómo este mercado podría ser influenciado, desviado; y capturado para la explotación de la posguerra por un sindicato de Wall Street, o sindicatos. Ciertamente, Thompson veía a Alemania como un enemigo, pero menos como un enemigo político que como un enemigo económico o comercial. La industria y la banca alemanas eran el verdadero enemigo. Para burlar a Alemania, Thompson estaba dispuesto a colocar capital inicial en cualquier vehículo de poder político que le permitiera alcanzar su objetivo. En otras palabras, Thompson era un imperialista estadounidense que luchaba contra el imperialismo alemán, y esta lucha fue astutamente reconocida y explotada por Lenin y Trotsky.

Las pruebas apoyan este enfoque apolítico. A principios de agosto de 1917, William Boyce Thompson almorzó en la embajada estadounidense de Petrogrado con Kerensky, Terestchenko y el embajador estadounidense Francis. Durante el almuerzo, Thompson mostró a sus invitados rusos un cable que acababa de enviar a la oficina neoyorquina de J.P. Morgan solicitando la transferencia de 425.000 rublos para cubrir una suscripción personal al nuevo Préstamo Libertad ruso. Thompson también pidió a Morgan que "informe a mis amigos de que recomiendo estos bonos como la mejor inversión de guerra que conozco. Estaré encantado de ocuparme de su compra aquí, en , sin compensación alguna"; a

---

[114] U.S., Senate, *Bolshevik Propaganda,* Hearings before a Subcommittee of the Committee on the Judiciary, 65th Cong., 1919, p. 802.

continuación, se ofreció personalmente a tomar el veinte por ciento de un sindicato de Nueva York que comprara cinco millones de rublos del préstamo ruso. Como era de esperar, Kerensky y Terestchenko manifestaron su "gran satisfacción" por el apoyo de Wall Street. Y el embajador Francis informó rápidamente por cable al Departamento de Estado de que la comisión de la Cruz Roja estaba "trabajando armoniosamente conmigo" y que tendría un "excelente efecto".[115] Otros escritores han relatado cómo Thompson intentó convencer a los campesinos rusos de que apoyaran a Kerensky invirtiendo un millón de dólares de su propio dinero y fondos del gobierno estadounidense del mismo orden de magnitud en actividades de propaganda. Posteriormente, el Comité de Educación Cívica en la Rusia Libre, dirigido por la revolucionaria "Abuela" Breshkovskaya, con David Soskice (secretario privado de Kerensky) como ejecutivo, estableció periódicos, oficinas de noticias, imprentas y oficinas de oradores para promover el llamamiento: "Lucha contra el káiser y salva la revolución". Cabe destacar que la campaña de Kerensky financiada por Thompson tenía el mismo llamamiento - "Mantened a Rusia en la guerra"- que su apoyo financiero a los bolcheviques. El nexo común entre el apoyo de Thompson a Kerensky y su apoyo a Trotsky y Lenin era "continuar la guerra contra Alemania" y mantener a Alemania fuera de Rusia.

En resumen, detrás y por debajo de los aspectos militares, diplomáticos y políticos de la Primera Guerra Mundial, se libraba otra batalla, a saber, una maniobra por el poder económico mundial de posguerra por parte de operadores internacionales con un músculo y una influencia significativos. Thompson no era bolchevique; ni siquiera era probolchevique. Tampoco era pro-Kerensky. Ni siquiera era pro-estadounidense. *La motivación primordial era la captura del mercado ruso de posguerra.* Este era un objetivo comercial, no ideológico. La ideología podía influir en los operadores revolucionarios como Kerensky, Trotsky, Lenin y otros, pero no en los financieros.

El memorándum de Lloyd George demuestra la parcialidad de

---

[115] Archivo Decimal del Departamento de Estado de EE.UU., 861.51/184.

Thompson ni por Kerensky ni por los bolcheviques: "Tras el derrocamiento del último gobierno de Kerensky ayudamos materialmente a la difusión en de la literatura bolchevique, distribuyéndola a través de agentes y por aviones al ejército alemán".[116] Esto fue escrito a mediados de diciembre de 1917, sólo cinco semanas después del comienzo de la revolución bolchevique, y menos de cuatro meses después de que Thompson expresara su apoyo a Kerensky durante el almuerzo en la embajada estadounidense.

Thompson regresa a Estados Unidos

Thompson regresó entonces y recorrió Estados Unidos con un alegato público a favor del reconocimiento de los soviéticos. En un discurso pronunciado ante el Rocky Mountain Club de Nueva York en qenero de 1918, Thompson pidió ayuda para el incipiente gobierno bolchevique y, apelando a un público compuesto en su mayoría por occidentales, evocó el espíritu de los pioneros estadounidenses:

Estos hombres no habrían dudado mucho en extender el reconocimiento y dar la más completa ayuda y simpatía al gobierno obrero de Rusia, porque en 1819 y los años siguientes tuvimos allí gobiernos bolcheviques... y muy buenos gobiernos también.[117]

Resulta difícil comparar la experiencia de los pioneros de nuestra frontera occidental con el despiadado exterminio de la oposición política que se estaba llevando a cabo en Rusia. Para Thompson, promover esto era sin duda similar a su promoción de las acciones mineras en tiempos pasados. En cuanto al público de Thompson, no sabemos lo que pensaban; sin embargo, nadie planteó un desafío. El orador era un respetado director del Banco de la Reserva Federal de Nueva York, un millonario hecho a sí mismo (y eso cuenta mucho). Y después de todo, ¿no acababa de regresar de Rusia? Pero no todo

---

[116] Véase el anexo 3.

[117] Insertado por el Senador Calder en el *Registro del Congreso*, 31 de enero de 1918, p. 1409.

era color de rosa. El biógrafo de Thompson, Hermann Hagedorn, ha escrito que Wall Street estaba "estupefacto", que sus amigos estaban "conmocionados" y "decían que había perdido la cabeza , que se había vuelto bolchevique".[118]

Mientras Wall Street se preguntaba si realmente se había "vuelto bolchevique", Thompson encontró simpatía entre sus colegas directores de la junta del Banco de la Reserva Federal de Nueva York. El codirector W. L. Saunders, presidente de Ingersoll-Rand Corporation y director del FRB, escribió al presidente Wilson el 17 de octubre de 1918, afirmando que "simpatizaba con la forma de gobierno soviética"; al mismo tiempo, negaba cualquier motivo ulterior como "prepararse ahora para conseguir el comercio del mundo después de la guerra".[119]

El más interesante de los compañeros directores de Thompson era George Foster Peabody, vicepresidente del Banco de la Reserva Federal de Nueva York y amigo íntimo del socialista Henry George. Peabody había hecho fortuna con la manipulación de los ferrocarriles, al igual que Thompson la había hecho con la manipulación de las acciones del cobre. Peabody se convirtió entonces en un activo defensor de la propiedad pública de los ferrocarriles y adoptó abiertamente la socialización.[120] ¿Cómo concilió Peabody su éxito en la empresa privada con la promoción de la propiedad pública? Según su biógrafo Louis Ware, "su razonamiento le decía que era importante que este medio de transporte funcionara como un servicio público y no en beneficio de intereses privados". Este razonamiento tan altisonante no tiene nada que ver con la realidad. Sería más exacto argumentar que, dada la influencia política dominante de Peabody y sus colegas financieros en Washington, podían evitar más fácilmente los rigores de la competencia mediante el control gubernamental de los ferrocarriles. A través de la influencia política podían manipular el poder policial del Estado para lograr lo que no habían podido, o lo que era

---

[118] Hagedorn, op. tit., p. 263.

[119] Archivo Decimal del Departamento de Estado de EE.UU., 861.00/3005.

[120] Louis Ware, *George Foster Peabody* (Athens: University of Georgia Press, 1951).

demasiado costoso, conseguir con la empresa privada. En otras palabras, el poder policial del Estado era un medio para mantener un monopolio privado. Esto era exactamente lo que había propuesto Frederick C. Howe. La idea de una Rusia socialista de planificación centralizada debió de atraer a Peabody. Piénselo: ¡un gigantesco monopolio estatal! Y Thompson, su amigo y compañero de dirección, tenía información privilegiada con los chicos que dirigían la operación.[121]

Los embajadores no oficiales: Robins, Lockhart y Sadoul

Los bolcheviques, por su parte, evaluaron correctamente la falta de simpatía entre los representantes en Petrogrado de las tres principales potencias occidentales: Estados Unidos, Gran Bretaña y Francia. Estados Unidos estaba representado por el embajador Francis, indisimuladamente contrario a la revolución. Gran Bretaña estuvo representada por Sir James Buchanan, que tenía fuertes vínculos con la monarquía zarista y era sospechoso de haber ayudado en la fase kerenskiana de la revolución. Francia estuvo representada por el embajador Paleologue, abiertamente antibolchevique. A principios de 1918 aparecieron otros tres personajes, que se convirtieron en representantes de *facto* de estos países occidentales y desplazaron a los representantes oficialmente reconocidos.

Raymond Robins se hizo cargo de la Misión de la Cruz Roja en sustitución de W. B. Thompson a principios de diciembre de 1917, pero se preocupó más de asuntos económicos y políticos que de obtener ayuda y asistencia para la Rusia asolada por la pobreza. El 26 de diciembre de 1917, Robins envió un telegrama a Henry Davison, socio de Morgan y director general interino de la Cruz Roja estadounidense: "Por favor, insista ante el Presidente en la

---

[121] Si este argumento parece demasiado descabellado, el lector debería consultar Gabriel Kolko, *Railroads and Regulation 1877-1916* (Nueva York: W. W. Norton, 1965), que describe cómo las presiones para que el gobierno controlara y formara la Comisión Interestatal de Comercio procedían de los *propietarios de* los ferrocarriles, no de los agricultores y usuarios de los servicios ferroviarios.

necesidad de continuar nuestras relaciones con el gobierno bolchevique".[122] El 23 de enero de 1918, Robins telegrafió a Thompson, entonces en Nueva York:

> *El gobierno soviético es hoy más fuerte que nunca. Su autoridad y poder se han consolidado enormemente con la disolución de la Asamblea Constituyente... Nunca se insistirá demasiado en la importancia del pronto reconocimiento de la autoridad bolchevique... Sisson aprueba este texto y le pide que muestre este cable a Creel. Thacher y Wardwell están de acuerdo.[123]*

Más tarde, en 1918, a su regreso a Estados Unidos, Robins presentó un informe al Secretario de Estado Robert Lansing que contenía este párrafo inicial: "Cooperación económica americana con Rusia; Rusia agradecerá la ayuda americana en la reconstrucción económica".[124]

Los persistentes esfuerzos de Robins en favor de la causa bolchevique le dieron cierto prestigio en el bando bolchevique, y quizás incluso cierta influencia política. La embajada estadounidense en Londres afirmó en noviembre de 1918 que "Salkind debe su nombramiento, como embajador bolchevique en Suiza, a un estadounidense... nada menos que al Sr. Raymond Robins".[125] Más o menos por entonces empezaron a llegar a Washington informes de que el propio Robins era bolchevique; por ejemplo, el siguiente de Copenhague, fechado el 3 de diciembre de 1918:

> *Confidencial. Según una declaración hecha por Radek a George de Patpourrie, difunto cónsul general de Austria-*

---

[122] C. K. Cumming y Waller W. Pettit, *Russian-American Relations, Documents and Papers* (Nueva York: Harcourt, Brace & Howe, 1920), doc. 44.

[123] Ibídem, doc. 54.

[124] Ibídem, doc. 92.

[125] Archivo Decimal del Departamento de Estado de EE.UU., 861.00/3449. Pero véase Kennan, *Russia Leaves the War*, pp. 401-5.

Hungría en Moscú, el coronel Robbins [sic], antiguo jefe de la Misión de la Cruz Roja Americana en Rusia, se encuentra actualmente en Moscú negociando con el Gobierno soviético y hace de intermediario entre los bolcheviques y sus amigos en los Estados Unidos. Parece ser que en algunos sectores se tiene la impresión de que el propio coronel Robbins es bolchevique, mientras que otros sostienen que no lo es, pero que sus actividades en Rusia han sido contrarias a los intereses de los Gobiernos asociados.[126]

Los materiales de los archivos de la Oficina Soviética de Nueva York, incautados por el Comité Lusk en 1919, confirman que tanto Robins como su esposa estaban estrechamente relacionados con las actividades bolcheviques en los Estados Unidos y con la formación de la Oficina Soviética de Nueva York.[127]

El gobierno británico estableció relaciones extraoficiales con el régimen bolchevique enviando a Rusia a un joven agente que hablaba ruso, Bruce Lockhart. Lockhart era, en efecto, el homólogo de Robins; pero a diferencia de éste, Lockhart tenía canales directos con el Foreign Office. Lockhart no fue seleccionado por el ministro de Asuntos Exteriores ni por el Foreign Office; ambos se mostraron consternados por el nombramiento. Según Richard Ullman, Lockhart fue "seleccionado para su misión por los propios Milner y Lloyd George...". "Maxim Litvinov, actuando como representante no oficial soviético en Gran Bretaña, escribió para Lockhart una carta de presentación a Trotsky; en ella llamaba al agente británico "un hombre completamente honesto que comprende nuestra posición y simpatiza con nosotros".[128]

Ya hemos notado las presiones sobre Lloyd George para tomar una posición pro-bolchevique, especialmente las de William B. Thompson, y las indirectas de Sir Basil Zaharoff y Lord Milner.

---

[126] Ibídem, 861.00 3333.

[127] Véase el capítulo 7.

[128] Richard H. Ullman, *Intervention and the War* (Princeton, N.J.: Princeton University Press, 1961), t). 61.

Milner era, como sugiere el epígrafe de este capítulo, excesivamente prosocialista. Edward Crankshaw ha esbozado sucintamente la dualidad de Milner.

Algunos de los pasajes [de Milner] sobre la industria y la sociedad... son pasajes que cualquier socialista estaría orgulloso de haber escrito. Pero no fueron escritos por un socialista. Fueron escritos por "el hombre que hizo la Guerra de los Boers". Algunos de los pasajes sobre el imperialismo y la carga del hombre blanco podrían haber sido escritos por un conservador acérrimo. Fueron escritos por el alumno de Karl Marx.[129]

Según Lockhart, el director del banco socialista Milner era un hombre que le inspiraba "el mayor afecto y adoración de héroe".[130] Lockhart relata cómo Milner patrocinó personalmente su nombramiento ruso, lo impulsó a nivel de gabinete y, tras su nombramiento, hablaba "casi a diario" con Lockhart. Al tiempo que abría el camino para el reconocimiento de los bolcheviques, Milner también promovía el apoyo financiero a sus oponentes en el sur de Rusia y en otros lugares, como hacía Morgan en Nueva York. Esta política dual es coherente con la tesis de que el *modus operandi* de los internacionalistas politizados -como Milner y Thompson- era colocar dinero estatal en cualquier caballo revolucionario o contrarrevolucionario que pareciera un posible ganador. Los internacionalistas, por supuesto, reclamaban cualquier beneficio posterior. La pista está quizá en la observación de Bruce Lockhart de que Milner era un hombre que "creía en el Estado altamente organizado".[131]

El gobierno francés nombró a un simpatizante aún más abiertamente bolchevique, Jacques Sadoul, viejo amigo de Trotsky.[132]

---

[129] Edward Crankshaw, *La idea abandonada: ¡A Study o! Viscount Milner* (Londres: Longmans Green, 1952), p. 269.

[130] Robert Hamilton Bruce Lockhart, *Agente británico* (Nueva York: Putnam's, 1933), p. 119.

[131] Ibídem, p. 204.

[132] Véase Jacques Sadoul, *Notes sur la révolution bolchevique* (París: Éditions

En resumen, los gobiernos aliados neutralizaron a sus propios representantes diplomáticos en Petrogrado y los sustituyeron por agentes no oficiales más o menos afines a los bolcheviques.

Los informes de estos embajadores no oficiales contrastaban directamente con las peticiones de ayuda dirigidas a Occidente desde el interior de Rusia. Máximo Gorki protestó por la traición a los ideales revolucionarios del grupo Lenin-Trotski, que había impuesto el férreo control de un estado policial en Rusia:

> Los rusos formamos un pueblo que nunca ha trabajado en libertad, que nunca ha tenido la oportunidad de desarrollar todas sus fuerzas y sus talentos. Y cuando pienso que la revolución nos da la posibilidad del trabajo libre, de la alegría múltiple de crear, mi corazón se llena de gran esperanza y alegría, incluso en estos días malditos que están manchados de sangre y alcohol.
>
> Ahí comienza la línea de mi separación decidida e irreconciliable con las demenciales acciones de los Comisarios del Pueblo. Considero que el maximalismo en ideas es muy útil para la ilimitada alma rusa ; su tarea es desarrollar en esta alma grandes y audaces necesidades, convocar el tan necesario espíritu de lucha y actividad, promover la iniciativa en esta alma indolente y darle forma y vida en general.
>
> Pero el maximalismo práctico de los anarcocomunistas y visionarios del Smolny es ruinoso para Rusia y, sobre todo, para la clase obrera rusa. Los Comisarios del Pueblo manejan a Rusia como material para un experimento. El pueblo ruso es para ellos lo que el caballo para los doctos bacteriólogos que inoculan el tifus al caballo para que se desarrolle en su sangre la linfa antitífica. Ahora los Comisarios están intentando tal experimento predestinado al fracaso en el pueblo ruso sin pensar que el caballo atormentado y medio muerto de hambre puede morir.
>
> Los reformistas del Smolny no se preocupan por Rusia. Sacrifican a Rusia a sangre fría en nombre de su sueño

---

de la sirène, 1919).

de la revolución mundial y europea. Y en la medida en que pueda, inculcaré esto al proletario ruso: "Te están llevando a la destrucción. ¡Estás siendo utilizado como material para un experimento inhumano!"

También contrastaban con los informes de los embajadores no oficiales simpatizantes los informes de los representantes diplomáticos de la vieja guardia. Típico de los muchos mensajes que llegaban a Washington a principios de 1918 -especialmente tras la expresión de apoyo de Woodrow Wilson a los gobiernos bolcheviques- era el siguiente cable de la legación estadounidense en Berna, Suiza:

Para Polk. El mensaje del Presidente al Cónsul de Moscú no se entiende aquí y la gente pregunta por qué el Presidente expresa su apoyo a los bolcheviques, en vista de la rapiña, el asesinato y la anarquía de estas bandas.[133]

El continuo apoyo de la administración Wilson a los bolcheviques provocó la dimisión de De Witt C. Poole, el capaz encargado de negocios estadounidense en Arcángel (Rusia):

Es mi deber explicar francamente al departamento la perplejidad en que me ha sumido la declaración sobre la política rusa adoptada por la Conferencia de Paz, el 22 de enero, a propuesta del Presidente. El comunicado reconoce muy felizmente la revolución y confirma una vez más esa total ausencia de simpatía por cualquier forma de contrarrevolución que ha sido siempre una nota clave de la política americana en Rusia, pero no contiene ni una [palabra] de condena para el otro enemigo de la revolución: el Gobierno bolchevique.[134]

Así, incluso en los primeros días de 1918, la traición a la revolución libertaria había sido advertida por observadores tan agudos como Maxim Gorky y De Witt C. Poole. La dimisión de Poole conmocionó al Departamento de Estado, que pidió la "máxima reticencia respecto a su deseo de dimitir" y declaró que "será necesario sustituirle de forma natural y normal para evitar un efecto

---

[133] U.S. State Dept. Decimal File, 861.00/1305, 15 de marzo de 1918.

[134] Ibídem, 861.00/3804.

grave y quizá desastroso sobre la moral de las tropas estadounidenses en el distrito de Arcángel que podría provocar la pérdida de vidas estadounidenses."[135]

Así que no sólo los gobiernos aliados neutralizaron a sus propios representantes gubernamentales, sino que Estados Unidos ignoró las súplicas de dentro y fuera de Rusia para que cesara el apoyo a los bolcheviques. El influyente apoyo a los soviéticos procedía en gran medida del área financiera de Nueva York (poco apoyo efectivo emanaba de los revolucionarios nacionales estadounidenses). En particular, procedía de American International Corporation, una empresa controlada por Morgan.

Exportar la Revolución: Jacob H. Rubin

Ahora estamos en condiciones de comparar dos casos -que no son ni mucho menos los únicos- en los que los ciudadanos estadounidenses Jacob Rubin y Robert Minor ayudaron a exportar la revolución a Europa y a otras partes de Rusia.

Jacob H. Rubin era un banquero que, según sus propias palabras, "ayudó a formar el Gobierno Soviético de Odessa".[136] Rubin fue presidente, tesorero y secretario de Rubin Brothers of 19 West 34 Street, New York City. En 1917 se asoció con el Union Bank de Milwaukee y la Provident Loan Society de Nueva York. Entre los fideicomisarios de la Provident Loan Society figuraban personas a las que se ha mencionado en otras ocasiones por su relación con la revolución bolchevique: P. A. Rockefeller, Mortimer L. Schiff y James Speyer.

Por algún proceso -sólo vagamente relatado en su libro *I Live to Tell*[137] - *Rubin* estuvo en Odessa en febrero de 1920 y se convirtió en objeto de un mensaje del almirante McCully al Departamento de

---

[135] Ibid.

[136] U.S., House, Committee on Foreign Affairs, *Conditions in Russia,* 66th Cong., 3d sess., 1921.

[137] Jacob H. Rubin, I Live to Tell: The Russian Adventures of an American Socialist (Indianápolis: Bobbs-Merrill, 1934).

Estado (fechado el 13 de febrero de 1920, 861.00/6349). El mensaje decía que Jacob H. Rubin del Union Bank, Milwaukee, estaba en Odessa y deseaba permanecer con los bolcheviques - "Rubin no desea marcharse, ha ofrecido sus servicios a los bolcheviques y aparentemente simpatiza con ellos". Más tarde, Rubin regresó a Estados Unidos y prestó testimonio ante el Comité de Asuntos Exteriores de la Cámara de Representantes en 1921:

> Yo había estado con la gente de la Cruz Roja Americana en Odessa. Estaba allí cuando el Ejército Rojo tomó posesión de Odesa. En aquel momento yo tenía una inclinación favorable hacia el Gobierno soviético, porque era socialista y había sido miembro de ese partido durante 20 años. Debo admitir que hasta cierto punto ayudé a formar el Gobierno soviético de Odesa.[138]

Aunque añade que había sido detenido como espía por el gobierno de Denikin de Rusia del Sur, poco más sabemos de Rubin. Sin embargo, sabemos mucho más sobre Robert Minor, que fue capturado in fraganti y liberado mediante un mecanismo que recuerda a la liberación de Trotsky de un campo de prisioneros de guerra de Halifax.

Exportar la Revolución: Robert Minor

El trabajo de propaganda bolchevique en Alemania,[139] financiado y organizado por William Boyce Thompson y Raymond Robins, fue ejecutado sobre el terreno por ciudadanos estadounidenses, bajo la supervisión del Comisariado del Pueblo para Asuntos Exteriores de Trotsky:

Una de las primeras innovaciones de Trotsky en el Ministerio de

---

[138] Estados Unidos, Cámara de Representantes, Comisión de Asuntos Exteriores, op. cit.

[139] Véase George G. Bruntz, *Allied Propaganda and the Collapse of the German Empire in 1918* (Stanford, Calif.: Stanford University Press, 1938), pp. 144-55; véase también aquí p. 82.

Asuntos Exteriores había sido instituir una Oficina de Prensa bajo el mando de Karl Radek y una Oficina de Propaganda Revolucionaria Internacional bajo el mando de Boris Reinstein, entre cuyos ayudantes estaban John Reed y Albert Rhys Williams.

Un periódico alemán, Die Fackel (La Antorcha), se imprimía en ediciones de medio millón al día y se enviaba por tren especial a los Comités Centrales del Ejército en Minsk, Kiev y otras ciudades, que a su vez los distribuían a otros puntos del frente.[140]

Robert Minor era un agente de la oficina de propaganda de Reinstein. Los antepasados de Minor destacaron en la historia de Estados Unidos. El general Sam Houston, primer presidente de la República de Texas, estaba emparentado con la madre de Minor, Routez Houston. Otros parientes eran Mildred Washington, tía de George Washington, y el general John Minor, jefe de campaña de Thomas Jefferson. El padre de Minor era un abogado de Virginia que emigró a Texas. Tras años duros con pocos clientes, se convirtió en juez de San Antonio.

Robert Minor era un caricaturista de talento y un socialista. Dejó Texas para venir al Este. Algunas de sus colaboraciones aparecieron en *Masses*, una revista probolchevique. En 1918 Minor era caricaturista en la plantilla del *Philadelphia Public Ledger*. Minor dejó Nueva York en marzo de 1918 para informar sobre la revolución bolchevique. Mientras estaba en Rusia, Minor se unió a la Oficina de Propaganda Revolucionaria Internacional de Reinstein (ver diagrama), junto con Philip Price, corresponsal del *Daily Herald* y el *Manchester Guardian*, y Jacques Sadoul, embajador no oficial de Francia y amigo de Trotsky.

Se han conservado excelentes datos sobre las actividades de Price, Minor y Sadoul en en forma de un Informe Especial Secreto de Scotland Yard (Londres), n° 4, titulado "El caso de Philip Price y Robert Minor", así como en informes de los archivos del Departamento de Estado, Washington, D.C.[141] Según este informe

---

[140] John W. Wheeler-Bennett, *The Forgotten* Peace (Nueva York: William Morrow, 1939).

[141] Hay una copia de este informe de Scotland Yard en el archivo decimal 316-

de Scotland Yard, Philip Price estuvo en Moscú a mediados de 1917, antes de la revolución bolchevique, y admitió: "Estoy metido hasta el cuello en el movimiento revolucionario". Entre la revolución y aproximadamente el otoño de 1918, Price trabajó con Robert Minor en el Comisariado de Asuntos Exteriores.

ORGANIZACIÓN DE LA PROPAGANDA EXTERIOR TRABAJO EN 1918

COMISARIADO DEL PUEBLO PARA ASUNTOS EXTERIORES

(Trotsky)

SALA DE PRENSA

(Radek)

OFICINA DE PROPAGANDA REVOLUCIONARIA INTERNACIONAL

(Reinstein)

Operarios de campo

John Reed Louis Bryant Albert Rhys Williams

Robert Minor Philip Price Jacques Sadoul

En noviembre de 1918 Minor y Price abandonaron Rusia y se

23-1184 9 del Departamento de Inicio de los Estados Unidos.

dirigieron a Alemania.[142] Sus productos propagandísticos se utilizaron por primera vez en el frente ruso de Murman; los aviones bolcheviques lanzaron octavillas entre las tropas británicas, francesas y estadounidenses, según el programa de William Thompson.[143] La decisión de enviar a Sadoul, Price y Minor a Alemania fue tomada por el Comité Ejecutivo Central del Partido Comunista. En Alemania, sus actividades llegaron a conocimiento de los servicios de inteligencia británicos, franceses y estadounidenses. El 15 de febrero de 1919, el teniente J. Habas del ejército estadounidense fue enviado a Düsseldorf, entonces bajo control de un grupo revolucionario espartaquista; se hizo pasar por desertor del ejército estadounidense y ofreció sus servicios a los espartaquistas. Habas llegó a conocer a Philip Price y Robert Minor y sugirió que se imprimieran algunos panfletos para distribuirlos entre las tropas americanas. El informe de Scotland Yard relata que Price y Minor ya habían escrito varios panfletos para las tropas británicas y estadounidenses, que Price había traducido al inglés algunas obras de Wilhelm Liebknecht y que ambos estaban trabajando en otros tratados de propaganda. Habas informó de que Minor y Price dijeron que habían trabajado juntos en Siberia imprimiendo un periódico bolchevique en inglés para distribuirlo por vía aérea entre las tropas estadounidenses y británicas.[144]

El 8 de junio de 1919, Robert Minor es detenido en París por la policía francesa y entregado a las autoridades militares americanas en Coblenz. Simultáneamente, los espartaquistas alemanes fueron detenidos por las autoridades militares británicas en la zona de Colonia. Posteriormente, los espartaquistas fueron condenados por conspiración para provocar el motín y la sedición entre las fuerzas aliadas. Price fue detenido pero, al igual que Minor, liberado rápidamente. Esta precipitada liberación fue anotada en el

---

[142] Joseph North, *Robert Minor: Artist and Crusader* (Nueva York: International Publishers, 1956).

[143] Muestras de los panfletos propagandísticos de Minor se encuentran todavía en los archivos del Departamento de Estado de EE.UU.. Véanse las páginas 197-200 sobre Thompson.

[144] Véase el anexo 3.

Departamento de Estado:

*Robert Minor ha sido puesto en libertad, por razones que
no están del todo claras, ya que las pruebas contra él
parecen haber sido suficientes para asegurar la condena.
La liberación tendrá un efecto desafortunado, ya que se
cree que Minor ha estado íntimamente relacionado con
la IWW en América.[145]*

El mecanismo por el que Robert Minor consiguió su liberación
consta en los archivos del Departamento de Estado. El primer
documento relevante, fechado el 12 de junio de 1919, es de la
embajada de Estados Unidos en París al secretario de Estado en
Washington, D.C., y está marcado como URGENTE Y
CONFIDENCIAL.[146] El Ministerio de Asuntos Exteriores francés
informó a la embajada de que el 8 de junio Robert Minor, "un
corresponsal estadounidense", había sido arrestado en París y
entregado al cuartel general del Tercer Ejército Estadounidense en
Coblenza. Los documentos encontrados sobre Minor parecen
"confirmar los informes suministrados sobre sus actividades".
Parece, pues, establecido que Minor ha entablado relaciones en París
con los partisanos declarados del bolchevismo." La embajada
consideraba a Minor como un "hombre particularmente peligroso".
Se estaban haciendo averiguaciones ante las autoridades militares
americanas; la embajada creía que se trataba de un asunto de la
jurisdicción exclusiva de los militares, por lo que no contemplaba
ninguna acción, aunque las instrucciones serían bienvenidas.

El 14 de junio, el juez R. B. Minor en San Antonio, Texas, telegrafió
a Frank L. Polk en el Departamento de Estado:

*Informes de prensa detención mi hijo Robert Menor en
París por razones desconocidas. Por favor, hagan todo
lo posible para protegerlo Me refiero a los senadores de
Texas. [R. P. Minor, Juez de Distrito, San Antonio,*

---

[145] Archivo Decimal del Departamento de Estado de EE.UU., 316-23-1184.

[146] Ibídem, 861.00/4680 (316-22-0774).

Texas.[147]

Polk telegrafió al Juez Minor que ni el Departamento de Estado ni el Departamento de Guerra tenían información sobre la detención de Robert Minor, y que el caso estaba ahora ante las autoridades militares en Coblenz. A última hora del 13 de junio el Departamento de Estado recibió un mensaje "estrictamente confidencial urgente" de París informando de una declaración hecha por la Oficina de Inteligencia Militar (Coblenz) con respecto a la detención de Robert Minor: "Minor fue detenido en París por las autoridades francesas a petición de la Inteligencia Militar británica y entregado inmediatamente al cuartel general americano en Coblenz".[148] Se le acusaba de escribir y difundir literatura revolucionaria bolchevique, que había sido impresa en Düsseldorf, entre las tropas británicas y americanas en las zonas que ocupaban. Las autoridades militares tenían la intención de examinar los cargos contra Minor y, si estaban fundamentados, juzgarlo en consejo de guerra. Si los cargos no se sustanciaban, su intención era entregar a Minor a las autoridades británicas, "que originalmente solicitaron que los franceses se lo entregaran."[149] El juez Minor en Texas contactó independientemente con Morris Sheppard, senador estadounidense por Texas, y Sheppard contactó con el coronel House en París. El 17 de junio de 1919, el coronel House envió lo siguiente al senador Sheppard:

> *Tanto el embajador americano como yo estamos siguiendo el caso de Robert Minor. Estoy informado de que está detenido por las autoridades militares americanas en Colonia bajo graves cargos, cuya naturaleza exacta es difícil de descubrir. Sin embargo, tomaremos todas las medidas posibles para asegurar*

---

[147] Ibídem, 861.00/4685 (/783).

[148] Archivo Decimal del Departamento de Estado de EE.UU., 861.00/4688 (/788).

[149] Ibid.

una justa consideración para él.[150]

Tanto el senador Sheppard como el congresista Carlos Bee (Distrito 14, Texas) dieron a conocer su interés al Departamento de Estado. El 27 de junio de 1919, el congresista Bee solicitó facilidades para que el juez Minor pudiera enviar a su hijo 350 dólares y un mensaje. El 3 de julio, el senador Sheppard escribió a Frank Polk, afirmando que estaba "muy interesado" en el caso de Robert Minor, y preguntándose si el Estado podría averiguar su situación, y si Minor estaba propiamente bajo la jurisdicción de las autoridades militares. El 8 de julio, la embajada de París envió un telegrama a Washington: "Confidencial. Minor liberado por las autoridades americanas... regresa a Estados Unidos en el primer barco disponible". Esta repentina liberación intrigó al Departamento de Estado, y en el 3 de agosto el Secretario de Estado Lansing telegrafió a París: "Secreto. En referencia a lo anterior, estoy muy ansioso por obtener las razones de la liberación de Minor por las autoridades militares."

En un principio, las autoridades del ejército estadounidense habían querido que fueran los británicos quienes juzgaran a Robert Minor, ya que "temían que la política interviniera en Estados Unidos para impedir una condena si el prisionero era juzgado por un consejo de guerra estadounidense". Sin embargo, el gobierno británico argumentó que Minor era ciudadano estadounidense, que las pruebas demostraban que preparó propaganda contra las tropas estadounidenses en primera instancia y que, en consecuencia -así lo sugirió el Jefe del Estado Mayor británico- Minor debía ser juzgado ante un tribunal estadounidense. El Jefe del Estado Mayor británico "consideraba de la mayor importancia obtener una condena si era posible".[151]

Los documentos de la oficina del Jefe de Estado Mayor del Tercer Ejército se refieren a los detalles internos de la liberación de Minor.[152] Un telegrama del 23 de junio de 1919, del Mayor General

---

[150] Ibídem, 316-33-0824.

[151] Archivo Decimal del Departamento de Estado de EE.UU., 861.00/4874.

[152] Oficina del Jefe de Estado Mayor, Ejército de EE.UU., Archivos Nacionales,

Harbord, Jefe de Estado Mayor del Tercer Ejército (más tarde presidente del Consejo de International General Electric, cuyo centro ejecutivo, casualmente, también estaba en el 120 de Broadway), al comandante general del Tercer Ejército, decía que el Comandante en Jefe John J. Pershing "le ordena que suspenda la acción en el caso contra Minor a la espera de nuevas órdenes". También hay un memorando firmado por el general de brigada W. A. Bethel en la oficina del juez defensor, fechado el 28 de junio de 1919, marcado como "Secreto y confidencial" y titulado "Robert Minor, en espera de juicio por una comisión militar en el cuartel general del Tercer Ejército". El memorándum revisa el caso legal contra Minor. Entre los puntos señalados por Bethel está que los británicos eran obviamente reticentes a tratar el caso Minor porque "temen a la opinión estadounidense en caso de que juzguen a un estadounidense por un delito de guerra en Europa", aunque el delito del que se acusa a Minor es tan grave "como pueda cometerlo un hombre". Se trata de una afirmación significativa; Minor, Price y Sadoul estaban aplicando un programa diseñado por Thompson, director del Banco de la Reserva Federal, hecho confirmado por el propio memorando de Thompson (véase el Apéndice 3). ¿No estaba por tanto Thompson (y Robins), en cierta medida , sujeto a los mismos cargos?

Tras entrevistar a Siegfried, el testigo contra Minor, y revisar las pruebas, Bethel comentó:

> *Creo firmemente que Minor es culpable, pero si yo estuviera sentado en el tribunal, no lo declararía culpable con las pruebas de que ahora disponemos: el testimonio de un solo hombre y ese hombre actuando en calidad de detective e informador.*

Bethel continúa afirmando que en una semana o diez días se sabría si se disponía de corroboración sustancial del testimonio de Siegfried. En caso afirmativo, "creo que Minor debería ser juzgado", pero "si no se puede corroborar, creo que sería mejor desestimar el

---

Washington, D.C.

caso".

Esta declaración de Bethel fue transmitida de forma diferente por el General Harbord en un telegrama del 5 de julio al General Malin Craig (Jefe de Estado Mayor, Tercer Ejército, Coblenz):

> *Con referencia al caso contra Minor, a menos que otros testigos además de Siegfried hayan sido localizados en este momento, C en C ordena que el caso sea archivado y Minor liberado. Por favor, acuse recibo e indique la acción.*

La respuesta de Craig al general Harbord (5 de julio) registra que Minor fue liberado en París y añade: "Esto está de acuerdo con sus propios deseos y se ajusta a nuestros propósitos." Craig también añade que se habían obtenido otros testigos.

Este intercambio de telegramas sugiere cierta prisa en retirar los cargos contra Robert Minor, y la prisa sugiere presión. No hubo ningún intento significativo de desarrollar pruebas. La intervención del coronel House y del general Pershing al más alto nivel en París y el cablegrama del coronel House al senador Morris Sheppard dan peso a los informes de los periódicos estadounidenses de que tanto House como el presidente Wilson fueron responsables de la precipitada liberación de Minor sin juicio.[153]

Minor regresó a Estados Unidos y, como Thompson y Robins antes que él, recorrió el país promocionando las maravillas de la Rusia bolchevique.

A modo de resumen, encontramos que el director del Banco de la Reserva Federal, William Thompson, participó activamente en la promoción de los intereses bolcheviques de varias maneras: producción de un panfleto en ruso, financiación de operaciones bolcheviques, discursos, organización (con Robins) de una misión revolucionaria bolchevique a Alemania (y quizás a Francia), y con

---

[153] U.S., Senate, *Congressional Record, octubre de* 1919, pp. 6430, 6664-66, 7353-54; y *New York Times*, It de octubre de 1919. Véase también *Sacramento Bee*, 17 de julio de 1919.

Lamont, socio de Morgan, influyendo en Lloyd George y en el Gabinete de Guerra británico para lograr un cambio en la política británica. Además, Raymond Robins fue citado por el gobierno francés por organizar a los bolcheviques rusos para la revolución alemana. Sabemos que Robins trabajaba indisimuladamente para los intereses soviéticos en Rusia y Estados Unidos. Por último, descubrimos que Robert Minor, uno de los propagandistas revolucionarios utilizados en el programa de Thompson, fue liberado en circunstancias que sugieren la intervención de los más altos niveles del gobierno estadounidense.

Obviamente, esto no es más que una fracción de un panorama mucho más amplio. No se trata de sucesos accidentales o aleatorios. Constituyen un patrón coherente y continuado a lo largo de varios años. Sugieren una poderosa influencia en las cumbres de varios gobiernos.

Capítulo VII

Los bolcheviques vuelven a Nueva York

Martens está en el candelero. No parece haber ninguna duda sobre su conexión con la Guarantee [sic] Trust Company, aunque es sorprendente que una empresa tan grande e influyente tenga tratos con una empresa bolchevique.

Informe de inteligencia de Scotland Yard, Londres, 1919[154]

Tras los éxitos iniciales de la revolución, los soviéticos no tardaron en intentar, a través de antiguos residentes estadounidenses, establecer relaciones diplomáticas y medios de propaganda en Estados Unidos. En junio de 1918, el cónsul estadounidense en Harbin envió un telegrama a Washington:

Albert R. Williams, portador del pasaporte del Departamento 52.913 15 de mayo de 1917 procediendo a los Estados Unidos a establecer una oficina de información para el Gobierno Soviético para la cual tiene autorización escrita. ¿Debo visar?[155]

Washington denegó el visado, por lo que Williams fracasó en su intento de establecer aquí una oficina de información. A Williams le siguió Alexander Nyberg (alias Santeri Nuorteva), un antiguo inmigrante finlandés que llegó a Estados Unidos en enero de 1912 y se convirtió en el primer representante operativo soviético en

---

[154] Copia en U.S. State Dept. Decimal File, 316-22-656. –

[155] Ibídem, 861.00/1970.

Estados Unidos. Nyberg era un propagandista activo. De hecho, en 1919 era, según J. Edgar Hoover (en una carta al Comité de Asuntos Exteriores de Estados Unidos), "el precursor de LCAK Martens anti con Gregory Weinstein el individuo más activo de la propaganda oficial bolchevique en Estados Unidos."[156]

Nyberg no tuvo demasiado éxito como representante diplomático ni, en última instancia, como propagandista. Los archivos del Departamento de Estado registran una entrevista con Nyberg por parte de la oficina de consejeros, fechada *el 29* de enero de 1919. Nyberg estaba acompañado por H. Kellogg, descrito como "un ciudadano estadounidense, graduado en Harvard" y, lo que es más sorprendente, por un tal Sr. McFarland, abogado de la organización Hearst. Los registros del Departamento de Estado muestran que Nyberg hizo "muchas declaraciones erróneas respecto a la actitud hacia el Gobierno bolchevique" y afirmó que Peters, el jefe de la policía terrorista de Lett en Petrogrado, era simplemente un "poeta de buen corazón". Nyberg pidió al departamento que telegrafiara a Lenin, "en la teoría de que podría ser útil para propiciar la conferencia propuesta por los Aliados en París."[157] El mensaje propuesto, un incoherente llamamiento a Lenin para que obtuviera la aceptación internacional presentándose en la Conferencia de París, no fue enviado.[158]

Una redada en la oficina soviética en Nueva York

Alexander Nyberg (Nuorteva) fue despedido y sustituido por la Oficina Soviética, que se estableció a principios de 1919 en el World Tower Building, 110 West 40 Street, Nueva York. La oficina estaba dirigida por un ciudadano alemán, Ludwig C. A. K. Martens, al que se suele considerar el primer embajador de la Unión Soviética en Estados Unidos y que, hasta entonces, había sido vicepresidente de Weinberg & Posner, una empresa de ingeniería situada en el 120 de

---

[156] U.S., House, Committee on Foreign Affairs, *Conditions in Russia,* 66th Cong., 3d sess., 1921, p. 78.

[157] Archivo Decimal del Departamento de Estado de EE.UU., 316-19-1120.

[158] Ibid.

Broadway, Nueva York. No se explicó por qué el "embajador" y sus oficinas se encontraban en Nueva York y no en Washington, D.C.; lo que sí sugiere que su principal objetivo era el comercio y no la diplomacia. En cualquier caso, la oficina no tardó en hacer un llamamiento al comercio ruso con Estados Unidos. La industria se había hundido y Rusia necesitaba urgentemente maquinaria, material ferroviario, ropa, productos químicos, medicamentos - de hecho, todo lo que utiliza una civilización moderna. A cambio, los soviéticos ofrecieron oro y materias primas. La Oficina Soviética procedió entonces a concertar contratos con empresas estadounidenses, ignorando los hechos del embargo y el no reconocimiento. Al mismo tiempo, proporcionaba apoyo financiero al naciente Partido Comunista de Estados Unidos.[159]

El 7 de mayo de 1919, el Departamento de Estado rechazó la intervención empresarial en favor de la oficina (como se ha señalado en otro lugar) y repudió a Ludwig Martens, a la Oficina Soviética y al gobierno bolchevique de Rusia. Esta refutación oficial no disuadió a los ansiosos cazadores de pedidos de la industria estadounidense. Cuando las oficinas del Buró Soviético fueron registradas el 12 de junio de 1919 por representantes del Comité Lusk del estado de Nueva York, se desenterraron archivos de cartas dirigidas a y procedentes de hombres de negocios estadounidenses, que representaban a casi mil empresas. El "Informe Especial N° 5 (Secreto)" de la Dirección de Inteligencia del Ministerio del Interior británico, emitido desde Scotland Yard, Londres, el 14 de julio de 1919, y redactado por Basil H. Thompson, se basaba en este material incautado; el informe señalaba:

> ... *Martens y sus socios hicieron todo lo posible desde el principio para despertar el interés de los capitalistas estadounidenses y hay motivos para creer que la Oficina ha recibido apoyo financiero de algunas empresas exportadoras rusas, así como de la Guarantee [sic] Trust Company, aunque esta empresa ha negado la acusación*

---

[159] Véase Benjamin Gitlow, U.S., House, *Un-American Propaganda Activities* (Washington, 1939), vols. 7-8, p. 4539.

de que esté financiando la organización de Martens.[160]

Thompson señaló que el alquiler mensual de las oficinas de la Oficina Soviética ascendía a 300 dólares y los sueldos de las oficinas a unos 4.000 dólares. Los fondos de Martens para pagar estas facturas procedían en parte de correos soviéticos -como John Reed y Michael Gruzenberg- que traían diamantes de Rusia para venderlos en Estados Unidos, y en parte de empresas comerciales estadounidenses, como la Guaranty Trust Company de Nueva York. Los informes británicos resumían los archivos incautados por los investigadores de Lusk en las oficinas de la agencia, y vale la pena citar este resumen en su totalidad en:

(1) Hubo una intriga en marcha en la época en que el Presidente fue por primera vez a Francia para conseguir que la Administración utilizara a Nuorteva como intermediario con el Gobierno Soviético Ruso, con vistas a conseguir su reconocimiento por parte de América. Se intentó involucrar en ello al coronel House, y existe una larga e interesante carta dirigida a Frederick C. Howe, en cuyo apoyo y simpatía parecía confiar Nuorteva. Hay otros documentos que relacionan a Howe con Martens y Nuorteva.

(2) Existe un archivo de correspondencia con Eugene Debs.

(3) Una carta de Amos Pinchot a William Kent de la Comisión Arancelaria de EE.UU. en un sobre dirigido al senador Lenroot, presenta a Evans Clark "ahora en la Oficina de la República Soviética de Rusia". "Quiere hablar con usted sobre el reconocimiento de Kolchak y el levantamiento del bloqueo, etc.".

(4) Un informe a Felix Frankfurter, fechado el 27 de mayo de 1919, habla de la virulenta campaña de vilipendio al Gobierno ruso.

(5) Existe abundante correspondencia entre el Coronel y la Sra. Raymond Robbins *[sic]* y Nuorteva, tanto en 1918 como en 1919. En julio de 1918, la Sra. Robbins pidió a Nuorteva artículos para "Life and Labour", el órgano de la Liga Nacional del Comercio

---

[160] Copia en [U.S. State Dept. Decimal File, 316-22-656. Confirmación de la participación de Guaranty Trust tomes en informes de inteligencia posteriores.

Femenino. En febrero y marzo de 1919, Nuorteva intentó, a través de Robbins, que la invitaran a declarar ante el Comité Overman. También quería que Robbins denunciara los documentos de Sisson.

(6) En una carta de la Jansen Cloth Products Company, Nueva York, a Nuorteva, fechada el 30 de marzo de 1918, E. Werner Knudsen dice que entiende que Nuorteva tiene la intención de hacer arreglos para la exportación de productos alimenticios a través de Finlandia y ofrece sus servicios. Tenemos un archivo sobre Knudsen, que pasó información a y desde Alemania a través de México con respecto al transporte marítimo británico.[161]

Ludwig Martens, continuaba el informe de inteligencia, estaba en contacto con todos los líderes de "la izquierda" en Estados Unidos, incluidos John Reed, Ludwig Lore y Harry J. Boland, el rebelde irlandés. Martens había organizado una vigorosa campaña contra Aleksandr Kolchak en Siberia. El informe concluye:

> *La organización [de Martens] es un arma poderosa para apoyar la causa bolchevique en Estados Unidos y... está en estrecho contacto con los promotores del malestar político en todo el continente americano.*

La lista de Scotland Yard del personal empleado por la Oficina Soviética en Nueva York coincide bastante con una lista similar de los archivos del Comité Lusk en Albany, Nueva York, que hoy están abiertos a la inspección pública.[162] Hay una diferencia esencial entre las dos listas: el análisis británico incluía el nombre de "Julius

---

[161] Sobre Frederick C. Howe, véanse las pp. 16, 177, para una declaración temprana sobre la forma en que los financieros utilizan la sociedad y sus problemas para sus propios fines; sobre Felix Frankfurter, más tarde juez del Tribunal Supremo, véase el Apéndice 3 para una carta temprana de Frankfurter a Nuorteva; sobre Raymond Robins, véase la p. 100.

[162] La lista de personal de la Oficina Soviética del Comité Lusk está impresa en el Apéndice 3. La lista incluye a Kenneth Durant, ayudante del coronel House; Dudley Field Malone, nombrado por el presidente Wilson colector de aduanas del puerto de Nueva York; y Morris Hillquit, intermediario financiero entre el banquero neoyorquino Eugene Boissevain, por un lado, y John Reed y el agente soviético Michael Gruzenberg, por otro.

Hammer", mientras que Hammer se omitió en el informe del Comité Lusk.[163] El informe británico caracteriza a Julius Hammer de la siguiente manera:

> *En Julius Hammer, Martens tiene a un verdadero bolchevique y ferviente seguidor de la izquierda, que no hace mucho llegó de Rusia. Fue uno de los organizadores del movimiento izquierdista en Nueva York, y habla en reuniones en la misma plataforma con líderes izquierdistas como Reed, Hourwich, Lore y Larkin.*

También existen otras pruebas del trabajo de Hammer en favor de los soviéticos. Una carta del National City Bank de Nueva York al Departamento del Tesoro de Estados Unidos afirmaba que los documentos recibidos por el banco de Martens estaban "atestiguados por un tal Dr. Julius Hammer para el Director en funciones del Departamento Financiero" de la Oficina Soviética.[164]

La familia Hammer ha mantenido estrechos vínculos con Rusia y el régimen soviético desde 1917 hasta la actualidad. En la actualidad, Armand Hammer puede adquirir los contratos soviéticos más lucrativos. Jacob, abuelo de Armand Hammer, y Julius nacieron en Rusia. Armand, Harry y Victor, hijos de Julius, nacieron en Estados Unidos y son ciudadanos estadounidenses. Victor era un conocido artista; su hijo -también llamado Armand- y su nieta son ciudadanos soviéticos y residen en la Unión Soviética. Armand Hammer es presidente de Occidental Petroleum Corporation y tiene un hijo, Julian, que es director de publicidad y publicaciones de Occidental Petroleum.

Julius Hammer fue un destacado miembro y financiero del ala izquierda del Partido Socialista. En la convención de 1919, Hammer formó parte, junto con Bertram D. Wolfe y Benjamin Gitlow, del comité directivo que dio origen al Partido Comunista de Estados

---

[163] Julius Hammer era el padre de Armand Hammer, hoy presidente de Occidental Petroleum Corp. de Los Ángeles.

[164] Véase el anexo 3.

Unidos.

En 1920 Julius Hammer fue condenado a una pena de tres años y medio a quince años en Sing Sing por aborto criminal. Lenin sugirió -con justificación- que Julius fue "encarcelado bajo la acusación de practicar abortos ilegales, pero en realidad a causa del comunismo".[165] Otros miembros del Partido Comunista de Estados Unidos fueron condenados a prisión por sedición o deportados a la Unión Soviética. Los representantes soviéticos en Estados Unidos hicieron denodados pero infructuosos esfuerzos para que Julius y sus compañeros de partido fueran puestos en libertad.

Otro miembro destacado de la Oficina Soviética era el secretario adjunto, Kenneth Durant, antiguo ayudante del coronel House. En 1920 Durant fue identificado como correo soviético. El Apéndice 3 reproduce una carta dirigida a Kenneth Durant que fue incautada por el Departamento de Justicia de Estados Unidos en 1920 y que describe la estrecha relación de Durant con la jerarquía soviética. Fue insertada en el acta de las audiencias de un comité de la Cámara de Representantes en 1920, con el siguiente comentario:

MR. NEWTON: Es un correo de interés para este comité para saber cuál era la naturaleza de esa carta, y tengo una copia de la carta que Quiero insertado en el expediente en relación con el testimonio del testigo. MR. Mason: Esa carta nunca ha sido mostrada al testigo. Dijo que nunca vio la carta, y que había pedido verla, y que el departamento se había negado a mostrársela. No subiríamos a ningún testigo al estrado y le pediríamos que declarara sobre una carta sin haberla visto.

MR. NEWTON: El testigo declaró que tiene esa carta, y declaró que la encontraron en su abrigo en el maletero, creo. Esa carta estaba dirigida al Sr. Kenneth Durant, y esa carta tenía dentro otro sobre que también estaba sellado. Los funcionarios del Gobierno los abrieron e hicieron una copia fotostática. La carta, debo decir, está firmada por un hombre con el nombre de *"Bill"*. Se refiere específicamente al dinero soviético depositado en Christiania, Noruega, una parte del cual esperaban entregar aquí a funcionarios

---

[165] V. I. Lenin, *Polnoe Sobranie Sochinenii*, 5ª ed. (Moscú, 1958), 53:267.

del gobierno soviético en este país.[166]

Kenneth Durant, que actuaba como correo soviético en la transferencia de fondos, era tesorero de la Oficina Soviética y secretario de prensa y editor de *Soviet Russia,* el órgano oficial de la Oficina Soviética. Durant procedía de una familia acomodada de Filadelfia. Pasó la mayor parte de su vida al servicio de los soviéticos, primero a cargo del trabajo de publicidad en la Oficina Soviética y luego, de 1923 a 1944, como director de la oficina soviética *Tass* en Estados Unidos. J. Edgar Hoover describió a Durant como "en todo momento... particularmente activo en los intereses de Martens y del gobierno soviético".[167]

Felix Frankfurter -más tarde juez del Tribunal Supremo- también ocupaba un lugar destacado en los archivos del buró soviético. Una carta de Frankfurter al agente soviético Nuorteva se reproduce en el Apéndice 3 y sugiere que Frankfurter tenía cierta influencia en el buró.

En resumen, la Oficina Soviética no habría podido establecerse sin la influyente ayuda de Estados Unidos. Parte de esta ayuda provino de nombramientos influyentes específicos para el personal de la Oficina Soviética y parte provino de empresas comerciales ajenas a la Oficina, empresas que eran reacias a dar a conocer públicamente su apoyo.

Aliados corporativos para la oficina soviética

El 1 de febrero de 1920, la portada del *New York Times* llevaba un recuadro en el que se decía que Martens iba a ser detenido y deportado a Rusia. Al mismo tiempo, Martens era buscado como testigo para comparecer ante un subcomité del Comité de Relaciones Exteriores del Senado que investigaba la actividad soviética en Estados Unidos. Tras pasar desapercibido durante unos días, Martens compareció ante el comité, alegó privilegio

---

[166] U.S., House, Committee. on Foreign Affairs, *Conditions in Russia,* 66th Cong., 3d sess., 1921, p. 75. "Bill" era William Bobroff, agente soviético.

[167] Ibídem, p. 78.

diplomático y se negó a entregar los documentos "oficiales" que tenía en su poder. Luego, tras una oleada de publicidad, Martens "cedió", entregó sus documentos y admitió actividades revolucionarias en Estados Unidos con el objetivo último de derrocar el sistema capitalista.

Martens se jactó ante los medios de comunicación y el Congreso de que las grandes empresas, entre ellas las empacadoras de Chicago, estaban ayudando a los soviéticos:

Según Martens, en lugar de gastar un dineral en propaganda entre los radicales y el proletariado, ha dirigido la mayor parte de sus esfuerzos a ganar para el bando de Rusia a los grandes intereses empresariales y manufactureros de este país, los empaquetadores, la United States Steel Corporation, la Standard Oil Company y otras grandes empresas dedicadas al comercio internacional. Martens afirmó que la mayoría de las grandes empresas del país le estaban ayudando en su esfuerzo por conseguir que el gobierno reconociera al gobierno soviético.[168]

Esta afirmación fue ampliada por A. A. Heller, agregado comercial en la Oficina Soviética:

> "Entre las personas que nos ayudan a obtener el reconocimiento del Departamento de Estado se encuentran los grandes empaquetadores de Chit ago, Armour, Swift, Nelson Morris y Cudahy..... Entre las otras firmas están... la American Steel Export Company, la Lehigh Machine Company, la Adrian Knitting Company, la International Harvester Company, la Aluminum Goods Manufacturing Company, la Aluminum Company of America, la American Car and Foundry Export Company, M.C.D. Borden & Sons."[169]

El New York Times hizo un seguimiento de estas afirmaciones e informó de los comentarios de las empresas citadas. "No he oído

---

[168] New York Times, 17 de noviembre de 1919.

[169] Ibid.

hablar de este hombre [Martens] en mi vida", declaró G. F. Swift, Jr., encargado del departamento de exportación de Swift & Co. "Desde luego, estoy seguro de que nunca hemos tenido tratos de ningún tipo con él".[170] *El Times* añadía que O. H. Swift, el único otro miembro de la empresa con el que se pudo contactar, "también negó tener conocimiento alguno de Martens o de su oficina en Nueva York." La declaración de Swift fue evasiva en el mejor de los casos. Cuando los investigadores del Comité Lusk se incautaron de los archivos de la Oficina Soviética, encontraron correspondencia entre la oficina y casi todas las empresas mencionadas por Martens y Heller. La "lista de empresas que se ofrecieron a hacer negocios con la Oficina Soviética Rusa", compilada a partir de estos archivos, incluía una entrada (página 16), "Swift and Company, Union Stock Yards, Chicago, Ill". En otras palabras, Swift *había* estado en comunicación con Martens a pesar de su negación al *New York Times*.

El New York Times se puso en contacto con United States Steel e informó: "El juez Elbert H. Gary dijo anoche que no había fundamento para la declaración con el representante soviético aquí había tenido ningún trato con la United States Steel Corporation." Esto es técnicamente correcto. La United States Steel Corporation no aparece en los archivos soviéticos, pero la lista *sí* contiene (página 16) una filial, "United States Steel Products Co., 30 Church Street, New York City."

La lista del Comité Lusk registra lo siguiente sobre otras empresas mencionadas por Martens y Heller: Standard Oil - no aparece en la lista. Armour 8c Co., empacadores de carne - listados como "Armour Leather" y "Armour & Co. Union Stock Yards, Chicago". Morris Go., empacadores de carne, aparece en la página 13. Cudahy - listada en la página 6. American Steel Export Co. - listada en la página 2 como ubicada en el Edificio Woolworth; había ofrecido comerciar con la URSS. Lehigh Machine Co. - no aparece en la lista. Adrian Knitting Co. - aparece en la página 1. International Harvester Co. - aparece en la página 11. Aluminum Goods Manufacturing Co. - aparece en la página 1. Aluminum Company of America - no figura

---

[170] Ibid.

en la lista. American Car and Foundry Export - el listado más cercano es "American Car Co. - Philadelphia". M.C.D. Borden 8c Sons - listada como ubicada en 90 Worth Street, en la página 4.

Posteriormente, el sábado *21* de junio de 1919, Santeri Nuorteva (Alexander Nyberg) confirmó en una entrevista de prensa el papel de International Harvester:

P: [por un periodista del *New York* Times]: ¿A qué se dedica?

A: Director de compras de la Rusia soviética.

P: ¿Qué hizo para conseguirlo?

R: Me dirigí a los fabricantes estadounidenses.

P: Nómbrelos.

R: International Harvester Corporation es una de ellas.

P: ¿A quién vio?

R: Sr. Koenig.

P: ¿Fue a verle?

R: Sí.

P: Diga más nombres.

R: Fui a ver a muchísimas personas, unas 500, y no recuerdo todos los nombres. Tenemos archivos en la oficina que los divulgan.[171]

En resumen, las afirmaciones de Heller y Martens relativas a sus amplios contactos entre ciertas empresas estadounidenses fueron corroboradas por los archivos de la oficina soviética. Por otra parte, por sus propias razones, estas empresas no parecían dispuestas a confirmar sus actividades.

Los banqueros europeos ayudan a los bolcheviques

Además de Guaranty Trust y el banquero privado Boissevain de Nueva York, algunos banqueros europeos prestaron ayuda directa

---

[171] *New York Times,* 21 de junio de 1919.

para mantener y ampliar el dominio bolchevique sobre Rusia. Un informe del Departamento de Estado de 1918 procedente de nuestra embajada en Estocolmo detalla estas transferencias financieras. El departamento elogió a su autor, afirmando que sus "informes sobre las condiciones en Rusia, la propagación del bolchevismo en Europa y las cuestiones financieras... han sido de gran ayuda para el Departamento. El Departamento está muy complacido por su capaz manejo de los asuntos de la legación".[172] Según este informe, uno de estos "banqueros bolcheviques" que actuaban en nombre del emergente régimen soviético era Dimitri Rubenstein, del antiguo banco ruso-francés de Petrogrado. Rubenstein, socio del tristemente célebre Grigori Rasputin, había sido encarcelado en el Petrogrado prerrevolucionario en relación con la venta de la Segunda Compañía Rusa de Seguros de Vida. El gerente y director estadounidense de la Segunda Compañía Rusa de Seguros de Vida era John MacGregor Grant, que tenía su domicilio en el 120 de Broadway, Nueva York. Grant era también el representante en Nueva York de la Banque Russo-Asiatique de Putiloff. En agosto de 1918 Grant fue (por razones desconocidas) incluido en la "lista de sospechosos" de la Oficina de Inteligencia Militar.[173] Esto puede haber ocurrido porque Olof Aschberg a principios de 1918 informó de la apertura de un crédito exterior en Petrogrado "con la John MacGregor Grant Co., export concern, que [Aschberg] financia en Suecia y que es financiada en América por la Guarantee [sic] Trust Co.".[174] Después de la revolución, Dmitri Rubenstein se trasladó a Estocolmo y se convirtió en agente financiero de los bolcheviques. El Departamento de Estado señaló que aunque Rubenstein "no era bolchevique, ha sido poco escrupuloso en la fabricación de dinero, y se sospecha que puede estar haciendo la visita prevista a América en interés bolchevique y por Bolshevik pay.[175]

Otro "banquero bolchevique" de Estocolmo era Abram Givatovzo,

---

[172] U.S. State Dept. Decimal File, 861.51/411, 23 de noviembre de 1918.

[173] Ibídem, 316-125-1212.

[174] EE.UU., Departamento de Estado, Relaciones Exteriores de los Estados Unidos: 1918, Rusia, 1:373.

[175] U.S. State Dept. Decimal File, 861.00/4878, 21 de julio de 1919.

cuñado de Trotsky y Lev Kamenev. El informe del Departamento de Estado afirmaba que, aunque Givatovzo pretendía ser "muy antibolchevique", en realidad había recibido "grandes sumas" de dinero de los bolcheviques por mensajero para financiar operaciones revolucionarias. Givatovzo formaba parte de un sindicato que incluía a Denisoff, del antiguo Banco Siberiano, Kamenka, del Banco Asoff Don, y Davidoff, del Banco de Comercio Exterior. Este sindicato vendió los activos del antiguo Banco Siberiano al gobierno británico.

Otro banquero privado zarista, Gregory Lessine, manejaba los negocios bolcheviques a través de la firma Dardel y Hagborg. Otros "banqueros bolcheviques" mencionados en el informe son Stirrer y Jakob Berline, que anteriormente controlaba, a través de su esposa, el Banco Nelkens de Petrogrado. Isidor Kon fue utilizado por estos banqueros como agente.

El más interesante de estos banqueros establecidos en Europa que operaban en nombre de los bolcheviques era Gregory Benenson, antiguo presidente en Petrogrado del Banco Ruso e Inglés, un banco que incluía en su consejo de administración a Lord Balfour (secretario de Estado de Asuntos Exteriores en Inglaterra) y Sir I. M. H. Amory, así como a S. H. Cripps y H. Guedalla. Benenson viajó a Petrogrado después de la revolución y luego a Estocolmo. Vino. dijo un funcionario del Departamento de Estado, "trayendo consigo, que yo sepa, diez millones de rublos, ya que me los ofreció a un alto precio para el uso de nuestra Embajada Arcángel". Benenson tenía un acuerdo con los bolcheviques para cambiar sesenta millones de rublos por 1,5 millones de libras esterlinas.

En enero de 1919, los banqueros privados de Copenhague que estaban asociados con instituciones bolcheviques se alarmaron ante los rumores de que la policía política danesa había señalado a la legación soviética y a las personas en contacto con los bolcheviques para su expulsión de Dinamarca. Estos banqueros y la legación intentaron apresuradamente sacar sus fondos de los bancos daneses - en particular, siete millones de rublos del Revisionsbanken.[176] También se ocultaron documentos confidenciales en las oficinas de

---

[176] Ibídem, 316-21-115/21.

la Compañía de Seguros Martin Larsen.

En consecuencia, podemos identificar un patrón de ayuda de los banqueros capitalistas a la Unión Soviética. Algunos de ellos eran banqueros estadounidenses, otros eran banqueros zaristas que estaban exiliados y vivían en Europa, y otros eran banqueros europeos. Su objetivo común era el beneficio, no la ideología.

Los aspectos cuestionables del trabajo de estos "banqueros bolcheviques", como se les llamaba, surgen del marco de los acontecimientos contemporáneos en Rusia. En 1919, tropas francesas, británicas y estadounidenses luchaban contra tropas soviéticas en la región de Arcángel. En un enfrentamiento en abril de 1919, por ejemplo, las bajas estadounidenses fueron de un oficial,.cinco hombres muertos y nueve desaparecidos.[177] De hecho, en un momento de 1919, el general Tasker H. Bliss, comandante estadounidense en Arcángel, afirmó la declaración británica de que "las tropas aliadas en los distritos de Murmansk y Arcángel corrían peligro de exterminio a menos que fueran rápidamente reforzadas".[178] Los refuerzos estaban entonces en camino bajo el mando del general de brigada W. P. Richardson.

En resumen, mientras Guaranty Trust y las empresas estadounidenses de primer rango ayudaban a la formación de la Oficina Soviética en Nueva York, las tropas estadounidenses estaban en conflicto con las tropas soviéticas en el norte de Rusia. Además, estos conflictos eran reportados diariamente en el *New York Times*, presumiblemente leído por estos banqueros y hombres de negocios. Además, como veremos en el capítulo diez, los círculos financieros que apoyaban al Buró Soviético en Nueva York también formaron en Nueva York la "United Americans", una organización virulentamente anticomunista que predecía una revolución sangrienta, hambruna masiva y pánico en las calles de Nueva York.

---

[177] *New York Times*, 5 de abril de 1919.

[178] Ibid.

Capítulo VIII

120 Broadway, Nueva York

> *William B. Thompson, que estuvo en Petrogrado desde julio hasta noviembre pasados, ha hecho una contribución personal de 1.000.000 de dólares a los bolcheviques con el propósito de difundir su doctrina en Alemania y Austria....*
>
> Washington Post, 2 de febrero de 1918

Durante la recopilación de material para este libro surgió una única ubicación y dirección en la zona de Wall Street: 120 Broadway, Nueva York. Es concebible que este libro se hubiera escrito incorporando sólo a personas, empresas y organizaciones ubicadas en el 120 de Broadway en el año 1917. Aunque este método de investigación habría resultado forzado y poco natural, sólo habría excluido un segmento relativamente pequeño de la historia.

El edificio original del 120 de Broadway fue destruido por un incendio antes de la Primera Guerra Mundial. Posteriormente, el solar se vendió a la Equitable Office Building Corporation, organizada por el general T. Coleman du Pont, presidente de du Pont de Nemours Powder Company.[179] En 1915 se terminó un nuevo edificio y la Equitable Life Assurance Company se trasladó a su antiguo emplazamiento. De paso, debemos señalar un interesante encaje en la historia de Equitable. En 1916, el cajero de la oficina

---

[179] Por un capricho del destino, los documentos de constitución del Equitable Office Building fueron redactados por Dwight W. Morrow, más tarde socio de Morgan, pero entonces miembro del bufete de abogados Simpson, Thacher & Bartlett. El bufete Thacher aportó dos miembros a la Misión de la Cruz Roja Americana a Rusia de 1917 (véase el capítulo cinco).

berlinesa de Equitable Life era William Schacht, el padre de Hjalmar Horace Greeley Schacht, que más tarde se convertiría en el banquero y genio financiero de Hitler. William Schacht era ciudadano estadounidense, trabajó treinta años para Equitable en Alemania, y poseía una casa en Berlín conocida como "Equitable Villa". Antes de unirse a Hitler, el joven Hjalmar Schacht fue miembro del Consejo de Obreros y Soldados (un soviet) de Zehlendoff; lo abandonó en 1918 para entrar en el consejo del Nationalbank fur Deutschland. Su codirector en DONAT fue Emil Wittenberg, quien, con Max May de Guaranty Trust Company de Nueva York, fue director del primer banco internacional soviético, Ruskombank.

En cualquier caso, el edificio del 120 de Broadway era conocido en 1917 como Equitable Life Building. Se trata de un edificio grande, aunque no es ni mucho menos el mayor edificio de oficinas de la ciudad de Nueva York. Ocupa una manzana en Broadway y Pine, y tiene treinta y cuatro plantas. El Bankers Club estaba situado en la planta 34. La lista de inquilinos de 1917 reflejaba en efecto la implicación estadounidense en la revolución bolchevique y sus secuelas. Por ejemplo, la sede del distrito número 2 del Sistema de la Reserva Federal -la zona de Nueva York-, con mucho el más importante de los distritos de la Reserva Federal, se encontraba en el número 120 de Broadway. Las oficinas de varios directores individuales del Banco de la Reserva Federal de Nueva York y, sobre todo, de la American International Corporation también estaban en el 120 de Broadway. A modo de contraste, Ludwig Martens, nombrado por los soviéticos primer "embajador" bolchevique en Estados Unidos y jefe de la Oficina Soviética, era en 1917 vicepresidente de Weinberg & Posner, y también tenía oficinas en el 120 de Broadway.[180]

¿Es esta concentración un accidente? ¿Tiene algún significado la contigüidad geográfica? Antes de intentar sugerir una respuesta, tenemos que cambiar nuestro marco de referencia y abandonar el

---

[180] La John MacGregor Grant Co., agente del Russo-Asiatic Bank (implicado en la financiación de los bolcheviques), estaba en el 120 de Broadway - y financiada por la Guaranty Trust Company.

espectro izquierda-derecha del análisis político.

Con una falta de percepción casi unánime, el mundo académico ha descrito y analizado las relaciones políticas internacionales en el contexto de un conflicto implacable entre capitalismo y comunismo, y la adhesión rígida a esta fórmula marxiana ha distorsionado la historia moderna. De vez en cuando se lanzan comentarios extraños a en el sentido de que la polaridad es, en efecto, espuria, pero se envían rápidamente al limbo. Por ejemplo, Carroll Quigley, profesor de relaciones internacionales en la Universidad de Georgetown, hizo el siguiente comentario sobre la Casa de Morgan:

Hace más de cincuenta años, la empresa Morgan decidió infiltrarse en los movimientos políticos de izquierda de Estados Unidos. Esto era relativamente fácil de hacer, ya que estos grupos estaban hambrientos de fondos y deseosos de una voz que llegara a la gente. Wall Street les proporcionó ambas cosas. El propósito no era destruir, dominar o apoderarse de...[181]

El comentario del profesor Quigley, aparentemente basado en documentación confidencial, tiene todos los ingredientes de una bomba histórica si se puede sostener. Sugerimos que la empresa Morgan se infiltró no sólo en la izquierda nacional, como señala Quigley, sino también en la izquierda extranjera, es decir, en el movimiento bolchevique y en la Tercera Internacional. Más aún, a través de amigos en el Departamento de Estado de Estados Unidos, Morgan y los intereses financieros aliados, en particular la familia Rockefeller, han ejercido una poderosa influencia en las relaciones ruso-estadounidenses desde la Primera Guerra Mundial hasta el presente. Las pruebas presentadas en este capítulo sugieren que dos de los vehículos operativos para infiltrarse o influir en los movimientos revolucionarios extranjeros estaban situados en el número 120 de Broadway: el primero, el Banco de la Reserva Federal de Nueva York, con una fuerte presencia de personas nombradas por Morgan; el segundo, la American International Corporation, controlada por Morgan. Además, existía una

---

[181] Carroll Quigley, *Tragedy and Hope* (Nueva York: Macmillan, 1966), p. 938. Quigley escribía en 1965, por lo que sitúa el inicio de la infiltración en torno a 1915, una fecha coherente con las pruebas aquí presentadas.

importante interrelación entre el Banco de la Reserva Federal de Nueva York y la American International Corporation: C. A. Stone, presidente de American International, era también director del Banco de la Reserva Federal.

Así pues, la hipótesis provisional es que esta inusual concentración en una única dirección fue el reflejo de acciones intencionadas por parte de empresas y personas concretas, y que estas acciones y acontecimientos no pueden analizarse dentro del espectro habitual del antagonismo político izquierda-derecha.

American International Corporation

La American International Corporation (AIC) fue creada en Nueva York el 22 de noviembre de 1915 por los intereses de J.P. Morgan, con una importante participación del Stillman's National City Bank y los intereses de Rockefeller. La oficina general de AIC estaba en el 120 de Broadway. Los estatutos de la compañía la autorizaban a dedicarse a cualquier tipo de negocio, excepto la banca y los servicios públicos, en cualquier país del mundo. El propósito declarado de la corporación era desarrollar empresas nacionales y extranjeras, ampliar las actividades estadounidenses en el extranjero y promover los intereses de los banqueros, las empresas y la ingeniería estadounidenses y extranjeros.

Frank A. Vanderlip ha descrito en sus memorias cómo se formó American International y el entusiasmo creado en Wall Street por su potencial empresarial.[182] La idea original surgió de una discusión entre Stone & Webster -los contratistas internacionales de ferrocarriles que "estaban convencidos de que no quedaba mucho por construir en Estados Unidos"- y Jim Perkins y Frank A. Vanderlip, del National City Bank (NCB).[183] El capital original autorizado era de 50 millones de dólares y el consejo de administración representaba a las principales figuras del mundo

---

[182] Frank A. Vanderlip, *From Farm Boy to Financier* (Nueva York: A. Appleton-Century, 1935).

[183] Ibídem, p. 267.

financiero neoyorquino. Vanderlip deja constancia de que escribió lo siguiente al presidente del NCB, Stillman, entusiasmado por el enorme potencial de American International Corporation:

James A. Farrell y Albert Wiggin han sido invitados [a formar parte del consejo], pero han tenido que consultar a sus comités antes de aceptar. También tengo en mente invitar a Henry Walters y Myron T. Herrick. El Sr. Rockefeller se opone firmemente al Sr. Herrick, pero el Sr. Stone lo quiere y creo firmemente que sería especialmente deseable en Francia. Todo ha transcurrido con una suavidad que ha sido gratificante y la recepción ha estado marcada por un entusiasmo que me ha sorprendido, incluso , aunque estaba firmemente convencido de que íbamos por el buen camino.

Por ejemplo, hoy he visto a James J. Hill. Al principio dijo que no podía pensar en ampliar sus responsabilidades, pero cuando terminé de contarle lo que esperábamos hacer, dijo que estaría encantado de formar parte del consejo, que aceptaría una gran cantidad de acciones y que, en particular, quería una participación sustancial en el City Bank y me encargó que le comprara las acciones en el mercado.

Hoy hablé por primera vez con Ogden Armour sobre el asunto. Se sentó en perfecto silencio mientras yo repasaba la historia y, sin hacer una sola pregunta, dijo que entraría en el consejo y que quería 500.000 dólares en acciones.

El Sr. Coffin [de General Electric] es otro hombre que se retira de todo, pero se ha 'entusiasmado tanto con esto que estaba dispuesto a entrar en el consejo, y ofrece la cooperación más activa.

Me siento muy bien por haber conseguido a Sabin. Guaranty Trust es, en conjunto, el competidor más activo que tenemos en el sector y es muy valioso que se unan a nosotros de esta forma. Han sido particularmente entusiastas con Kuhn, Loeb. Quieren adquirir hasta 2.500.000 dólares. Hubo una pequeña competición para ver quién entraba en el consejo, pero como yo había hablado con Kahn y le había invitado primero, se decidió que fuera él. Es quizás el más entusiasta de todos. Quieren medio millón de acciones para Sir

Ernest Castle[184] , a quien han enviado el plan por cable y que ha dado su aprobación.

Expliqué todo el asunto al Consejo [del City Bank] el martes y no recibí más que comentarios favorables.[185]

Todo el mundo codiciaba las acciones de AIC. Joe Grace (de W. R. Grace & Co.) quería 600.000 dólares además de su participación en el National City Bank. Ambrose Monell quería 500.000 dólares. George Baker quería 250.000 dólares en. Y "William Rockefeller intentó, en vano, que le ofreciera 5.000.000 de dólares del capital común".[186]

En 1916 las inversiones de la AIC en el extranjero ascendían a más de 23 millones de dólares y en 1917 a más de 27 millones. La empresa estableció representaciones en Londres, París, Buenos Aires y Pekín, así como en Petrogrado (Rusia). Menos de dos años después de su creación, la AIC operaba a gran escala en Australia, Argentina, Uruguay, Paraguay, Colombia, Brasil, Chile, China, Japón, India, Ceilán, Italia, Suiza, Francia, España, Cuba, México y otros países de América Central.

American International era propietaria directa de varias filiales, tenía participaciones importantes en otras empresas y explotaba otras compañías en Estados Unidos y en el extranjero. La Allied Machinery Company of America se fundó en febrero de 1916 y la totalidad del capital social pasó a manos de American International Corporation. El vicepresidente de American International Corporation era Frederick Holbrook, ingeniero y antiguo jefe de la Holbrook Cabot & Rollins Corporation. En enero de 1917 se constituyó la Grace Russian Company, cuyos copropietarios eran W. R. Grace & Co. y la San Galli Trading Company de Petrogrado. American International Corporation tenía una inversión sustancial

---

[184] Sir Ernest Cassel, destacado financiero británico.

[185] Ibídem, pp. 268-69. Hay que señalar que varios nombres mencionados por Vanderlip aparecen en otras partes de este libro: Rockefeller, Armour, Guaranty Trust y (Otto) Kahn tuvieron todos ellos alguna relación más o menos estrecha con la revolución bolchevique y sus secuelas.

[186] Ibídem, p. 269.

en la Grace Russian Company y, a través de Holbrook, un puesto directivo.

La AIC también invirtió en la United Fruit Company, implicada en las revoluciones centroamericanas de los años veinte. La American International Shipbuilding Corporation era propiedad al cien por cien de la AIC y firmó importantes contratos de buques de guerra con la Emergency Fleet Corporation: un contrato pedía cincuenta buques, seguido de otro contrato de cuarenta buques, seguido de otro contrato de sesenta buques de carga. American International Shipbuilding fue el mayor beneficiario individual de los contratos adjudicados por la Emergency Fleet Corporation del gobierno estadounidense. Otra empresa operada por AIC era G. Amsinck & Co., Inc. de Nueva York; el control de la empresa fue adquirido en noviembre de 1917. Amsinck era la fuente de financiación del espionaje alemán en Estados Unidos (ver página 66). En noviembre de 1917 American International Corporation formó y poseyó en su totalidad Symington Forge Corporation, un importante contratista gubernamental de piezas forjadas para obuses. Por consiguiente, American International Corporation tenía un interés significativo en los contratos de guerra dentro y fuera de Estados Unidos. Tenía, en una palabra, un interés personal en la continuación de la Primera Guerra Mundial.

Los directores de American International y algunas de sus asociaciones eran (en 1917):

J. OGDEN ARMOUR Carnicero, de Armour & Company, Chicago; director del National City Bank de Nueva York; y mencionado por A. A. Heller en relación con la Oficina Soviética.

GEORGE JOHNSON BALDWIN De Stone & Webster, 120 Broadway. Durante la Primera Guerra Mundial Baldwin fue presidente del consejo de American International Shipbuilding, vicepresidente senior de American International Corporation, director de G. Amsinck (Von Pavenstedt de Amsinck era un pagador del espionaje alemán en EE.UU., ver página 65), y fideicomisario de la Fundación Carnegie, que financió el Plan Marburg para que el socialismo internacional fuera controlado entre bastidores por las finanzas mundiales (ver página 174-6).

C. A. COFFIN Presidente de General Electric (oficina ejecutiva:

120 Broadway), presidente del comité de cooperación de la Cruz Roja Americana.

W. E. COREY (14 Wall Street) Director de American Bank Note Company, Mechanics and Metals Bank, Midvale Steel and Ordnance, e International Nickel Company; más tarde director de National City Bank.

ROBERT DOLLAR Magnate naviero de San Francisco, que intentó en nombre de los soviéticos importar rublos de oro zaristas a Estados Unidos en 1920, contraviniendo la normativa estadounidense.

PIERRE S. DU PONT De la familia du Pont.

PHILIP A. S. FRANKLIN Director del National City Bank.

J.P. GRACE Director del National City Bank.

R. F. HERRICK Director de New York Life Insurance; ex presidente de la American Bankers Association; fideicomisario de la Carnegie Foundation.

OTTO H. KAHN Socio de Kuhn, Loeb. El padre de Kahn llegó a América en 1948, "tras haber participado en la fracasada revolución alemana de ese año". Según J. H. Thomas (socialista británico, financiado por los soviéticos), "Otto Kahn mira hacia la luz".

H. W. PRITCHETT Patrono de la Fundación Carnegie.

PERCY A. ROCKEFELLER Hijo de John D. Rockefeller; casado con Isabel, hija de J. A. Stillman del National City Bank.

JOHN D. RYAN Director de empresas mineras de cobre, del National City Bank y del Mechanics and Metals Bank. (Véase el frontispicio de este libro).

W. L. SAUNDERS Director del Banco de la Reserva Federal de Nueva York, 120 Broadway, y presidente de Ingersoll-Rand. Según la *National Cyclopaedia* (26:81): "Durante toda la guerra fue uno de los consejeros de mayor confianza del Presidente". Véase en la página 15 su opinión sobre los soviéticos.

J. A. STILLMAN Presidente del National City Bank, tras la muerte de su padre (J. Stillman, presidente del NCB) en marzo de 1918.

C. A. STONE Director (1920-22) del Banco de la Reserva Federal de Nueva York, 120 Broadway; presidente de Stone & Webster, 120 Broadway; presidente (1916-23) de American International Corporation, 120 Broadway.

T. N. VAIL Presidente del National City Bank de Troy, Nueva York

F. A. VANDERLIP Presidente del National City Bank.

E. S. WEBSTER De Stone & Webster, 120 Broadway.

A. H. WIGGIN Director del Banco de la Reserva Federal de Nueva York a principios de los años treinta.

BECKMAN WINTHROPE Director del National City Bank.

WILLIAM WOODWARD Director del Banco de la Reserva Federal de Nueva York, 120 Broadway, y del Hanover National Bank.

La interrelación de los veintidós directores de American International Corporation con otras instituciones es significativa. El National City Bank tenía no menos de diez directores en el consejo de AIC; Stillman del NCB era en ese momento un intermediario entre los intereses de Rockefeller y Morgan, y tanto los intereses de Morgan como los de Rockefeller estaban representados directamente en AIC. Kuhn, Loeb y los du Ponts tenían un director cada uno. Stone & Webster tenía tres directores. No menos de cuatro directores de AIC (Saunders, Stone, Wiggin, Woodward) fueron directores del Banco de la Reserva Federal de Nueva York o se incorporaron a él más tarde. Hemos señalado en un capítulo anterior que William Boyce Thompson, que aportó fondos y su considerable prestigio a la Revolución Bolchevique, fue también director del Banco de la Reserva Federal de Nueva York - el directorio del FRB de Nueva York estaba compuesto por sólo nueve miembros.

La influencia de la Internacional Americana en la Revolución

Una vez identificados los directores de la AIC, ahora tenemos que identificar su influencia revolucionaria.

Cuando la revolución bolchevique se apoderó del centro de Rusia, el Secretario de Estado Robert Lansing solicitó la opinión de

American International Corporation sobre la política a seguir hacia el régimen soviético. El 16 de enero de 1918 -apenas dos meses después de la toma del poder en Petrogrado y Moscú, y antes de que una fracción de Rusia hubiera quedado bajo control bolchevique- William Franklin Sands, secretario ejecutivo de American International Corporation, presentó al secretario Lansing el memorando solicitado sobre la situación política rusa. La carta de presentación de Sands, encabezada por 120 Broadway, comenzaba así:

Al Honorable 16 de enero de 1918 Secretario de Estado

Washington D.C.

> *Sir*
> *Tengo el honor de adjuntarle a la presente el memorándum que me ha pedido que le prepare sobre mi punto de vista de la situación política en Rusia.*
> *Lo he dividido en tres partes: una explicación de las causas históricas de la Revolución, contadas lo más brevemente posible; una sugerencia en cuanto a la política y un recital de las diversas ramas de la actividad norteamericana que están trabajando ahora en Rusia.*[187]

Aunque los bolcheviques sólo tenían un control precario en Rusia - y de hecho iban a estar a punto de perderlo incluso en la primavera de 1918- Sands escribió que ya (enero de 1918) Estados Unidos había tardado demasiado en reconocer a "Trotzky". Y añadía: "Cualquier terreno que se haya perdido, debe ser recuperado ahora, incluso a costa de un ligero triunfo personal de Trotzky."[188]

Empresas situadas en, o cerca de, 120 Broadway:

American International Corp 120 Broadway

National City Bank 55 Wall Street

---

[187] Archivo Decimal del Departamento de Estado, 861.00/961.

[188] Memorándum de Sands a Lansing, p. 9.

Bankers Trust Co Bldg 14 Wall Street

Bolsa de Nueva York 13 Wall Street/12 Broad

Edificio Morgan esquina Wall & Broad

Banco de la Reserva Federal de NY 120 Broadway

Edificio Equitable 120 Broadway

Bankers Club 120 Broadway

Simpson, Thather & Bartlett 62 Cedar St

William Boyce Thompson 14 Wall Street

Hazen, Whipple & Fuller Edificio de la calle 42

Chase National Bank 57 Broadway

McCann Co 61 Broadway

Stetson, Jennings & Russell 15 Broad Street

Exploración Guggenheim 120 Broadway

Weinberg & Posner 120 Broadway

Oficina Soviética 110 West 40th Street

John MacGregor Grant Co 120 Broadway

Stone & Webster 120 Broadway

General Electric Co 120 Broadway

Morris Plan of NY 120 Broadway

Sinclair Gulf Corp 120 Broadway

Guaranty Securities 120 Broadway

Guaranty Trust 140 Broadway

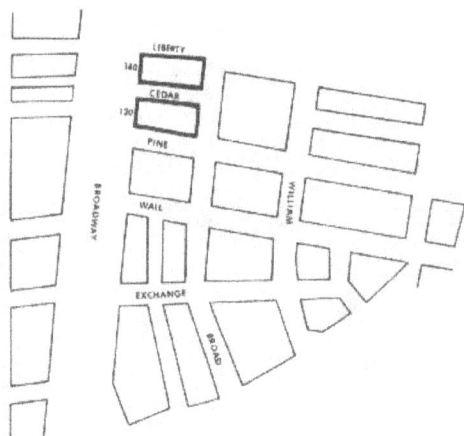

Mapa de la zona de Wall Street con la ubicación de las oficinas

A continuación, Sands explica la forma en que Estados Unidos podría recuperar el tiempo perdido, establece un paralelismo entre la revolución bolchevique y "nuestra propia revolución" y concluye: "Tengo todas las razones para creer que los planes de la Administración para Rusia recibirán todo el apoyo posible del Congreso, y el respaldo sincero de la opinión pública de Estados Unidos".

En resumen, Sands, como secretario ejecutivo de una corporación cuyos directores eran los más prestigiosos de Wall Street, proporcionó un enfático respaldo a los bolcheviques y a la revolución bolchevique, y en cuestión de semanas después de que comenzara la revolución. Y como director del Banco de la Reserva Federal de Nueva York, Sands acababa de contribuir con un millón de dólares a los bolcheviques - tal respaldo a los bolcheviques por parte de los intereses bancarios es al menos coherente.

Además, William Sands, de American International, era un hombre con unas conexiones y una influencia realmente poco comunes en el Departamento de Estado.

La carrera de Sands había alternado entre el Departamento de Estado y Wall Street. A finales del siglo XIX y principios del XX ocupó diversos cargos diplomáticos en Estados Unidos. En 1910 dejó el Departamento para incorporarse a la firma bancaria de James Speyer para negociar un préstamo ecuatoriano, y durante los dos años siguientes representó a la Central Aguirre Sugar Company en Puerto Rico. En 1916 estuvo en Rusia en "labores de la Cruz Roja" -en realidad una "Misión Especial" de dos hombres con Basil Miles- y regresó para incorporarse a la American International Corporation en Nueva York.[189]

A principios de 1918 Sands se convirtió en el destinatario conocido y previsto de ciertos "tratados secretos" rusos. Si hemos de dar crédito a los archivos del Departamento de Estado, parece que Sands también era mensajero y que tenía cierto acceso previo a documentos oficiales, es decir, previo a los funcionarios del gobierno estadounidense. El 14 de enero de 1918, sólo dos días antes de que Sands escribiera su memorándum sobre la política hacia los bolcheviques, el secretario Lansing hizo que se enviara el siguiente cable en clave verde a la legación estadounidense en Estocolmo: "Importantes documentos oficiales para Sands fueron dejados en la Legación. ¿Los has reenviado? Lansing". La respuesta del 16 de enero de Morris en Estocolmo dice: "Su 460 del 14 de enero, 5 pm. Dichos documentos enviados al Departamento en la valija número 34 el 28 de diciembre". A estos documentos se adjunta otro memorándum, firmado "BM" (Basil Miles, socio de Sands): "Sr. Phillips. No le dieron a Sands la primera cuota de los tratados secretos que... [que] trajo de Petrogrado a Estocolmo".[190]

Dejando a un lado la cuestión de por qué un ciudadano privado llevaría tratados secretos rusos y la cuestión del contenido de dichos tratados secretos (probablemente una versión temprana de los

---

[189] William Franklin Sands escribió varios libros, entre ellos *Undiplomatic Memoirs* (Nueva York: McGraw-Hill, 1930), una biografía que abarca hasta 1904. Más tarde escribió *Our Jungle Diplomacy* (Chapel Hill: University of North Carolina Press, 1941), un tratado poco destacable sobre el imperialismo en América Latina. Este último trabajo es notable sólo por un punto menor en la página 102: la voluntad de culpar de una aventura imperialista particularmente desagradable a Adolf Stahl, un banquero de Nueva York, al tiempo que señala innecesariamente que Stahl era de "origen judío-alemán". En agosto de 1918 publicó un artículo, "Salvaging Russia", en *Asia, para* explicar su apoyo al régimen bolchevique.

[190] Todo ello en el Archivo Decimal del Departamento de Estado de EE.UU., 861.00/969.

llamados Documentos Sisson), al menos podemos deducir que el secretario ejecutivo de la AIC viajó de Petrogrado a Estocolmo a finales de 1917 y que, en efecto, debía de ser un ciudadano privilegiado e influyente para tener acceso a los tratados secretos.[191]

Unos meses más tarde, el 1 de julio de 1918, Sands escribió al Secretario del Tesoro McAdoo sugiriendo una comisión para la "ayuda económica a Rusia". Insistía en que, puesto que sería difícil que una comisión gubernamental "proporcionara la maquinaria" para dicha ayuda, "parece, por tanto, necesario apelar al interés financiero, comercial y manufacturero de Estados Unidos para que proporcione dicha maquinaria bajo el control del Comisario Jefe o del funcionario que el Presidente seleccione para este fin."[192] En otras palabras, Sands pretendía obviamente que cualquier explotación comercial de la Rusia bolchevique iba a incluir 120 Broadway.

Banco de la Reserva Federal de Nueva York

La certificación de constitución del Banco de la Reserva Federal de Nueva York se presentó el 18 de mayo de 1914. Establecía tres directores de clase A que representaban a los bancos miembros del distrito, tres directores de clase B que representaban al comercio, la agricultura y la industria, y tres directores de clase C que representaban a la Junta de la Reserva Federal. Los directores originales fueron elegidos en 1914; procedieron a generar un programa enérgico. En el primer año de organización, el Banco de la Reserva Federal de Nueva York celebró no menos de 50 reuniones.

Desde nuestro punto de vista, lo interesante es la asociación entre, por un lado, los directores del Banco de la Reserva Federal (en el distrito de Nueva York) y de American International Corporation, y,

---

[191] El autor no puede evitar comparar el trato que reciben los investigadores académicos. En 1973, por ejemplo, al escritor se le seguía negando el acceso a algunos archivos del Departamento de Estado *fechados en 1919*.

[192] Archivo Decimal del Departamento de Estado de EE.UU., 861.51/333.

por otro, la emergente Rusia soviética.

En 1917, los tres directores de clase A eran Franklin D. Locke, William Woodward y Robert H. Treman. William Woodward era director de American International Corporation (120 Broadway) y del Hanover National Bank, controlado por Rockefeller. Ni Locke ni Treman entran en nuestra historia. Los tres directores de clase B en 1917 eran William Boyce Thompson, Henry R. Towne y Leslie R. Palmer. Ya hemos señalado la importante contribución en efectivo de William B. Thompson a la causa bolchevique. Henry R. Towne era presidente del consejo de administración del Morris Plan de Nueva York, situado en el 120 de Broadway; su puesto fue ocupado más tarde por Charles A. Stone, de American International Corporation (120 de Broadway) y de Stone & Webster (120 de Broadway). Leslie R. Palmer no entra en nuestra historia. Los tres directores de clase C eran Pierre Jay, W. L. Saunders y George Foster Peabody. No se sabe nada de Pierre Jay, excepto que su oficina estaba en el 120 de Broadway y que parecía ser importante sólo como propietario de Brearley School, Ltd. (Escuela Brearley). William Lawrence Saunders era también director de American International Corporation; confesó abiertamente, como hemos visto, simpatías probolcheviques, revelándolas en una carta al presidente Woodrow Wilson (ver página 15). George Foster Peabody era un socialista activo (véanse las páginas 99-100).

En resumen, de los nueve directores del Banco de la Reserva Federal de Nueva York, cuatro se encontraban físicamente en el 120 de Broadway y dos estaban entonces vinculados a American International Corporation. Y al menos cuatro miembros del consejo de AIC fueron en algún momento consejeros del FRB de Nueva York. Podríamos calificar todo esto de significativo, pero no necesariamente de interés dominante.

American-Russia Industrial Syndicate Inc.

La propuesta de William Franklin Sands de enviar una comisión económica a Rusia no fue aprobada. En su lugar, se creó un vehículo privado para explotar los mercados rusos y el apoyo que habían recibido los bolcheviques. Un grupo de industriales de 120 Broadway formó the American-Russian Industrial Syndicate Inc.

para desarrollar y fomentar estas oportunidades. El respaldo financiero de la nueva empresa procedía de los hermanos Guggenheim, 120 Broadway, anteriormente asociados con William Boyce Thompson (Guggenheim controlaba American Smelting and Refining, y las compañías de cobre Kennecott y Utah); de Harry F. Sinclair, presidente de Sinclair Gulf Corp., también 120 Broadway; y de James G. White de J. G. White Engineering Corp. de 43 Exchange Place - la dirección del American-Russian Industrial Syndicate.

En el otoño de 1919 la embajada de EE.UU. en Londres envió un telegrama a Washington sobre los Sres. Lubovitch y Rossi "en representación de American-Russian Industrial Syndicate Incorporated ¿Cuál es la reputación y la actitud del Departamento hacia el sindicato y los individuos?"[193]

A este cable respondió el funcionario del Departamento de Estado Basil Miles, antiguo colaborador de Sands:

... Los caballeros mencionados, junto con su corporación, gozan de buena reputación y están respaldados financieramente por los intereses de White, Sinclair y Guggenheim con el propósito de abrir relaciones comerciales con Rusia.[194]

Así pues, podemos concluir que los intereses de Wall Street tenían ideas bastante definidas sobre la forma en que debía explotarse el nuevo mercado ruso. La ayuda y el asesoramiento ofrecidos en nombre de los bolcheviques por las partes interesadas de Washington y otros lugares no iban a quedar sin recompensa.

John Reed: Revolucionario del establishment

Aparte de la influencia de American International en el Departamento de Estado está su íntima relación -que la propia AIC calificó de "control"- con un conocido bolchevique: John Reed. Reed fue un autor prolífico y muy leído de la época de la Primera

---

[193] U.S. State Dept. Decimal File, 861.516 84, 2 de septiembre de 1919.

[194] Ibid.

Guerra Mundial que contribuyó con a la revista *Masses*, de orientación bolchevique.[195] y a la revista *Metropolitan*, controlada por Morgan. El libro de Reed sobre la revolución bolchevique, *Diez días que conmovieron al mundo*, lleva una introducción de Nikolai Lenin y se convirtió en su obra literaria más conocida y leída. Hoy el libro parece un comentario superficial sobre la actualidad, está intercalado con proclamas y decretos bolcheviques y está impregnado de ese fervor místico que los bolcheviques sabían que despertaría simpatizantes extranjeros. Tras la revolución, Reed se convirtió en miembro estadounidense del comité ejecutivo de la III Internacional. Murió de tifus en Rusia en 1920.

La cuestión crucial que se presenta aquí no es el conocido tenor y actividades probolcheviques de Reed, sino cómo Reed, que tenía toda la confianza de Lenin ("He aquí un libro que me gustaría ver publicado en millones de ejemplares y traducido a todos los idiomas", comentó Lenin en *Diez Días*), que era miembro de la III Internacional, y que poseía un pase del Comité Militar Revolucionario (No. 955, expedido el 16 de noviembre de 1917) que le permitía entrar en cualquier momento en el Instituto Smolny (el cuartel general revolucionario) como representante de la "prensa socialista estadounidense", era también -a pesar de todo- una marioneta bajo el "control" de los intereses financieros de Morgan a través de la American International Corporation. Existen pruebas documentales de este aparente conflicto (véase más adelante y el apéndice 3).

Rellenemos los antecedentes. Los artículos para el *Metropolitan* y el *Masses* dieron a John Reed una amplia audiencia para informar sobre las revoluciones bolchevique mexicana y rusa. El biógrafo de Reed, Granville Hicks, ha sugerido en *John Reed* que "fue... el portavoz de los bolcheviques en Estados Unidos". Por otra parte, el apoyo financiero de Reed de 1913 a 1918 provino en gran medida del *Metropolitan* -propiedad de Harry Payne Whitney, director del Guaranty Trust, institución citada en todos los capítulos de este

---

[195] Otros colaboradores de *Masses* mencionados en este libro fueron el periodista Robert Minor, presidente del Comité de Información Pública de Estados Unidos; George Creel; Carl Sandburg, poeta e historiador; y Boardman Robinson, artista.

libro- y también' del banquero privado y comerciante neoyorquino Eugene Boissevain, que canalizó fondos hacia Reed tanto directamente como a través de las *masas* pro bolcheviques. En otras palabras, el apoyo financiero de John Reed procedía de dos elementos supuestamente enfrentados en el espectro político. Estos fondos eran para escribir y pueden clasificarse como: pagos de *Metropolitan* a partir de 1913 por artículos; pagos de *Masses* a partir de 1913, cuyos ingresos, al menos en parte, procedían de Eugene Boissevain. Cabe mencionar una tercera categoría: Reed recibió algunos pagos menores y aparentemente desconectados del comisario de la Cruz Roja Raymond Robins en Petrogrado. Es de suponer que también recibió sumas menores por artículos escritos para otras revistas y por derechos de autor de libros; pero no se han encontrado pruebas que indiquen la cuantía de tales pagos.

John Reed y la revista *Metropolitan*

The *Metropolitan* apoyaba las causas del establishment contemporáneo, entre ellas, por ejemplo, la preparación para la guerra. La revista era propiedad de Harry Payne Whitney (1872-1930), fundador de la Navy League y socio de la firma J.P. Morgan. A finales de la década de 1890, Whitney se convirtió en director de American Smelting and Refining y de Guggenheim Exploration. A la muerte de su padre, en 1908, se convirtió en director de otras muchas empresas, entre ellas Guaranty Trust Company. Reed comenzó a escribir para Whitney's *Metropolitan* en julio de 1913 y contribuyó con media docena de artículos sobre las revoluciones mexicanas: "Con Villa en México", "Las causas de la revolución mexicana", "Si entramos en México", "Con Villa en marcha", etc. Las simpatías de Reed estaban con el revolucionario Pancho Villa. Recordarán el vínculo (ver página 65) entre Guaranty Trust y los suministros de municiones de Villa.

En cualquier caso, *Metropolitan* era la principal fuente de ingresos de Reed. En palabras de su biógrafo Granville Hicks, "El dinero significaba principalmente trabajo para el *Metropolitan* e incidentalmente artículos e historias para otras revistas de pago". Pero el empleo en el *Metropolitan* no impidió a Reed escribir artículos críticos con los intereses de Morgan y Rockefeller. Uno de esos artículos, *"En* la garganta de la República" *(Masses*, julio de

1916), trazaba la relación entre las industrias de municiones, el lobby de preparación para la seguridad nacional, las direcciones entrelazadas de los intereses Morgan-Rockefeller, "y mostraba que dominaban tanto las sociedades de preparación como la recién formada American International Corporation, organizada para la explotación de los países atrasados."[196]

En 1915 John Reed fue detenido en Rusia por las autoridades zaristas, y el *Metropolitan* intervino ante el Departamento de Estado en favor de Reed. El 21 de junio de 1915, H. J. Whigham escribió al secretario de Estado Robert Lansing informándole de que John Reed y Boardman Robinson (también detenido y colaborador *de The Masses)* se encontraban en Rusia "con el encargo de la revista Metropolitan de escribir artículos y hacer ilustraciones en el campo oriental de la guerra". Whigham señaló que ninguno de los dos tenía "ningún deseo ni autoridad por nuestra parte para interferir en las operaciones de ninguna de las potencias beligerantes." La carta de Whigham continúa:

> Si el Sr. Reed llevaba cartas de presentación desde Bucarest a personas de Galicia de mentalidad antirrusa, estoy seguro de que lo hacía inocentemente, con la simple intención de conocer al mayor número posible de personas...

Whigham señala al Secretario Lansing que John Reed era conocido en la Casa Blanca y había prestado "alguna ayuda" a la administración en asuntos mexicanos; concluye: "Tenemos la más alta estima por las grandes cualidades de Reed como escritor y pensador y estamos muy preocupados por su seguridad".[197] La carta de Whigham no es, nótese bien, de un diario del establishment en apoyo de un escritor bolchevique; es de un diario del establishment en apoyo de un escritor bolchevique para las *Masas* y hojas

---

[196] Granville Hicks, *John Reed, 1887-1920* (Nueva York: Macmillan, 1936), p. 215.

[197] Archivo Decimal del Departamento de Estado de EE.UU., 860d.1121 R 25/4.

revolucionarias similares, un escritor que también fue autor de mordaces ataques ("La ética involuntaria de las grandes empresas: Una fábula para pesimistas", por ejemplo) contra los mismos intereses de Morgan que poseían *Metropolitan.*

Las pruebas de la financiación por parte del banquero privado Boissevain son incontrovertibles. El 23 de febrero de 1918, la legación norteamericana en Christiania, Noruega, envió un cable a Washington en nombre de John Reed para su entrega al líder del Partido Socialista Morris Hillquit. El cable decía en parte: "Dígale a Boissevain que debe recurrir a él, pero con cuidado". Una críptica nota de Basil Miles en los archivos del Departamento de Estado, fechada el 3 de abril de 1918 en , dice: "Si Reed va a volver a casa más le vale tener dinero. Entiendo que las alternativas son la expulsión por Noruega o el regreso cortés. Si es así esta última parece preferible". Esta nota protectora es seguida por un cable fechado el 1 de abril de 1918, y otra vez de la legación americana en Christiania: "John Reed pide urgentemente a Eugene Boissevain, 29 Williams Street, New York, telegrafíe a la legación $300.00".[198] Este cable fue retransmitido a Eugene Boissevain por el Departamento de Estado el 3 de abril de 1918.

Al parecer, Reed recibió sus fondos y llegó sano y salvo a Estados Unidos. El siguiente documento de los archivos del Departamento de Estado es una carta de John Reed a William Franklin Sands, fechada el 4 de junio de 1918 y escrita desde Crotonon-Hudson, Nueva York. En la carta Reed afirma que ha redactado un memorándum para el Departamento de Estado, y apela a Sands para que utilice su influencia para conseguir la liberación de las cajas de papeles traídas de Rusia. Reed concluye: "Perdone que le moleste, pero no sé a quién más acudir y no puedo permitirme otro viaje a Washington". Posteriormente, Frank Polk, secretario de Estado en funciones, recibió una carta de Sands relativa a la entrega de los papeles de John Reed. La carta de Sands, fechada el 5 de junio de 1918, desde 120 Broadway, se reproduce aquí íntegramente; en ella

---

[198] Ibídem, 360d.1121/R25/18. Según Granville Hicks en *John Reed, "Masses* no podía pagar sus gastos [de Reed]. Finalmente, amigos de la revista, en particular Eugene Boissevain, reunieron el dinero" (p. 249).

se hacen declaraciones bastante explícitas sobre el control de Reed:

120 BROADWAY NUEVA YORK

5 de junio de 1918

Mi querido Sr. Polk:

> *Me tomo la libertad de adjuntarle un llamamiento de John ("Jack") Reed para que le ayude, si es posible, a conseguir la liberación de los documentos que trajo consigo al país desde Rusia.*
>
> *Tuve una conversación con el Sr. Reed cuando llegó por primera vez, en la que esbozó ciertos intentos del Gobierno soviético para iniciar un desarrollo constructivo, y expresó el deseo de poner a disposición de nuestro Gobierno cualquier observación que hubiera hecho o información que hubiera obtenido a través de su conexión con León Trotzky. Le sugerí que escribiera un memorándum sobre este tema para usted, y le prometí telefonear a Washington para pedirle que le concediera una entrevista con este fin. Trajo consigo una gran cantidad de documentos que le fueron confiscados para examinarlos, y también sobre este tema deseaba hablar con alguna autoridad, para ofrecer voluntariamente al Gobierno la información que pudieran contener, y para pedir que le entregaran los que necesitaba para su trabajo en periódicos y revistas.*
>
> *No creo que el Sr. Reed sea ni un "bolchevique" ni un "anarquista peligroso", como le he oído describir. Es un periodista sensacionalista, sin duda, pero eso es todo. No trata de poner en aprietos a nuestro Gobierno, y por esta razón rechazó la "protección" que, según tengo entendido, le ofreció Trotzky cuando regresó a Nueva York para enfrentarse a la acusación contra él en el juicio de las "masas". Sin embargo, los bolcheviques de Petrogrado lo aprecian y, por lo tanto, cualquier cosa que nuestra policía pueda hacer que parezca "persecución" será resentida en Petrogrado, lo cual creo que es indeseable por innecesario. Se le puede manejar y controlar mucho mejor por otros medios que a través de la policía.*
>
> *No he visto el memorándum que entregó al Sr. Bullitt;*

quería que me lo dejara ver primero y tal vez editarlo, pero no tuvo ocasión de hacerlo.

Espero que no considere que me entrometo en este asunto o que me inmiscuyo en asuntos que no me conciernen. Creo que es prudente no ofender a los líderes bolcheviques a menos y hasta que sea necesario hacerlo -si llegara a serlo- y no es prudente considerar sospechoso o incluso peligroso a cualquiera que haya tenido relaciones amistosas con los bolcheviques en Rusia. Creo que es mejor política intentar utilizar a esas personas para nuestros propios fines en el desarrollo de nuestra política hacia Rusia, si es posible hacerlo". La conferencia que la policía impidió a Reed pronunciar en Filadelfia (perdió la cabeza, entró en conflicto con la policía y fue arrestado) es la única conferencia sobre Rusia que habría pagado por escuchar, si no hubiera visto ya sus notas sobre el tema. Cubría un tema que muy posiblemente podríamos encontrar como punto de contacto con el Gobierno soviético, ¡desde el cual comenzar un trabajo constructivo!

¿No podemos utilizarlo, en lugar de amargarlo y convertirlo en un enemigo? No está bien equilibrado, pero es, a menos que me equivoque mucho, susceptible de una orientación discreta y podría ser bastante útil.

Atentamente, William Franklin Sands
Honorable Frank Lyon Polk
Consejero del Departamento de Estado Washington, D.C.
Caja WFS:AO[199]

La importancia de este documento es la dura revelación de la intervención directa de un funcionario (secretario ejecutivo) de American International Corporation en favor de un conocido bolchevique. Reflexionemos sobre algunas de las declaraciones de Sands sobre Reed: "Se le puede manejar y controlar mucho mejor

---

[199] Archivo Decimal del Departamento de Estado de EE.UU., 360. D. II21.R/20/221/2, /R25 (John Reed). La carta fue transferida por el Sr. Polk a los archivos del Departamento de Estado el 2 de mayo de 1935. Todas las cursivas añadidas.

por otros medios que a través de la policía"; y, "¿No podemos utilizarle, en lugar de amargarle y convertirle en un enemigo?... es, a menos que me equivoque mucho, susceptible de una orientación discreta y podría ser bastante útil". Obviamente, la American International Corporation veía a John Reed como un agente o un agente potencial que podía ser, y probablemente ya había sido, puesto bajo su control. El hecho de que Sands estuviera en posición de solicitar la edición de un memorándum por parte de Reed (para Bullitt) sugiere que ya se había establecido cierto grado de control.

A continuación, nótese la actitud potencialmente hostil de Sands hacia los bolcheviques -y su intención apenas velada de provocarlos-: "Creo que es prudente no ofender a los líderes bolcheviques a menos y *hasta que sea necesario hacerlo* -si llegara a ser necesario..." (la cursiva es nuestra).

Se trata de una carta extraordinaria en nombre de un agente soviético de un ciudadano estadounidense privado de cuyo consejo el Departamento de Estado había solicitado y seguía solicitando.

Un memorándum posterior, del 19 de marzo de 1920, en los archivos del Estado informaba de la detención de John Reed por las autoridades finlandesas en Abo, y de la posesión por parte de Reed de pasaportes ingleses, americanos y alemanes. Reed, que viajaba bajo el alias de Casgormlich, llevaba diamantes, una gran suma de dinero, literatura de propaganda soviética y películas. El 21 de abril de 1920, la legación estadounidense en Helsingfors envió un telegrama al Departamento de Estado:

> *Estoy enviando por la próxima bolsa copias certificadas de cartas de Emma Goldman, Trotsky, Lenin y Sirola encontradas en posesión de Reed. El Ministerio de Asuntos Exteriores ha prometido proporcionar un registro completo de los procedimientos judiciales.*

Una vez más intervino Sands: "Conocía personalmente al Sr. Reed".[200] Y, como en 1915, la revista *Metropolitan* también acudió en ayuda de Reed. H. J. Whigham escribió el 15 de abril de 1920 a

---

[200] Ibídem, 360d.1121 R 25/72.

Bainbridge Colby en el Departamento de Estado: "He oído que John Reed está en peligro de ser ejecutado en Finlandia. Espero que el Departamento de Estado pueda tomar medidas inmediatas para que tenga un juicio adecuado. Solicito urgentemente una acción rápida".[201] Esto se sumaba a un telegrama del 13 de abril de 1920 de Harry Hopkins, destinado a la fama bajo la presidencia de Roosevelt:

> *El Departamento de Estado tiene información de que Jack Reed, detenido en Finlandia, será ejecutado. Como uno de sus amigos y el suyo y en nombre de su esposa le instamos a tomar medidas inmediatas para evitar la ejecución y asegurar la liberación. Estoy seguro de que puedo confiar en su intervención inmediata y eficaz.*[202]

John Reed fue liberado posteriormente por las autoridades finlandesas.

Este relato paradójico sobre la intervención en nombre de un agente soviético puede tener varias explicaciones. Una hipótesis que encaja con otras pruebas relativas a Wall Street y la Revolución Bolchevique es que John Reed era en efecto un agente de los intereses Morgan -quizá sólo consciente a medias de su doble papel- que sus escritos anticapitalistas mantenían el valioso mito de que *todos los* capitalistas están en guerra perpetua con todos los revolucionarios socialistas. Carroll Quigley, como ya hemos señalado, informó de que los intereses Morgan apoyaban financieramente a las organizaciones revolucionarias nacionales y los escritos anticapitalistas.[203] Y en este capítulo hemos presentado pruebas documentales irrefutables de que los intereses de Morgan también controlaban a un agente soviético, intercedían en su favor

---

[201] Ibid.

[202] Estaba dirigida a Bainbridge Colby, ibídem, 360d.1121 R 25/30. Otra carta, fechada el 14 de abril de 1920 y dirigida al Secretario de Estado desde el número 100 de Broadway, Nueva York, era de W. Bourke Cochrane; también suplicaba la liberación de John Reed.

[203] Quigley, op. cit.

y, lo que es más importante, en general intervenían en favor de los intereses soviéticos ante el gobierno de Estados Unidos. Estas actividades se centraban en una sola dirección: 120 Broadway, Nueva York.

Capítulo IX

Guaranty Trust viaja a Rusia

> *El gobierno soviético desea que Guarantee [sic] Trust Company se convierta en agente fiscal en los Estados Unidos para todas las operaciones soviéticas y contempla la compra estadounidense de Eestibank con vistas a la vinculación completa de las fortunas soviéticas con los intereses financieros estadounidenses.*
> William H. Coombs, informando a la embajada de EE.UU. en Londres, 1 de junio de 1920 (U.S. State Dept. Decimal File, 861.51/752). ("Eestibank" era un banco estonio)

En 1918, los soviéticos se enfrentaban a una desconcertante serie de problemas internos y externos. Ocupaban una mera fracción de Rusia. Para dominar el resto, necesitaban armas extranjeras, alimentos importados, ayuda financiera exterior, reconocimiento diplomático y, sobre todo, comercio exterior. Para obtener el reconocimiento diplomático y el comercio exterior, los soviéticos necesitaban primero representación en el extranjero, y la representación a su vez requería financiación mediante oro o divisas extranjeras. Como ya hemos visto, el primer paso fue establecer la Oficina Soviética en Nueva York bajo la dirección de Ludwig Martens. Al mismo tiempo, se hicieron esfuerzos para transferir fondos a Estados Unidos y Europa para la compra de bienes necesarios. Luego se ejerció influencia en Estados Unidos para obtener el reconocimiento o las licencias de exportación necesarias para enviar mercancías a Rusia.

Los banqueros y abogados neoyorquinos proporcionaron una ayuda significativa -en algunos casos, crítica- para cada una de estas tareas. Cuando el profesor George V. Lomonossoff, experto técnico ruso de la Oficina Soviética, necesitó transferir fondos del agente soviético jefe en Escandinavia, un destacado abogado de Wall Street acudió en su ayuda, utilizando los canales oficiales del Departamento de Estado y al secretario de Estado en funciones como intermediario. Cuando hubo que transferir oro a Estados Unidos , fueron American International Corporation, Kuhn, Loeb & Co. y Guaranty Trust quienes solicitaron las facilidades y utilizaron su influencia en Washington para allanar el camino. Y cuando llegó el momento del reconocimiento, encontramos a empresas estadounidenses suplicando.al Congreso y a la opinión pública que respaldaran al régimen soviético.

Para que el lector no deduzca precipitadamente de estas afirmaciones que Wall Street estaba teñido de rojo o que las banderas rojas ondeaban en las calles (véase el frontispicio), en un capítulo posterior presentaremos pruebas de que la empresa J.P. Morgan financió al almirante Kolchak en Siberia. Aleksandr Kolchak luchaba contra los bolcheviques para instaurar su propio régimen autoritario. La firma también contribuyó a la organización anticomunista United Americans.

Wall Street acude en ayuda del profesor Lomonossoff

El caso del profesor Lomonossoff es una detallada historia de la ayuda de Wall Street a los primeros tiempos del régimen soviético. A finales de 1918, George V. Lomonossoff, miembro de la Oficina Soviética en Nueva York y más tarde primer comisario soviético de ferrocarriles, se encontró varado en Estados Unidos sin fondos. En aquella época se negaba la entrada de fondos bolcheviques en Estados Unidos; de hecho, no existía reconocimiento oficial alguno del régimen. Lomonossoff fue objeto de una carta del 24 de octubre de 1918 del Departamento de Justicia de Estados Unidos al Departamento de Estado.[204] La carta hacía referencia a los atributos bolcheviques de Lomonossoff y a sus discursos probolcheviques. El investigador concluía: "El profesor Lomonossoff no es bolchevique aunque sus discursos constituyen un apoyo inequívoco a la causa

---

[204] Archivo Decimal del Departamento de Estado de EE.UU., 861.00/3094.

bolchevique". Sin embargo, Lomonossoff fue capaz de mover los hilos en los niveles más altos de la administración para que se transfirieran 25.000 dólares desde la Unión Soviética a través de un agente de espionaje soviético en Escandinavia (que más tarde se convertiría a su vez en asistente confidencial de Reeve Schley, vicepresidente del Chase Bank). ¡Todo ello con la ayuda de un miembro de un destacado bufete de abogados de Wall Street![205]

Las pruebas se presentan en detalle porque los propios detalles señalan la estrecha relación entre ciertos intereses que hasta ahora se consideraban enemigos acérrimos. El primer indicio del problema de Lornonossoff es una carta fechada el 7 de enero de 1919, de Thomas L. Chadbourne de Chadbourne, Babbitt 8e Wall de 14 Wall Street (la misma dirección que la de William Boyce Thompson) a Frank Polk, secretario de Estado en funciones. Nótese el saludo amistoso y la referencia casual a Michael Gruzenberg, alias Alexander Gumberg, principal agente soviético en Escandinavia y más tarde ayudante de Lomonossoff:

> *Querido Frank: Tuviste la amabilidad de decirme que si podía informarte de la situación de la partida de 25.000 dólares de los fondos personales pertenecientes al Sr. y la Sra. Lomonossoff pondrías en marcha la maquinaria necesaria para obtenerla aquí para ellos.*
>
> *Me he puesto en contacto con el Sr. Lomonossoff a este respecto, y me ha dicho que el Sr. Michael Gruzenberg, que viajó a Rusia en nombre del Sr. Lomonossoff antes de que surgieran dificultades entre el embajador Bakhmeteff y el Sr. Lomonossoff, le transmitió la información relativa a este dinero a través de tres rusos llegados recientemente de Suecia, y el Sr. Lomonossoff cree que el dinero está depositado en la embajada rusa en Estocolmo, Milmskilnad Gaten 37. Si el Departamento de Estado averiguara que éste no es el lugar donde está depositado el dinero, entonces el Sr.*

---

[205] Esta sección procede de U.S., Senate, *Russian Propaganda*, hearings before a subcommittee of the Committee on Foreign Relations, 66th Cong., 2d sess., 1920.

Gruzenberg puede dar la dirección exacta de la embajada rusa en Estocolmo, que puede dar la información adecuada al respecto. Si las investigaciones del Departamento de Estado revelan que éste no es el lugar donde está depositado el dinero, la embajada rusa en Estocolmo puede dar la dirección exacta del Sr. Gruzenberg, quien puede dar la información adecuada al respecto. El Sr. Lomonossoff no recibe cartas del Sr. Gruzenberg, aunque está informado de que se las han escrito: tampoco se ha entregado ninguna de sus cartas al Sr. Gruzenberg, también está informado. Por esta razón es imposible ser más definitivo de lo que he sido, pero espero que algo se pueda hacer para aliviar su situación y la de su esposa por falta de fondos, y sólo se necesita un poco de ayuda para asegurar este dinero que les pertenece para ayudarles en este lado del agua.

Agradeciéndole de antemano todo lo que pueda hacer, le ruego permanezca, como siempre,

Atentamente, Thomas L. Chadbourne

En 1919, en el momento en que se escribió esta carta, Chadbourne era un hombre que cobraba un dólar al año en Washington, consejero y director de la Junta de Comercio de Guerra de EE.UU., y director de la U.S. Russian Bureau Inc, una empresa tapadera oficial del gobierno estadounidense. Anteriormente, en 1915, Chadbourne organizó Midvale Steel and Ordnance para aprovechar el negocio de la guerra. En 1916 se convirtió en presidente del Comité Demócrata de Finanzas y más tarde en director de Wright Aeronautical y de Mack Trucks.

La razón por la que Lomonossoff no recibía cartas de Gruzenberg es que, con toda probabilidad, eran interceptadas por uno de los varios gobiernos que se interesaban vivamente por las actividades de este último.

El 11 de enero de 1919, Frank Polk envió un telegrama a la legación estadounidense en Estocolmo:

El Departamento ha recibido información de que 25.000 dólares, fondos personales de... Por favor, pregunte a la legación rusa, informal y personalmente, si esos fondos están en su poder. Averigüe, en caso contrario, la dirección del Sr. Michael Gruzenberg, de quien se dice que posee información al respecto. El Departamento no tiene nada que ver oficialmente, sólo hace averiguaciones en nombre de un antiguo funcionario ruso en este país.

Polk, Actuación

Polk parece desconocer en esta carta las conexiones bolcheviques de Lomonossoff, y se refiere a él como "un antiguo funcionario ruso en este país". Sea como fuere, a los tres días Polk recibió una respuesta de Morris en la legación estadounidense en Estocolmo:

14 de enero, 3 p.m. 3492. Su 12 de enero, 15.00 horas, n° 1443.

La suma de 25.000 dólares del ex presidente de la comisión rusa de vías de comunicación en Estados Unidos no es conocida por la legación rusa; tampoco se puede obtener la dirección del Sr. Michael Gruzenberg. Morris

Al parecer, Frank Polk escribió entonces a Chadbourne (la carta no figura en la fuente) e indicó que State no podía encontrar ni a Lomonossoff ni a Michael Gruzenberg. Chadbourne respondió el 21 de enero de 1919:

Estimado Frank: Muchas gracias por su carta del 17 de enero. Tengo entendido que hay dos legaciones rusas en Suecia, una es la soviética y la otra la Kerensky, y supongo que su pregunta iba dirigida a la legación soviética, ya que esa era la dirección que le di en mi carta, a saber, Milmskilnad Gaten 37, Estocolmo.

La dirección de Michael Gruzenberg es, Holmenkollen Sanitarium, Christiania, Noruega, y creo que la legación soviética podría averiguar todo sobre los fondos a través de Gruzenberg si se comunican con él.

Agradeciéndole que se haya tomado esta molestia y asegurándole mi profundo aprecio, quedo,

Atentamente, Thomas L. Chadbourne

Debemos tener en cuenta que un abogado de Wall Street tenía la dirección de Gruzenberg, principal agente bolchevique en Escandinavia, en un momento en que el secretario de Estado en funciones y la legación estadounidense en Estocolmo no tenían constancia de la dirección; la legación tampoco pudo localizarla. Chadbourne también presumía que los soviéticos eran el gobierno oficial de Rusia, aunque ese gobierno no estaba reconocido por Estados Unidos, y la posición oficial del gobierno de Chadbourne en la Junta de Comercio de Guerra le exigiría saberlo.

Frank Polk envió entonces un telegrama a la legación americana en Christiania, Noruega, con la dirección de Michael Gruzenberg. No se sabe si Polk sabía que estaba transmitiendo la dirección de un agente de espionaje, pero su mensaje era el siguiente:

> *A la Legación Americana, Christiania. 25 de Enero de 1919. Se informa que Michael Gruzenberg se encuentra en el sanatorio de Holmenkollen. Es posible que usted lo localice y pregunte si él tiene algún conocimiento con respecto a la disposición de $25,000 fondo perteneciente al presidente anterior de la misión rusa de las maneras de comunicación en los Estados Unidos, profesor Lomonossoff.*
>
> *Polk, Actuación*

El representante estadounidense (Schmedeman) en Christiania conocía bien a Gruzenberg. De hecho, el nombre había figurado en informes de Schmedeman a Washington sobre las actividades pro-soviéticas de Gruzenberg en Noruega. Schmedeman respondió:

> *29 de enero, 8 p.m. 1543. Importante. Su telegrama No. 650 del 25 de enero.*
> *Antes de partir hoy para Rusia, Michael Gruzenberg informó a nuestro agregado naval que cuando estuvo en Rusia hace unos meses había recibido, a petición de Lomonossoff, 25.000 dólares del Instituto Experimental Ferroviario Ruso, del que el profesor Lomonossoff era presidente. Gruzenberg afirma que hoy ha telegrafiado al abogado de Lomonossoff en Nueva York, Morris Hillquitt [sic], que él, Gruzenberg, está en posesión del dinero, y que antes de enviarlo está esperando nuevas*

instrucciones de los Estados Unidos, solicitando en el cablegrama que Lomonossoff sea provisto de los gastos de subsistencia para él y su familia por Hillquitt hasta la recepción del dinero.[206]

Como el ministro Morris viajaba a Estocolmo en el mismo tren que Gruzenberg, este último declaró que seguiría asesorándose con Morris en referencia a este tema.

Schmedeman

El ministro estadounidense viajó con Gruzenberg a Estocolmo, donde recibió el siguiente cable de Polk:

Se informa por la legación en Christiania que Michael Gruzenboff, tiene para el Prof. G. Lomonossoff, la... suma de 25.000 dólares, recibida del Instituto Experimental Ferroviario Ruso. Si puede hacerlo sin involucrarse con las autoridades bolcheviques, el departamento estará encantado de que facilite la transferencia de este dinero al Prof. Lomonossoff en este país. Por favor, conteste.

Polk, Actuación

Este cable dio resultados, ya que el 5 de febrero de 1919, Frank Polk escribió a Chadbourne sobre un "peligroso agitador bolchevique", Gruzenberg:

Mi querido Tom: Tengo un telegrama de Christiania indicando que Michael Gruzenberg tiene los 25.000 dólares del Prof. Lomonossoff, y los recibió del Instituto Experimental Ferroviario Ruso, y que había telegrafiado a Morris Hillquitt [sic], en Nueva York, para proporcionar al Prof. Lomonossoff dinero para sus gastos hasta que el fondo en cuestión pueda serle transmitido. Como Gruzenberg acaba de ser deportado de Noruega como peligroso agitador bolchevique, puede

---

[206] Morris Hillquit era el intermediario entre el banquero neoyorquino Eugene Boissevain y John Reed en Petrogrado.

WALL STREET Y LA REVOLUCIÓN BOLCHEVIQUE

haber tenido dificultades para telegrafiar desde ese país. Tengo entendido que se ha trasladado a Christiania, y aunque está un poco fuera de la línea de acción del departamento, me complacerá, si usted lo desea, ver si puedo hacer que el Sr. Gruzenberg remita el dinero al Prof. Lomonossoff desde Estocolmo, y estoy telegrafiando a nuestro ministro allí para averiguar si eso puede hacerse.

Muy atentamente, Frank L. Polk

El telegrama de Christiania al que se refiere la carta de Polk dice lo siguiente:

3 de febrero, 6 p.m., 3580. Importante. Refiriéndose al departamento del 12 de enero, No. 1443, 10.000 dólares han sido depositados en Estocolmo a mi orden para ser enviados al Prof. Lomonossoff por Michael Gruzenberg, uno de los antiguos representantes de los bolcheviques en Noruega. Le informé antes de aceptar este dinero que me comunicaría con usted y preguntaría si es su deseo que este dinero sea enviado a Lomonossoff. Por lo tanto, solicito instrucciones en cuanto a mi curso de acción.

Morris

Posteriormente Morris, en Estocolmo, solicitó instrucciones de disposición para un giro de 10.000 dólares depositado en un banco de Estocolmo. Su frase "[esta] ha sido mi única conexión con el asunto" sugiere que Morris era consciente de que los soviéticos podían, y probablemente lo harían, reclamar esto como una transferencia monetaria oficialmente acelerada, ya que esta acción *implicaba* la aprobación por parte de los EE.UU. de tales transferencias monetarias. Hasta ese momento los soviéticos habían tenido que introducir dinero de contrabando en los EE.UU.

Cuatro p.m. 12 de febrero, 3610, Rutina.
Con referencia a mi carta del 3 de febrero, 6 p.m., No. 3580, y su carta del 8 de febrero, 7 p.m., No. 1501. No me queda claro si es su deseo que transfiera a través suyo los 10.000 dólares referidos al Prof. Lomonossoff. Gruzenberg me informó de que había depositado este

*dinero a la orden de Lomonossoff en un banco de
Estocolmo y que había comunicado al banco que este
giro podía ser enviado a América a través de mí, siempre
que yo lo ordenara, ha sido mi única conexión con el
asunto. Le ruego que me envíe instrucciones.*

Morris

A continuación sigue una serie de cartas sobre la transferencia de
los 10.000 dólares de A/B Nordisk Resebureau a Thomas L.
Chadbourne en el 520 de Park Avenue, Nueva York, a través del
Departamento de Estado. La primera carta contiene instrucciones de
Polk, sobre la mecánica de la transferencia; la segunda, de Morris a
Polk, contiene 10.000 dólares; la tercera, de Morris a A/B Nordisk
Resebureau, solicitando un giro; la cuarta es una respuesta del banco
con un cheque; y la quinta es el acuse de recibo.

Su 12 de febrero, 16.00 horas, n° 3610.
El dinero puede enviarse directamente a Thomas L.
Chadbourne, 520 Park Avenue, Nueva York,
Polk, Actuación

* * * * *

Dispatch, n° 1600, 6 de marzo de 1919:
El Honorable Secretario de Estado, Washington
Señor Director General: En relación con mi telegrama
N° 3610 del 12 de febrero y con la respuesta del
Departamento N° 1524 del 19 de febrero sobre la suma
de 10.000 dólares para el profesor Lomonossoff, tengo el
honor de adjuntar a la presente una copia de la carta que
dirigí el 25 de febrero a A. B. Nordisk Resebureau, los
banqueros en quienes se depositó este dinero; una copia
de la respuesta de A. B. Nordisk Resebureau, fechada el
26 de febrero; y una copia de mi carta a A. B. Nordisk
Resebureau, fechada el 27 de febrero.
De esta correspondencia se desprende que el banco
deseaba que este dinero fuera enviado al profesor
Lomonossoff. Les expliqué, sin embargo, como se verá en
mi carta del 27 de febrero, que había recibido
autorización para remitirlo directamente al Sr. Thomas

L. Chadbourne, 520 Park Avenue, Nueva York. También adjunto un sobre dirigido al Sr. Chadbourne, en el que se incluye una carta dirigida a él, junto con un cheque del National City Bank de Nueva York por valor de 10.000 dólares.

Tengo el honor de ser, señor, su obediente servidor,

Ira N. Morris

* * * * *

A. B. Nordisk Reserbureau,
No. 4 Vestra Tradgardsgatan, Estocolmo.
Señores: Al recibir su carta del 30 de enero, indicando que había recibido 10.000 dólares para ser pagados al Prof. G. V. Lomonossoff, a petición mía, telegrafié inmediatamente a mi Gobierno preguntando si deseaban que este dinero fuera enviado al Prof. Lomonossoff. Hoy he recibido una respuesta autorizándome a enviar el dinero directamente al Sr. Thomas L. Chadbourne, pagadero al Profesor Lomonossoff. Me complacerá enviarlo según las instrucciones de mi Gobierno.

Lo estoy, caballeros,
Atentamente, Ira N. Morris

* * * * *

Sr. I. N. Morris,
Ministro estadounidense, Estocolmo
Deal Sir: Rogamos acusar recibo de su favor de ayer en relación con el pago de 10.000 dólares - al Profesor G. V. Lomonossoff, y por la presente tenemos el placer de adjuntar un cheque por dicha cantidad a la orden del Profesor G. V. Lomonossoff, que entendemos que tiene la amabilidad de remitir a este caballero. Nos complacerá recibir su recibo por el mismo, y le rogamos que permanezca a nuestra disposición,

Atentamente,
A. B. Nordisk Reserbureau
E. Molin

* * * * *

A. B. Nordisk Resebureau, Estocolmo
Señores: Tengo el honor de acusar recibo de su carta del
26 de febrero, que incluye un cheque de 10.000 dólares
a nombre del profesor G. V. Lomonossoff. Como le
indiqué en mi carta del 25 de febrero, he sido autorizado
a enviar este cheque al Sr. Thomas L. Chadbourne, 520
Park Avenue, Nueva York, y se lo enviaré a este caballero
en los próximos días, a menos que usted indique lo
contrario.

Atentamente, Ira N. Morris

Luego sigue un memorándum interno del Departamento de Estado
y el reconocimiento de Chadbourne:

Sr. Phillips al Sr. Chadbourne, 3 de abril de 1919.
Señor: En relación con la correspondencia anterior
relativa a una remesa de diez mil dólares de A. B.
Norsdisk Resebureau al Profesor G. V. Lomonossoff, que
usted solicitó que se transmitiera a través de la Legación
Americana en Estocolmo, el departamento le informa de
que ha recibido un despacho del ministro americano en
Estocolmo fechado el 6 de marzo de 1919, que incluye la
carta adjunta dirigida a usted, junto con un cheque por
la cantidad mencionada, librado a la orden del Profesor
Lomonossoff.

Soy, señor, su obediente servidor
William Phillips, Secretario de Estado en funciones.

Adjunto: Carta sellada dirigida al Sr. Thomas L. Chadbourne,
adjunta con 1.600 de Suecia.

* * * * *

Respuesta del Sr. Chadbourne, 5 de abril de 1919.

Señor: Le ruego acuse recibo de su carta del 3 de abril,
adjuntando carta dirigida a mí, conteniendo cheque por
10.000 dólares girado a la orden del Profesor
Lomonossoff, cheque que he entregado hoy.

Ruego permanecer, con gran respeto,
Muy atentamente, Thomas L. Chadbourne

Posteriormente, la legación de Estocolmo preguntó por la dirección de Lomonossoff en EE.UU. y el Departamento de Estado le informó de que "por lo que el departamento sabe, el profesor George V. Lomonossoff puede ser localizado a la atención del Sr. Thomas L. Chadbourne, 520 Park Avenue, Nueva York".

Es evidente que el Departamento de Estado, ya fuera por la amistad personal entre Polk y Chadbourne o por influencia política, sintió que debía acompañar y actuar como correo de un agente bolchevique que acababa de ser expulsado de Noruega. Pero, ¿por qué un prestigioso bufete de abogados iba a estar tan íntimamente interesado en la salud y el bienestar de un emisario bolchevique? Tal vez un informe contemporáneo del Departamento de Estado nos dé la pista:

Martens, el representante bolchevique, y el profesor Lomonossoff apuestan por el hecho de que Bullitt y su partido presentarán un informe favorable a la Misión y al Presidente sobre las condiciones en la Rusia soviética y que, sobre la base de este informe, el Gobierno de los Estados Unidos favorecerá el trato con el Gobierno soviético como propone Martens. 29 de marzo de 1919.[207]

El escenario es la explotación comercial de Rusia

Era la explotación comercial de Rusia lo que entusiasmaba a Wall Street, y Wall Street no había perdido tiempo en preparar su programa. El 1 de mayo de 1918 -fecha propicia para los revolucionarios rojos- se estableció la Liga Estadounidense de Ayuda y Cooperación con Rusia, y su programa fue aprobado en una conferencia celebrada en el Edificio de Oficinas del Senado, Washington, D.C. Los funcionarios y el comité ejecutivo de la liga representaban a algunas facciones superficialmente disímiles. Su presidente era el Dr. Frank J. Goodnow, presidente de la Universidad Johns Hopkins. Los vicepresidentes eran los siempre

---

[207] Archivo Decimal del Departamento de Estado de EE.UU., 861.00/4214a.

activos William Boyce Thompson, Oscar S. Straus, James Duncan y Frederick C. Howe, autor de *Confesiones de un monopolista,* el libro de normas mediante el cual los monopolistas podían controlar la sociedad. El tesorero era George P. Whalen, vicepresidente de Vacuum Oil Company. El Congreso estaba representado por el senador William Edgar Borah y el senador John Sharp Williams, del Comité de Relaciones Exteriores del Senado; el senador William N. Calder; y el senador Robert L. Owen, presidente del Comité de Banca y Moneda. Los miembros de la Cámara de Representantes fueron Henry R. Cooper y Henry D. Flood, presidente de la Comisión de Asuntos Exteriores de la Cámara. Las empresas americanas estaban representadas por Henry Ford; Charles A. Coffin, presidente del consejo de administración de General Electric Company; y M. A. Oudin, entonces director de Asuntos Exteriores de General Electric. George P. Whalen representaba a Vacuum Oil Company, y Daniel Willard era presidente de Baltimore & Ohio Railroad. El elemento más abiertamente revolucionario estaba representado por la Sra. Raymond Robins, cuyo nombre apareció más tarde en los archivos de la Oficina Soviética y en las audiencias del Comité Lusk; Henry L. Slobodin, descrito como un "destacado socialista patriótico"; y Lincoln Steffens, un comunista nacional de renombre.

En otras palabras, se trataba de un comité ejecutivo híbrido; representaba a elementos revolucionarios nacionales, al Congreso de los Estados Unidos y a intereses financieros muy relacionados con los asuntos rusos.

El comité ejecutivo aprobó un programa que hacía hincapié en la creación de una división oficial rusa en el gobierno estadounidense "dirigida por hombres fuertes". Esta división conseguiría la ayuda de universidades, organizaciones científicas y otras instituciones para estudiar la "cuestión rusa", coordinaría y uniría organizaciones dentro de Estados Unidos "para la salvaguarda de Rusia", organizaría un "comité especial de inteligencia para la investigación del asunto ruso" y, en general, estudiaría e investigaría por sí misma lo que se consideraba la "cuestión rusa". El comité ejecutivo aprobó entonces una resolución de apoyo al mensaje del presidente Woodrow Wilson al congreso soviético en Moscú y la liga afirmó su propio apoyo a la nueva Rusia soviética.

Unas semanas más tarde, el 20 de mayo de 1918, Frank J. Goodnow y Herbert A. Carpenter, en representación de la Liga, llamaron al Subsecretario de Estado William Phillips y le insistieron en la necesidad de establecer una "División Rusa oficial del Gobierno para coordinar todos los asuntos rusos. Me preguntaron [escribió Phillips] si debían tratar este asunto con el Presidente".[208]

Phillips informó de ello directamente al secretario de Estado y al día siguiente escribió a Charles R. Crane a Nueva York solicitándole su opinión sobre la Liga Estadounidense de Ayuda y Cooperación con Rusia. Phillips suplicó a Crane: "Realmente quiero su consejo sobre cómo debemos tratar a la liga... No queremos crear problemas negándonos a cooperar con ellos. Por otro lado, es un comité extraño y no acabo de 'entenderlo'".[209]

A principios de junio llegó al Departamento de Estado una carta de William Franklin Sands, de American International Corporation, para el Secretario de Estado Robert Lansing. Sands proponía que Estados Unidos nombrara un administrador en Rusia en lugar de una comisión, y opinaba que "la sugerencia de una fuerza militar aliada en Rusia en el momento actual me parece muy peligrosa".[210] Sands enfatizaba la posibilidad de comerciar con Rusia y que esta posibilidad podría ser impulsada "por un administrador bien elegido que gozara de la plena confianza del gobierno"; indicaba que el "Sr. Hoover" podría encajar en el papel.[211] La carta fue entregada a Phillips por Basil Miles, antiguo socio de Sands, con la expresión: "Creo que al Secretario le merecería la pena echarle un vistazo".

A principios de junio, la Junta de Comercio de Guerra, subordinada al Departamento de Estado, aprobó una resolución, y un comité de la junta formado por Thomas L. Chadbourne (contacto del profesor Lomonossoff), Clarence M. Woolley y John Foster Dulles presentó un memorándum al Departamento de Estado, instando a la consideración de formas y medios "para lograr relaciones

---

[208] Ibídem, 861.00/1938.

[209] Ibid.

[210] Ibídem, 861.00/2003.

[211] Ibid.

comerciales más estrechas y amistosas entre Estados Unidos y Rusia." El consejo recomendó una misión a Rusia y reabrió la cuestión de si ésta debía ser el resultado de una invitación del gobierno soviético.

Luego, el 10 de junio, M. A. Oudin, gerente extranjero de General Electric Company, expresó sus opiniones sobre Rusia y se mostró claramente a favor de un "plan constructivo para la ayuda económica" de Rusia.[212] En agosto de 1918 Cyrus M. McCormick de International Harvester escribió a Basil Miles en el Departamento de Estado y elogió el programa del Presidente para Rusia, que McCormick pensaba que sería "una oportunidad de oro."[213]

En consecuencia, encontramos a mediados de 1918 un esfuerzo concertado por parte de un segmento del empresariado estadounidense -evidentemente dispuesto a abrir el comercio- para sacar partido de su propia posición preferente respecto a los soviéticos.

Alemania y Estados Unidos luchan por el negocio ruso

En 1918, esa ayuda al embrionario régimen bolchevique se justificó con el argumento de derrotar a Alemania e impedir la explotación alemana de Rusia. Este fue el argumento utilizado por W. B. Thompson y Raymond Robins para enviar revolucionarios bolcheviques y equipos de propaganda a Alemania en 1918. El argumento también fue empleado por Thompson en 1917 cuando conferenciaba con el Primer Ministro Lloyd George sobre la obtención de apoyo británico para el régimen bolchevique emergente. En junio de 1918, el embajador Francis y su personal regresaron de Rusia e instaron al presidente Wilson a "reconocer y ayudar al gobierno soviético de Rusia".[214] Estos informes hechos por el personal de la embajada al Departamento de Estado se filtraron a la prensa y se imprimieron ampliamente. Sobre todo, se

---

[212] Ibídem, 861.00/2002.

[213] Ibid.

[214] Ibídem, M 316-18-1306.

afirmaba que el retraso en el reconocimiento de la Unión Soviética ayudaría a Alemania "y ayuda al plan alemán de fomentar la reacción y la contrarrevolución."[215] Se citaban estadísticas exageradas para apoyar la propuesta - por ejemplo, que el gobierno soviético representaba al noventa por ciento del pueblo ruso "y el otro diez por ciento es la antigua clase propietaria y gobernante.... Naturalmente, están descontentos".[216] Un antiguo funcionario estadounidense fue citado diciendo: "Si no hacemos nada -es decir, si nos limitamos a dejar que las cosas vayan a la deriva- contribuimos a debilitar al Gobierno soviético ruso. Y eso juega a favor de Alemania".[217] Así que se recomendó que "una comisión armada con crédito y buenos consejos comerciales podría ayudar mucho".

Mientras tanto, en el interior de Rusia la situación económica se había vuelto crítica y el Partido Comunista y sus planificadores se percataron de la inevitabilidad de un acercamiento al capitalismo. Lenin cristalizó esta conciencia ante el X Congreso del Partido Comunista Ruso:

> Sin la ayuda del capital nos será imposible conservar el poder proletario en un país increíblemente arruinado en el que el campesinado, también arruinado, constituye la abrumadora mayoría - y, por supuesto, por esta ayuda el capital nos exprimirá cientos por ciento. Esto es lo que tenemos que entender. Por tanto, o este tipo de relaciones económicas o nada.[218]

Entonces se citó a León Trotsky diciendo: "Lo que necesitamos aquí es un organizador como Bernard M. Baruch".[219]

---

[215] Ibid.

[216] Ibid.

[217] Ibid.

[218] V. 1. Lenin, Informe al X Congreso del Partido Comunista Ruso, (bolchevique), 15 de marzo de 1921.

[219] William Reswick, *I Dreamt Revolution* (Chicago: Henry Regnery, 1952), p.

La conciencia soviética de su inminente ruina económica sugiere que las empresas estadounidenses y alemanas se sintieron atraídas por la oportunidad de explotar el mercado ruso de bienes necesarios; los alemanes, de hecho, empezaron pronto en 1918. Los primeros negocios realizados por la Oficina Soviética en Nueva York indican que el anterior apoyo financiero y moral estadounidense a los bolcheviques estaba dando sus frutos en forma de contratos.

El mayor pedido en 1919-20 fue contratado a Morris & Co., empacadores de carne de Chicago, por cincuenta millones de libras de productos alimenticios, valorados en aproximadamente 10 millones de dólares. La familia de empacadores de carne Morris estaba emparentada con la familia Swift. Helen Swift, más tarde relacionada con la "Unidad" del Centro Abraham Lincoln, estaba casada con Edward Morris (de la empresa empacadora de carne) y era también hermano de Harold H. Swift, un "mayor" de la Misión Thompson de la Cruz Roja a Rusia de 1917.

CONTRATOS CELEBRADOS EN 1919 POR EL BURÓ SOVIÉTICO CON EMPRESAS ESTADOUNIDENSES

Fecha del contrato	Firme	Bienes vendidos	Valor
7 de julio de 1919	Milwaukee Shaper Co.*	Maquinaria	$45,071
30 de julio de 1919	Kempsmith Mfg. Co.*	Maquinaria	97,470
10 de mayo de 1919	F. Mayer Boot & Shoe	Botas	1,201,250
Agosto de 1919	Steel Sole Shoe & Co.*	Botas	58,750
23 de julio de 1919	Eline Berlow, N.Y.	Botas	3,000,000
24 de julio de 1919	Fischmann & Co.	Ropa	3,000,000
29 de septiembre de 1919	Weinberg y Posner	Maquinaria	3,000,000

78.

27 de octubre de 1919	LeHigh Machine Co.	Imprentas	4,500,000
22 de enero de 1920	Morris & Co. Chicago	50 millones de libras de productos alimenticios	10,000,000

*Manejado posteriormente a través de Bobroff Foreign Trade and Engineering Co., Milwaukee.

FUENTE: U.S., Senado, *Russian Propaganda*, audiencias ante un subcomité del Comité de Relaciones Exteriores, 66° Cong., 2° sess., 1920, p. 71.

Ludwig Martens fue vicepresidente de Weinberg & Posner, situado en el 120 de Broadway, Nueva York, y a este bufete se le hizo un encargo de 3 millones de dólares.

Oro soviético y bancos estadounidenses

El oro era el único medio práctico con el que la Unión Soviética podía pagar sus compras en el extranjero y los banqueros internacionales estaban bastante dispuestos a facilitar los envíos de oro soviético. Las exportaciones de oro ruso, principalmente monedas de oro imperiales, comenzaron a principios de 1920, con destino a Noruega y Suecia. Éstas se transbordaban a Holanda y Alemania para otros destinos mundiales, incluido Estados Unidos.

En agosto de 1920, el Den Norske Handelsbank de Noruega recibió en un cargamento de monedas de oro rusas como garantía del pago de 3.000 toneladas de carbón por parte de Niels Juul and Company en EE.UU. en nombre del gobierno soviético. Estas monedas fueron transferidas al Norges Bank para su custodia. Las monedas fueron examinadas y pesadas, y se comprobó que habían sido acuñadas antes del estallido de la guerra en 1914, por lo que eran auténticas monedas imperiales rusas.[220]

Poco después de este episodio inicial, la Robert Dollar Company de San Francisco recibió en su cuenta de Estocolmo lingotes de oro valorados en treinta y nueve millones de coronas suecas; el oro

---

[220] Archivo Decimal del Departamento de Estado de EE.UU., 861.51/815.

"llevaba el sello del antiguo Gobierno del Zar de Rusia". El agente de la Dollar Company en Estocolmo solicitó a la American Express Company facilidades para enviar el oro a Estados Unidos. American Express se negó a gestionar el envío. Hay que señalar que Robert Dollar era director de la American International Company, por lo que la AIC estuvo vinculada al primer intento de enviar oro directamente a Estados Unidos.[221]

Simultáneamente se informó de que tres barcos habían zarpado de Reval, en el Mar Báltico, con oro soviético destinado a Estados Unidos. El S.S. *Gauthod* cargó 216 cajas de oro bajo la supervisión del profesor Lomonossoff, que ahora regresa a Estados Unidos. El S.S. *Carl Line* cargó 216 cajas de oro bajo la supervisión de tres agentes rusos. El S.S. *Ruheleva* fue cargado con 108 cajas de oro. Cada caja contenía tres fardos de oro valorados en sesenta mil rublos de oro cada uno. A continuación se realizó un envío en el S.S. *Wheeling Mold.*

Kuhn, Loeb & Company, aparentemente actuando en nombre de Guaranty Trust Company, preguntó entonces al Departamento de Estado sobre la actitud oficial hacia la recepción del oro soviético. En un informe, el departamento expresaba su preocupación porque si se rechazaba la aceptación, entonces "el oro [volvería] probablemente a manos del Departamento de Guerra, causando con ello una responsabilidad gubernamental directa y una mayor vergüenza."[222] El informe, escrito por Merle Smith en conferencia con Kelley y Gilbert, argumenta que a menos que el poseedor tenga conocimiento definitivo en cuanto a título imperfecto, sería imposible rechazar la aceptación. Se anticipó que se pediría a EE.UU. que fundiera el oro en la oficina de ensayos, y se decidió entonces telegrafiar a Kuhn, Loeb & Company que no se impondrían restricciones a la importación de oro soviético en EE.UU..

El oro llegó a la Oficina de Ensayos de Nueva York y no fue depositado por Kuhn, Loeb & Company, sino por Guaranty Trust

---

[221] Ibídem, 861,51/836.

[222] Ibídem, 861.51,/837, 4 de octubre de 1920.

Company de Nueva York. Guaranty Trust preguntó entonces a la Junta de la Reserva Federal, que a su vez preguntó al Tesoro de los EE.UU., acerca de la aceptación y el pago. El superintendente de la Oficina de Ensayos de Nueva York informó al Tesoro de que los aproximadamente siete millones de dólares en oro no tenían marcas identificativas y que "los lingotes depositados ya habían sido fundidos en lingotes de la ceca de Estados Unidos". El Tesoro sugirió que la Junta de la Reserva Federal determinara si Guaranty Trust Company había actuado "por cuenta propia, o por cuenta de otro al presentar el oro", y en particular "si de la importación o depósito del oro se ha derivado o no alguna transferencia de crédito o transacción de cambio."[223]

El 10 de noviembre de 1920, A. Breton, vicepresidente de Guaranty Trust, escribió al subsecretario Gilbert del Departamento del Tesoro quejándose de que Guaranty no había recibido de la oficina de ensaye el anticipo inmediato habitual contra los depósitos de "metal amarillo que les habían dejado para reducir". La carta afirma que Guaranty Trust había recibido garantías satisfactorias de que las barras eran producto de la fundición de monedas francesas y belgas, aunque había comprado el metal en Holanda. En la carta se solicitaba al Tesoro que agilizara el pago del oro. En su respuesta, el Tesoro argumentó que "no compra oro presentado a la Casa de la Moneda o a las oficinas de ensayo de los Estados Unidos que se sabe o se sospecha que es de origen soviético", y en vista de las conocidas ventas soviéticas de oro en Holanda, el oro presentado por Guaranty Trust Company se consideró un "caso dudoso, con indicios de origen soviético". Sugirió que Guaranty Trust Company podía retirar el oro de la oficina de ensayo en cualquier momento que deseara o podía "presentar las pruebas adicionales al Tesoro, al Banco de la Reserva Federal de Nueva York o al Departamento de Estado que fueran necesarias para eximir al oro de cualquier sospecha de origen soviético."[224]

No hay constancia en el expediente de la disposición final de este caso, pero es de suponer que se pagó a la Guaranty Trust Company

---

[223] Ibídem, 861.51/837, 24 de octubre de 1920.

[224] Ibídem, 861.51/853, 11 de noviembre de 1920.

por el envío. Obviamente este depósito de oro fue para implementar el acuerdo fiscal de mediados de 1920 entre Guaranty Trust y el gobierno soviético bajo el cual la compañía se convirtió en el agente soviético en los Estados Unidos (ver epígrafe de este capítulo).

Más tarde se descubrió que el oro soviético también se enviaba a la casa de la moneda sueca. La casa de la moneda sueca "funde el oro ruso, lo ensaya y estampa el sello de la casa de la moneda sueca a petición de los bancos suecos o de otros sujetos suecos deudores del oro".[225] Y al mismo tiempo Olof Aschberg, jefe de Svenska Ekonomie A/B (el intermediario soviético y filial de Guaranty Trust), ofrecía "cantidades ilimitadas de oro ruso" a través de bancos suecos.[226]

En resumen, podemos vincular a American International Corporation, al influyente profesor Lomonossoff, a Guaranty Trust y a Olof Aschberg (a quien ya hemos identificado anteriormente) con los primeros intentos de importar oro soviético a Estados Unidos.

Max May, de Guaranty Trust, se convierte en Director de Ruskombank

El interés de Guaranty Trust por la Rusia soviética se renovó en 1920 en forma de una carta de Henry C. Emery, subdirector del Departamento de Asuntos Exteriores de Guaranty Trust, a De Witt C. Poole en el Departamento de Estado. La carta estaba fechada el 21 de enero de 1920, pocas semanas antes de que Allen Walker, el gerente del Departamento de Asuntos Exteriores, participara activamente en la formación de la virulenta organización antisoviética United Americans (véase la página 165). Emery planteó numerosas preguntas sobre la base legal del gobierno soviético y la banca en Rusia y preguntó si el gobierno soviético era

---

[225] Ibídem, 316-119, 1132.

[226] Ibídem, 316-119-785. Este informe contiene más datos sobre las transferencias de oro ruso a través de otros países e intermediarios. Véase también 316-119-846.

el gobierno de facto en Rusia.[227] "Revuelta antes de 1922 planeada por los rojos", afirmaba United Americans en 1920, pero Guaranty Trust había iniciado negociaciones con esos mismos rojos y actuaba como agente soviético en Estados Unidos a mediados de 1920.

En enero de 1922, el Secretario de Comercio, Herbert Hoover, intercedió ante el Departamento de Estado en favor de un plan del Guaranty Trust para establecer relaciones de intercambio con el "Nuevo Banco Estatal de Moscú". Este esquema, escribió Herbert Hoover, "no sería objetable si se estipulara que todo el dinero que llegara a su poder debería ser utilizado para la compra de productos civiles en los Estados Unidos"; y después de afirmar que tales relaciones parecían estar en línea con la política general, Hoover añadió: "Podría ser ventajoso tener estas transacciones organizadas de tal manera que sepamos cuál es el movimiento en lugar de las operaciones desintegradas ahora corrientes." Por supuesto, tales "operaciones desintegradas" son consistentes con las operaciones de un mercado libre, pero este enfoque Herbert Hoover lo rechazó en favor de canalizar el intercambio a través de fuentes especificadas y controlables en Nueva York. El Secretario de Estado Charles E. Hughes expresó su desacuerdo con el plan Hoover-Guaranty Trust, que en su opinión podría considerarse como un reconocimiento de facto de los soviéticos, mientras que los créditos extranjeros adquiridos podrían utilizarse en perjuicio de Estados Unidos. El Estado envió una respuesta negativa a Guaranty Trust. Sin embargo, Guaranty siguió adelante (con el apoyo de Herbert Hoover), participó en la formación del primer banco internacional soviético y Max May, de Guaranty Trust, se convirtió en jefe del departamento exterior del nuevo Ruskombank.

---

[227] Ibídem, 861.516/86.

Capítulo X

J.P. Morgan ayuda un poco al otro bando

Yo no me sentaría a comer con un Morgan, salvo para conocer sus motivos y actitudes.

William E. Dodd, Embajador
Diario de Dodd, 1933-1938

Hasta ahora nuestra historia ha girado en torno a una sola casa financiera importante: Guaranty Trust Company, la mayor compañía fiduciaria de Estados Unidos y controlada por la firma J.P. Morgan. Guaranty Trust utilizó a Olof Aschberg, el banquero bolchevique, como intermediario en Rusia antes y después de la revolución. Guaranty respaldó a Ludwig Martens y su Oficina Soviética, los primeros representantes soviéticos en Estados Unidos. Y a mediados de 1920 Guaranty era el agente fiscal soviético en Estados Unidos; los primeros envíos de oro soviético a Estados Unidos también se remontan a Guaranty Trust.

Esta actividad probolchevique tiene un reverso sorprendente: Guaranty Trust fue uno de los fundadores de United Americans, una virulenta organización antisoviética que amenazó ruidosamente con la invasión roja en 1922, afirmó que 20 millones de dólares de fondos soviéticos estaban en camino para financiar la revolución roja y pronosticó pánico en las calles y hambruna masiva en la ciudad de Nueva York. Esta duplicidad plantea, por supuesto, serias dudas sobre las intenciones del Guaranty Trust y sus directores. Tratar con los soviéticos, incluso respaldarlos, puede explicarse por la codicia apolítica o simplemente por el afán de lucro. Por otra parte, difundir propaganda destinada a crear miedo y pánico, al tiempo que se fomentan las condiciones que dan lugar al miedo y al pánico, es un problema considerablemente más grave. Sugiere una depravación moral absoluta. Veamos primero más de cerca la página web anticomunista United Americans.

Unidos por América contra el comunismo[228]

En 1920 se fundó la organización United Americans. Estaba limitada a los ciudadanos de Estados Unidos y preveía cinco millones de miembros, "cuyo único propósito sería combatir las enseñanzas de los socialistas, comunistas, I.W.W., organizaciones rusas y sociedades de granjeros radicales." En otras palabras, United Americans debía luchar contra todas aquellas instituciones y grupos que se creían anticapitalistas.

Los directivos de la organización preliminar establecida para crear United Americans eran Allen Walker, de la Guaranty Trust Company; Daniel Willard, presidente de la Baltimore 8c Ohio Railroad; H. H. Westinghouse, de la Westinghouse Air Brake Company; y Otto H. Kahn, de Kuhn, Loeb 8c Company y American International Corporation. Estos hombres de Wall Street estaban respaldados por varios presidentes de universidades y por Newton W. Gilbert (ex gobernador de Filipinas). Obviamente, United Americans era, a primera vista, exactamente el tipo de organización que se esperaba que financiaran y a la que se unieran los capitalistas del establishment. Su formación no debería haber sido una gran sorpresa.

Por otra parte, como ya hemos visto, estos financieros también estaban profundamente implicados en el *apoyo* al nuevo régimen soviético en Rusia -aunque este apoyo era entre bastidores, registrado sólo en archivos gubernamentales, y no se haría público durante 50 años. Como parte de United Americans, Walker, Willard, Westinghouse y Kahn estaban jugando un doble juego. Otto H. Kahn, uno de los fundadores de la organización anticomunista, fue señalado por el socialista británico J. H. Thomas de tener la "cara hacia la luz". Kahn escribió el prefacio del libro de Thomas. En 1924 Otto Kahn se dirigió a la Liga para la Democracia Industrial y profesó objetivos comunes con este grupo socialista activista (ver página 49). El ferrocarril Baltimore & Ohio (empleador de Willard)

---

[228] *New York Times*, 21 de junio de 1919.

participó activamente en el desarrollo de Rusia durante la década de 1920. En 1920, el año en que se fundó United Americans, Westinghouse operaba una planta en Rusia que había sido eximida de la nacionalización. Y el papel de Guaranty Trust ya se ha descrito minuciosamente.

United Americans revela "asombrosas revelaciones" sobre los Rojos

En marzo de 1920, el *New York Times* tituló un extenso y detallado artículo de terror sobre la invasión roja de Estados Unidos en el plazo de dos años, invasión que iba a ser financiada con 20 millones de dólares de fondos soviéticos "obtenidos mediante el asesinato y robo de la nobleza rusa."[229]

Se reveló que United Americans había hecho un estudio de las "actividades radicales" en Estados Unidos, y lo había hecho en su papel de organización formada para "preservar la Constitución de Estados Unidos con la forma representativa de gobierno y el derecho de posesión individual que la Constitución establece."

Además, se proclamaba que la encuesta contaba con el respaldo de la junta ejecutiva, "incluidos Otto H. Kahn, Allen Walker de la Guaranty Trust Company, Daniel Willard" y otros. La encuesta afirmaba que los líderes radicales confían en llevar a cabo una revolución en el plazo de dos años, que el comienzo se dará en la ciudad de Nueva York con una huelga general, que los líderes rojos han pronosticado un gran derramamiento de sangre y que el gobierno soviético ruso ha contribuido con 20.000.000 de dólares al movimiento radical americano.

Los envíos de oro soviético a Guaranty Trust a mediados de 1920 (540 cajas de tres poods cada una) tenían un valor aproximado de 15.000.000 de dólares (a 20 dólares la onza troy), y otros envíos de oro a través de Robert Dollar y Olof Aschberg llevaron el total muy cerca de los 20 millones de dólares. La información sobre el oro soviético para el movimiento radical fue calificada de

---

[229] Ibídem, 28 de marzo de 1920.

"completamente fiable" y estaba "siendo entregada al Gobierno". Se afirmaba que los rojos planeaban someter a Nueva York por hambre en cuatro días:

Mientras tanto, los rojos cuentan con un pánico financiero en las próximas semanas para ayudar a su causa. Un pánico causaría angustia entre los trabajadores y por lo tanto los haría más susceptibles a la doctrina de la revolución.

El informe de la United Americans exageró groseramente el número de radicales en Estados Unidos, al principio barajando cifras como dos o cinco millones y luego conformándose con 3.465.000 miembros exactos en cuatro organizaciones radicales. El informe concluía haciendo hincapié en la posibilidad de un derramamiento de sangre y citaba a "Skaczewski, presidente de la Asociación Internacional de Publicaciones, por lo demás del Partido Comunista, [quien] se jactaba de que pronto llegaría el momento en que los comunistas destruirían por completo la actual forma de sociedad."

En resumen, United Americans publicó un informe sin pruebas sustanciales, diseñado para asustar al hombre de la calle y hacer que cundiera el pánico: El punto significativo, por supuesto, es que este es el mismo grupo que fue responsable de proteger y subvencionar, de hecho ayudar, a los soviéticos para que pudieran emprender estos mismos planes.

Conclusiones sobre Estados Unidos

¿Se trata de que la mano derecha no sabía lo que hacía la izquierda? Probablemente no. Estamos hablando de jefes de empresas, empresas eminentemente exitosas por cierto. Así que lo de United Americans fue probablemente una treta para desviar la atención pública -y oficial- de los esfuerzos subterráneos que se estaban haciendo para entrar en el mercado ruso. United Americans es el único ejemplo documentado que conoce este escritor de una organización que ayudaba al régimen soviético y al mismo tiempo estaba al frente de la oposición a los soviéticos. No se trata en absoluto de una actuación incoherente, y una investigación más profunda debería centrarse al menos en los siguientes aspectos:

(a) ¿Existen otros ejemplos de doble juego por parte de

grupos influyentes generalmente conocidos como el establishment?

(b) ¿Pueden extenderse estos ejemplos a otros ámbitos? Por ejemplo, ¿hay pruebas de que los problemas laborales hayan sido instigados por estos grupos?

(c) ¿Cuál es el objetivo último de estas tácticas de pinza? ¿Pueden relacionarse con el axioma marxiano: la tesis frente a la antítesis da lugar a la síntesis? Es un enigma por qué el movimiento marxista atacaría frontalmente al capitalismo si su objetivo fuera un mundo comunista y si realmente aceptara la dialéctica. Si el objetivo es un mundo comunista -es decir, si el comunismo es la síntesis deseada- y el capitalismo es la tesis, entonces algo aparte del capitalismo o del comunismo tiene que ser la antítesis. Por lo tanto, ¿podría ser el capitalismo la tesis y el comunismo la antítesis, siendo el objetivo de los grupos revolucionarios y sus partidarios una síntesis de estos dos sistemas en algún sistema mundial aún no descrito?

Morgan y Rockefeller ayudan a Kolchak

Paralelamente a estos esfuerzos para ayudar a la Oficina Soviética y a United Americans, la firma J.P. Morgan, que controlaba Guaranty Trust, estaba proporcionando ayuda financiera a uno de los principales oponentes de los bolcheviques, el almirante Aleksandr Kolchak en Siberia. El 23 de junio de 1919, el congresista Mason presentó la Resolución 132 de la Cámara de Representantes, en la que daba instrucciones al Departamento de Estado "para que investigue todo y en particular la veracidad de... los informes de prensa" en los que se acusaba a los tenedores de bonos rusos de haber utilizado su influencia para lograr la "retención de tropas estadounidenses en Rusia" con el fin de garantizar el pago continuado de los intereses de los bonos rusos. Según un memorándum de archivo de Basil Miles, socio de William F. Sands, el congresista Mason acusó a ciertos bancos de intentar conseguir el reconocimiento del almirante Kolchak en Siberia para obtener el pago de los antiguos bonos rusos.

Luego, en agosto de 1919, el secretario de Estado, Robert Lansing, recibió del National City Bank de Nueva York, influido por Rockefeller, una carta en la que se solicitaba un comentario oficial sobre una propuesta de préstamo de 5 millones de dólares al almirante Kolchak; y de J.P. Morgan & Co. y otros banqueros otra carta en la que se solicitaba la opinión del departamento sobre una propuesta adicional de préstamo de 10 millones de libras esterlinas a Kolchak por parte de un consorcio de banqueros británicos y estadounidenses.[230]

El Secretario Lansing informó a los banqueros de que EE.UU. no había reconocido a Kolchak y, aunque estaba dispuesto a prestarle ayuda, "el Departamento no creía que pudiera asumir la responsabilidad de alentar tales negociaciones, pero que, no obstante, no parecía haber ninguna objeción al préstamo siempre que los banqueros lo consideraran conveniente."[231]

Posteriormente, el 30 de septiembre, Lansing informó al cónsul general americano en Omsk de que el "préstamo ha seguido desde entonces su curso normal"[232]. Dos quintas partes fueron asumidas por bancos británicos y tres quintas partes por bancos americanos. Dos tercios del total debían gastarse en Gran Bretaña y Estados Unidos y el tercio restante donde el Gobierno de Kolchak quisiera. El préstamo se garantizó con oro ruso (de Kolchak) que se envió a San Francisco. El momento de las exportaciones de oro soviético descrito anteriormente sugiere que la cooperación con los soviéticos en la venta de oro se determinó en los talones del acuerdo de préstamo de oro Kolchak.

Las ventas de oro soviético y el préstamo a Kolchak también sugieren que la afirmación de Carroll Quigley de que los intereses de Morgan se infiltraban en la izquierda nacional se aplicaba también a los movimientos revolucionarios y contrarrevolucionarios de ultramar. El verano de 1919 fue una época de reveses militares soviéticos en Crimea y Ucrania, y este negro panorama puede haber inducido a los banqueros británicos y estadounidenses a reparar sus

---

[230] Archivo Decimal del Departamento de Estado de EE.UU., 861.51/649.

[231] Ibídem, 861.51/675

[232] Ibídem, 861.51/656

vallas con las fuerzas antibolcheviques. La lógica obvia sería tener un pie en todos los campos, y así estar en una posición favorable para negociar concesiones y negocios después de que la revolución o contrarrevolución hubiera triunfado y se hubiera estabilizado un nuevo gobierno. Como el resultado de cualquier conflicto no se puede ver al principio, la idea es hacer apuestas considerables en todos los caballos de la carrera revolucionaria. Así, se prestó ayuda, por un lado, a los soviéticos y, por otro, a Kolchak, mientras el gobierno británico apoyaba a Denikin en Ucrania y el gobierno francés acudía en ayuda de los polacos.

En otoño de 1919, el periódico berlinés *Berliner Zeitung am Mittak* (8 y 9 de octubre) acusó a la firma Morgan de financiar al gobierno ruso occidental y a las fuerzas ruso-alemanas en el Báltico que luchaban contra los bolcheviques, ambos aliados de Kolchak. La empresa Morgan negó enérgicamente la acusación: "Esta firma no ha tenido ninguna discusión, ni reunión, con el Gobierno de Rusia Occidental ni con nadie que pretenda representarlo, en ningún momento".[233] Pero si la acusación de financiación era inexacta, hay pruebas de colaboración. Los documentos encontrados por la inteligencia gubernamental letona entre los papeles del coronel Bermondt, comandante del Ejército Voluntario Occidental, confirman "las relaciones que se afirma existían entre el agente londinense de Kolchak y la red industrial alemana que respaldaba a Bermondt".[234]

En otras palabras, sabemos que J.P. Morgan, Londres y Nueva York financiaron a Kolchak. También hay pruebas que conectan a Kolchak y su ejército con otros ejércitos antibolcheviques. Y parece haber pocas dudas de que los círculos industriales y bancarios alemanes financiaban a todo el ejército antibolchevique ruso en el Báltico. Obviamente, los fondos de los banqueros no tienen bandera nacional.

---

[233] Ibídem, 861.51/767 - carta de J. P. Morgan al Departamento de Estado, 11 de noviembre de 1919. La financiación en sí era un engaño (véase el informe de AP en los archivos del Departamento de Estado tras la carta de Morgan).

[234] Ibídem, 861.51/6172 y /6361.

Capítulo XI

La alianza de los banqueros y la Revolución

> *El apellido Rockefeller no connota a un revolucionario,*
> *y mi situación vital ha fomentado una actitud cuidadosa*
> *y cauta que roza el conservadurismo. No soy dado a las*
> *causas errantes...*
>
> John D. Rockefeller III, The Second American
> Revolution (Nueva York: Harper & Row. 1973)

Las pruebas presentadas: una sinopsis

Las pruebas ya publicadas por George Katkov, Stefan Possony y Michael Futrell han establecido que el regreso a Rusia de Lenin y su partido de bolcheviques exiliados, seguido unas semanas más tarde por un partido de mencheviques, fue financiado y organizado por el gobierno alemán.[235] Los fondos necesarios se transfirieron en parte a través del Nya Banken de Estocolmo, propiedad de Olof Aschberg, y el doble objetivo alemán era: (a) sacar a Rusia de la guerra, y (b) controlar el mercado ruso de la posguerra.[236]

Ahora hemos ido más allá de esta evidencia para establecer una relación de trabajo continua entre el banquero bolchevique Olof Aschberg y la Guaranty Trust Company controlada por Morgan en

---

[235] Michael Futrell, *Northern Underground* (Londres: Faber and Faber, 1963); Stefan Possony, *Lenin: The Compulsive Revolutionary* (Londres: George Allen & Unwin, 1966); y George Katkov, "German Foreign Office Documents on Financial Support to the Bolsheviks in 1917", *International Affairs* 32 (Royal Institute of International Affairs, 1956).

[236] Ibídem, especialmente Katkov.

Nueva York antes, durante y después de la Revolución Rusa. En la época zarista Aschberg era el agente de Morgan en Rusia y negociador de préstamos rusos en Estados Unidos; durante 1917 Aschberg fue intermediario financiero de los revolucionarios; y después de la revolución Aschberg se convirtió en jefe del Ruskombank, el primer banco internacional soviético, mientras que Max May, vicepresidente de la Guaranty Trust controlada por Morgan, se convirtió en director y jefe del departamento exterior del Ruskom-bank. Hemos presentado pruebas documentales de una continua relación de trabajo entre la Guaranty Trust Company y los bolcheviques. Los directores de Guaranty Trust en 1917 se enumeran en el Apéndice 1.

Además, hay pruebas de transferencias de fondos de banqueros de Wall Street a actividades revolucionarias internacionales. Por ejemplo, está la declaración (corroborada por un cablegrama) de William Boyce Thompson -director del Banco de la Reserva Federal de Nueva York, gran accionista del Chase Bank, controlado por Rockefeller, y socio financiero de los Guggenheim y los Morgan- de que él (Thompson) contribuyó con un millón de dólares a la Revolución Bolchevique con fines propagandísticos. Otro ejemplo es John Reed, el miembro estadounidense del comité ejecutivo de la III Internacional que fue financiado y apoyado por Eugene Boissevain, un banquero privado de Nueva York, y que fue empleado por la revista *Metropolitan* de Harry Payne Whitney. Whitney era entonces director de Guaranty Trust. También establecimos que Ludwig Martens, el primer "embajador" soviético en Estados Unidos, estaba (según el jefe de la Inteligencia británica Sir Basil Thompson) respaldado por fondos de Guaranty Trust Company. Al rastrear la financiación de Trotsky en Estados Unidos llegamos a fuentes alemanas, aún por identificar, en Nueva York. Y aunque no conocemos las fuentes alemanas exactas de los fondos de Trotsky, sabemos que Von Pavenstedt, el principal pagador del espionaje alemán en EEUU, era también socio principal de Amsinck & Co. Amsinck era propiedad de la siempre presente American International Corporation, también controlada por la firma J.P. Morgan.

Además, empresas de Wall Street como Guaranty Trust participaron en las actividades revolucionarias de Carranza y Villa en México durante la guerra. También identificamos pruebas documentales relativas a la financiación por un sindicato de Wall Street de la revolución de Sun Yat-sen en China en 1912, una revolución que hoy es aclamada por los comunistas chinos como precursora de la revolución de Mao en China. Charles B. Hill, abogado de Nueva York que negociaba con Sun Yat-sen en nombre de este sindicato, era director de tres filiales de Westinghouse, y hemos descubierto que Charles R. Crane, de Westinghouse en Rusia, participó en la Revolución Rusa.

Aparte de las finanzas, hemos identificado otras pruebas, posiblemente más significativas, de la implicación de Wall Street en la causa bolchevique. La Misión de la Cruz Roja estadounidense en Rusia era una empresa privada de William B. Thompson, que ofreció públicamente apoyo partidista a los bolcheviques. Los documentos del Gabinete de Guerra británico ahora disponibles registran que la política británica fue desviada hacia el régimen de Lenin-Trotsky por la intervención personal de Thompson ante Lloyd George en diciembre de 1917. Hemos reproducido declaraciones del director Thompson y del vicepresidente William Lawrence Saunders, ambos del Banco de la Reserva Federal de Nueva York, que favorecían fuertemente a los bolcheviques. John Reed no sólo estaba financiado por Wall Street, sino que contaba con un apoyo constante para sus actividades, llegando incluso a la intervención ante el Departamento de Estado de William Franklin Sands, secretario ejecutivo de American International Corporation. En el caso de sedición de Robert Minor hay fuertes indicios y algunas pruebas circunstanciales de que el coronel Edward House intervino para que Minor fuera puesto en libertad. La importancia del caso Minor es que el programa de William B. Thompson para la revolución bolchevique en Alemania era el mismo programa que Minor estaba aplicando cuando fue detenido en Alemania.

Algunos agentes internacionales, por ejemplo Alexander Gumberg, trabajaron para Wall Street y los bolcheviques. En 1917 Gumberg era el representante de una empresa estadounidense en Petrogrado, trabajó para la Misión de la Cruz Roja Americana de Thompson, se convirtió en el principal agente bolchevique en Escandinavia hasta que fue deportado de Noruega, luego se convirtió en asistente confidencial de Reeve Schley del Chase Bank de Nueva York y más tarde de Floyd Odium de Atlas Corporation.

Esta actividad en favor de los bolcheviques se originó en gran parte en una sola dirección: 120 Broadway, Nueva York. Se esbozan las pruebas de esta observación, pero no se da ninguna razón concluyente para la inusual concentración de actividad en una sola dirección, excepto para afirmar que parece ser la contrapartida extranjera de la afirmación de Carroll Quigley de que J.P. Morgan se infiltró en la izquierda nacional. Morgan también se infiltró en la izquierda internacional.

El Banco de la Reserva Federal de Nueva York estaba en el 120 de Broadway. El vehículo de esta actividad pro-bolchevique era la American International Corporation, en el 120 de Broadway. Las opiniones de la AIC sobre el régimen bolchevique fueron solicitadas por el Secretario de Estado Robert Lansing sólo unas semanas después del comienzo de la revolución, y Sands, secretario ejecutivo de la AIC, apenas pudo contener su entusiasmo por la causa bolchevique. Ludwig Martens, el primer embajador soviético, había sido vicepresidente de Weinberg & Posner, que también estaba situado en 120-Broadway. Guaranty Trust Company estaba al lado, en el 140 de Broadway, pero Guaranty Securities Co. estaba en el 120 de Broadway. En 1917 Hunt, Hill & Betts estaba en el 120 de Broadway, y Charles B. Hill, de esta firma, fue el negociador en los tratos con Sun Yat-sen. John MacGregor Grant Co., financiada por Olof Aschberg en Suecia y Guaranty Trust en Estados Unidos, y que figuraba en la lista negra de la Inteligencia Militar, estaba en el 120 de Broadway. Los Guggenheim y el corazón ejecutivo de General Electric (también interesada en American International) estaban en el 120 de Broadway. Por lo tanto, no es de extrañar que el Bankers Club también estuviera en el 120 de Broadway, en el último piso (el trigésimo cuarto).

Es significativo que el apoyo a los bolcheviques no cesara con la consolidación de la revolución; por lo tanto, este apoyo no puede explicarse totalmente en términos de la guerra con Alemania. El sindicato ruso-estadounidense formado en 1918 para obtener concesiones en Rusia estaba respaldado por los intereses de White, Guggenheim y Sinclair. Entre los directores de las empresas controladas por estos tres financieros figuraban Thomas W. Lamont (Guaranty Trust), William Boyce Thompson (Banco de la Reserva Federal) y Harry Payne Whitney (Guaranty Trust), patrón de John Reed. Esto sugiere fuertemente que el sindicato se formó para sacar provecho del apoyo anterior a la causa bolchevique en el período revolucionario. Y luego descubrimos que Guaranty Trust respaldó financieramente a la Oficina Soviética de Nueva York en 1919.

La primera señal realmente concreta de que el apoyo político y financiero previo estaba dando sus frutos se produjo en 1923, cuando los soviéticos crearon su primer banco internacional, el Ruskombank. Olof Aschberg, socio de Morgan, se convirtió en jefe nominal de este banco soviético; Max May, vicepresidente de Guaranty Trust, pasó a ser director del Ruskom-bank, y éste nombró rápidamente a Guaranty Trust Company su agente en Estados Unidos.

La explicación de la profana alianza

¿Qué motivo explica esta coalición de capitalistas y bolcheviques?

Rusia era entonces -y sigue siendo hoy- el mayor mercado sin explotar del mundo. Además, Rusia, entonces y ahora, constituía la mayor amenaza competitiva potencial para la supremacía industrial y financiera estadounidense. (Basta echar un vistazo a un mapamundi para darse cuenta de la diferencia geográfica entre la vasta masa terrestre de Rusia y la más pequeña de Estados Unidos). Wall Street debe sentir escalofríos cuando visualiza a Rusia como un segundo supergigante industrial estadounidense.

Pero, ¿por qué permitir que Rusia se convierta en un competidor y un desafío a la supremacía estadounidense? A finales del siglo XIX, Morgan/Rockefeller y Guggenheim habían demostrado sus proclividades monopolísticas. En *Railroads and Regulation 1877-1916* Gabriel Kolko ha demostrado cómo los propietarios de los ferrocarriles, y no los agricultores, querían el control estatal de los ferrocarriles para preservar su monopolio y abolir la competencia. Así que la explicación más sencilla de nuestras pruebas es que un sindicato de financieros de Wall Street agrandó sus ambiciones monopolísticas y amplió horizontes a escala mundial. *El gigantesco mercado ruso debía convertirse en un mercado cautivo y en una colonia técnica a explotar por unos cuantos financieros estadounidenses de alto poder y las corporaciones bajo su control.* Lo que la Comisión Interestatal de Comercio y la Comisión Federal de Comercio, bajo el pulgar de la industria estadounidense, podían lograr para esa industria en casa, un gobierno socialista planificado podía lograrlo para ella en el extranjero -dado el apoyo adecuado y los incentivos de Wall Street y Washington, D.C.

Por último, para que esta explicación no parezca demasiado radical, recordemos que fue Trotsky quien nombró a generales zaristas para consolidar el Ejército Rojo; que fue Trotsky quien hizo un llamamiento para que oficiales estadounidenses controlaran la Rusia revolucionaria e intervinieran en favor de los soviéticos; que fue Trotsky quien aplastó primero al elemento libertario de la Revolución Rusa y luego a los obreros y campesinos; y que la historia registrada ignora totalmente al Ejército Verde de 700.000 hombres compuesto por ex bolcheviques, enfurecidos por la traición a la revolución, que lucharon contra los blancos y los rojos. En otras palabras, estamos sugiriendo que la Revolución Bolchevique fue una alianza de estatistas: revolucionarios estatistas y financieros estatistas alineados contra los genuinos elementos libertarios revolucionarios de Rusia.[237]

La pregunta que se hacen ahora los lectores es si esos banqueros eran también bolcheviques secretos. No, claro que no. Los financieros no tenían ideología. Sería un grave error de interpretación suponer que la ayuda a los bolcheviques estaba motivada ideológicamente, en cualquier sentido estricto. Los financieros *estaban motivados por el* poder y, por tanto, ayudaban *a cualquier* vehículo político que les diera acceso al poder: Trotsky, Lenin, el zar, Kolchak, Denikin... todos recibieron ayuda, más o menos. Todos, es decir, menos los que querían una sociedad individualista verdaderamente libre.

La ayuda tampoco se limitó a los bolcheviques y contrabolcheviques estatistas. John P. Diggins, en *Mussolini and Fascism: The View from America*,[238] ha señalado en relación con Thomas Lamont, de Guaranty Trust, que de todos los líderes empresariales estadounidenses, el que más enérgicamente patrocinó la causa del

---

[237] Véase también Voline (V.M. Eichenbaum), *Nineteen-Seventeen: The Russian Revolution Betrayed* (Nueva York: Libertarian Book Club, s.f.).

[238] Princeton, N.J.: Princeton University Press, 1972.

fascismo fue Thomas W. Lamont. Jefe de la poderosa red bancaria J.P. Morgan, Lamont actuó como una especie de asesor empresarial del gobierno de la Italia fascista.

Lamont consiguió un préstamo de 100 millones de dólares para Mussolini en 1926, en un momento especialmente crucial para el dictador italiano. Recordemos también que el director de Guaranty Trust era el padre de Corliss Lamont, un comunista nacional. Este enfoque imparcial de los dos sistemas totalitarios, comunismo y fascismo, no se limitó a la familia Lamont. Por ejemplo, Otto Kahn, director de American International Corporation y de Kuhn, Loeb & Co., estaba seguro de que "el capital estadounidense invertido en Italia encontrará seguridad, estímulo, oportunidad y recompensa".[239] Este es el mismo Otto Kahn que dio una conferencia a la Liga Socialista de la Democracia Industrial en 1924 diciendo que *sus* objetivos eran *sus* objetivos. Sólo diferían - según Otto Kahn - sobre los medios para alcanzar estos objetivos.

Ivy Lee, el hombre de relaciones públicas de Rockefeller, hizo declaraciones similares, y fue responsable de vender el régimen soviético al crédulo público estadounidense a finales de la década de 1920. También hemos observado que Basil Miles, encargado del escritorio ruso en el Departamento de Estado y antiguo asociado de William Franklin Sands, era decididamente servicial con los hombres de negocios que promovían las causas bolcheviques; pero en 1923 el mismo Miles fue autor de un artículo profascista, "Los camisas negras de Italia y los negocios".[240] "El éxito de los fascistas es una expresión de la juventud de Italia", escribió Miles al tiempo que glorificaba al movimiento fascista y aplaudía su estima por los negocios estadounidenses.

El Plan Marburgo

El Plan Marburg, financiado por el amplio patrimonio de Andrew Carnegie, se elaboró en los primeros años del siglo XX. Sugiere la

---

[239] Ibídem, p. 149.

[240] Nation's Business, febrero de 1923, pp. 22-23.

premeditación de este tipo de esquizofrenia superficial, que en realidad enmascara un programa integrado de adquisición de poder: "Qué pasaría entonces si Carnegie y su riqueza ilimitada, los financieros internacionales y los socialistas pudieran organizarse en un movimiento para obligar a la formación de una liga para imponer la paz".[241]

Los gobiernos del mundo, según el Plan de Marburgo, debían ser socializados mientras que el poder último permanecería en manos de los financieros internacionales "para controlar sus consejos e imponer la paz [y así] proporcionar un específico para todos los males políticos de la humanidad."[242]

Esta idea se tejió con otros elementos con objetivos similares. Lord Milner en Inglaterra proporciona el ejemplo transatlántico de intereses bancarios que reconocen las virtudes y posibilidades del marxismo. Milner era banquero, influyente en la política bélica británica y marxista pro-.[243] En Nueva York se fundó en 1903 el club socialista *"X"*. Contaba entre sus miembros no sólo con el comunista Lincoln Steffens, el socialista William English Walling y el banquero comunista Morris Hillquit, sino también con John Dewey, James T. Shotwell, Charles Edward Russell y Rufus Weeks (vicepresidente de la New York Life Insurance Company). En la reunión anual del Economic Club, celebrada en el Hotel Astor de Nueva York, participaron oradores socialistas. En 1908, cuando A. Barton Hepburn, presidente del Chase National Bank, era presidente del Economic Club, el principal orador fue el ya mencionado Morris Hillquit, que "tuvo abundantes oportunidades de predicar el socialismo a una reunión que representaba la riqueza y los intereses financieros".[244]

De estas semillas improbables creció el movimiento

---

[241] Jennings C. Wise, *Woodrow Wilson: Disciple of Revolution* (Nueva York: Paisley Press, 1938), p.45.

[242] Ibídem, p.46.

[243] Véase p. 89.

[244] Morris Hillquit, *Loose Leaves from a Busy Life* (Nueva York: Macmillan, 1934), p. 81.

internacionalista moderno, que incluía no sólo a los financieros Carnegie, Paul Warburg, Otto Kahn, Bernard Baruch y Herbert Hoover, sino también a la Fundación Carnegie y su progenie *Conciliación Internacional*. Los fideicomisarios de Carnegie eran, como hemos visto, prominentes en el consejo de American International Corporation. En 1910 Carnegie donó 10 millones de dólares para fundar la Dotación Carnegie para la Paz Internacional, y entre los miembros del consejo de administración se encontraban Elihu Root (Misión Root a Rusia, 1917), Cleveland H. Dodge (patrocinador financiero del presidente Wilson), George W. Perkins (socio de Morgan), G. J. Balch (AIC y Amsinck), R. F. Herrick (AIC), H. W. Pritchett (AIC), y otras luminarias de Wall Street. Woodrow Wilson estuvo bajo la poderosa influencia de este grupo de internacionalistas y, de hecho, estaba en deuda financiera con ellos. Como ha escrito Jennings C. Wise, "Los historiadores nunca deben olvidar que Woodrow Wilson... hizo posible que León Trotsky entrara en Rusia con un pasaporte estadounidense".[245]

Pero León Trotsky también se declaraba internacionalista. Hemos observado con cierto interés sus conexiones internacionalistas de alto nivel en , o al menos sus amigos, en Canadá. Trotsky entonces no era pro-ruso, ni pro-aliado, ni pro-alemán, como muchos han tratado de hacer creer. Trotsky *estaba a favor de* la revolución mundial, *de la* dictadura mundial; era, en una palabra, un internacionalista.[246] Los bolcheviques y los banqueros tienen entonces este importante punto en común: el internacionalismo. La revolución y las finanzas internacionales no son en absoluto incoherentes si el resultado de la revolución es establecer una autoridad más centralizada. Las finanzas internacionales prefieren tratar con gobiernos centrales. Lo último que quiere la comunidad bancaria es la economía del laissez-faire y el poder descentralizado porque dispersarían el poder.

Esta, por tanto, es una explicación que encaja con las pruebas. Este puñado de banqueros y promotores no era bolchevique, ni

---

[245] Wise, op. cit., p. 647

[246] León Trotsky, *Los bolcheviques y la paz mundial* (Nueva York: Boni & Liveright, 1918).

comunista, ni socialista, ni demócrata, ni siquiera estadounidense. Por encima de todo, estos hombres querían mercados, preferiblemente mercados internacionales cautivos - y un monopolio del mercado mundial cautivo como objetivo final. Querían mercados que pudieran ser explotados monopolísticamente sin temor a la competencia de rusos, alemanes o cualquier otro - incluidos los hombres de negocios estadounidenses fuera del círculo encantado. Este grupo cerrado era apolítico y amoral. En 1917, tenía un único objetivo: un mercado cautivo en Rusia, todo ello presentado bajo, e intelectualmente protegido por, el amparo de una liga para imponer la paz.

Wall Street logró su objetivo. Las empresas estadounidenses controladas por este sindicato construyeron más tarde la Unión Soviética, y hoy están en camino de llevar el complejo militar-industrial soviético a la era del ordenador.

Hoy en día, el objetivo sigue vivo. John D. Rockefeller lo expone en su libro *The Second American Revolution - que* luce una estrella de cinco puntas en la portada.[247] El libro contiene un alegato desnudo a favor del humanismo, es decir, un alegato a favor de que nuestra primera prioridad sea trabajar para los demás. En otras palabras, un alegato a favor del colectivismo. El humanismo es colectivismo. Es notable que los Rockefeller, que han promovido esta idea humanista durante un siglo, no hayan entregado sus PROPIAS propiedades a los demás... Presumiblemente está implícito en su recomendación que todos trabajemos *para* los Rockefeller. El libro de Rockefeller promueve el colectivismo bajo la apariencia de "conservadurismo cauteloso" y "bien público". Es, en efecto, un alegato a favor de la continuación del anterior apoyo Morgan-Rockefeller a las empresas colectivistas y a la subversión masiva de los derechos individuales.

En resumen, el bien público ha sido, y es hoy, utilizado como un dispositivo y una excusa para el engrandecimiento propio por un círculo elitista que aboga por la paz mundial y la decencia humana. Pero mientras el lector considere la historia mundial en términos de

---

[247] En mayo de 1973, el Chase Manhattan Bank (presidente: David Rockefeller) abre una oficina en Moscú, en el número 1 de la plaza Karl Marx. La oficina de Nueva York está en el 1 de Chase Manhattan Plaza.

un inexorable conflicto marxiano entre capitalismo y comunismo, los objetivos de tal alianza entre las finanzas internacionales y la revolución internacional seguirán siendo elusivos. También lo será el absurdo de la promoción del bien público por parte de los saqueadores. Si estas alianzas siguen eludiendo al lector, entonces debería reflexionar sobre el hecho obvio de que estos mismos intereses y promotores internacionales siempre están dispuestos a determinar lo que deben hacer *otras* personas, pero no están dispuestos a ser los primeros en renunciar a su propia riqueza y poder. Tienen la boca abierta, pero los bolsillos cerrados.

Esta técnica, utilizada por los monopolistas para esquilmar a la sociedad, fue expuesta a principios del siglo XX por Frederick C. Howe en *Las confesiones de un monopolista.*[248] En primer lugar, dice Howe, la política es una parte necesaria de los negocios. Para controlar las industrias es necesario controlar el Congreso y a los reguladores y así hacer que la sociedad trabaje para ti, el monopolista. Así que, según Howe, los dos principios de un monopolista de éxito son: "Primero, deja que la sociedad trabaje para ti; y segundo, haz de la política un negocio".[249] Estas, escribió Howe, son las "reglas básicas del gran negocio".

¿Hay alguna prueba de que este objetivo magníficamente arrollador también era conocido por el Congreso y el mundo académico? Ciertamente, la posibilidad era conocida y conocida públicamente. Por ejemplo, véase el testimonio de Albert Rhys Williams, un sagaz comentarista de la revolución, ante el Comité Overman del Senado:

... es probablemente cierto que bajo el gobierno soviético la vida industrial será quizás mucho más lenta en su desarrollo que bajo el sistema capitalista habitual. Pero, ¿por qué habría de desear un gran país industrial como Estados Unidos la creación y consiguiente competencia de otro gran rival industrial? ¿No coinciden los intereses de América en este sentido con el lento ritmo de desarrollo que la Rusia soviética proyecta para sí misma?

SENADOR WOLCOTT: Entonces, ¿su argumento es que a Estados

---

[248] Chicago: Public Publishing, s.f.

[249] Ibid.

Unidos le interesa que Rusia sea reprimida?

MR. WILLIAMS: No reprimida...

SENADOR WOLCOTT: Usted dice. ¿Por qué Estados Unidos desearía que Rusia se convirtiera en un competidor industrial con ella?

MR. WILLIAMS: Hablo desde un punto de vista capitalista. Creo que a Estados Unidos no le interesa tener otro gran rival industrial, como Alemania, Inglaterra, Francia e Italia, que compita en el mercado. Creo que otro gobierno allí, además del soviético, quizás aumentaría el ritmo o la tasa de desarrollo de Rusia, y tendríamos otro rival. Por supuesto, esto es argumentar desde un punto de vista capitalista.

SENADOR WOLCOTT: ¿Así que está presentando un argumento que cree que puede ser atractivo para el pueblo estadounidense, en el sentido de que si reconocemos al gobierno soviético de Rusia tal y como está constituido, estaremos reconociendo a un gobierno que no puede competir con nosotros en la industria durante muchos años?

MR. WILLIAMS: Eso es un hecho.

SENADOR WOLCOTT: ¿Se trata del argumento de que, bajo el gobierno soviético, Rusia no está en condiciones, al menos durante muchos años, de acercarse industrialmente a Estados Unidos?

MR. WILLIAMS: Por supuesto.[250]

Y en esa franca declaración de Albert Rhys Williams está la clave básica de la interpretación revisionista de la historia rusa durante el último medio siglo.

Wall Street, o más bien el complejo Morgan-Rockefeller representado en el 120 de Broadway y el 14 de Wall Street, tenía en mente algo muy parecido al argumento de Williams. Wall Street defendió a los bolcheviques en Washington. Y lo consiguió. El

---

[250] EE.UU., Senado, *Propaganda bolchevique*, audiencias ante un subcomité del Comité Judicial, 65° Congreso, pp. 679-80. Véase también aquí p. 107 para el papel de Williams en la Oficina de Prensa de Radek.

régimen totalitario soviético sobrevivió. En los años 30, empresas extranjeras, en su mayoría del grupo Morgan-Rockefeller, construyeron los planes quinquenales. Han seguido construyendo Rusia, económica y militarmente.[251] Por otra parte, es de suponer que Wall Street no previó la Guerra de Corea y la Guerra de Vietnam, en las que 100.000 estadounidenses e innumerables aliados perdieron la vida a causa del armamento soviético construido con esa misma tecnología estadounidense importada. Lo que parecía una política previsora, y sin duda rentable, para un sindicato de Wall Street, se convirtió en una pesadilla para millones de personas ajenas al círculo de poder elitista y a la clase dominante.

---

[251] Véase Antony C. Sutton, *Western Technology and Soviet Economic Development,* 3 vols. (Stanford, Calif.: Hoover Institution, 1968, 1971, 1973); véase también *National Suicide: Military Aid to the Soviet* Union (Nueva York: Arlington House, 1973).

Apéndice I

Directores de los principales bancos, empresas e instituciones mencionados en este libro (en 1917-1918)

AMERICAN INTERNATIONAL CORPORATION (120 Broadway)

J. Ogden Armour	Percy A. Rockefeller
G. J. Baldwin	John D. Ryan
C. A. Coffin	W.L. Saunders
W. E. Corey	J.A. Stillman
Robert Dollar	C.A. Stone
Pierre S. du Pont	T.N. Vail
Philip A. S. Franklin	F.A. Vanderlip
J. P. Grace	E.S. Webster
R. F. Herrick	A.H. Wiggin
Otto H. Kahn	Beckman Winthrop
H. W. Pritchett	William Woodward

BANCO NACIONAL CHASE

J. N. Hill	Newcomb Carlton
A. B. Hepburn	D.C. Jackling
S. H. Miller	E.R. Tinker
C. M. Schwab	A.H. Wiggin
H. Bendicott	John J. Mitchell

Guy E. Tripp

EQUITABLE TRUST COMPANY (37-43 Wall Street)

Charles B. Alexander

Henry E. Huntington

Albert B. Boardman

Edward T. Jeffrey

Robert.C. Clowry

Otto H. Kahn

Howard E. Cole

Alvin W. Krech

Henry E. Cooper

James W. Lane

Paul D. Cravath Hunter

S. Marston

Franklin Wm. Cutcheon

Charles G. Meyer

Bertram Cutler

George Welwood Murray

Thomas de Witt Cuyler

Henry H. Pierce

Frederick W. Fuller

Winslow S. Pierce

Robert Goelet

Lyman Rhoades

Carl R. Gray

Walter C. Teagle

Charles Hayden

Henry Rogers Winthrop

Bertram G. Trabajo

CONSEJO CONSULTIVO FEDERAL (1916)

Daniel G. Wing, Boston, Distrito n° 1

J. P. Morgan, Nueva York, Distrito n° 2

Levi L. Rue, Filadelfia, Distrito n° 3

W. S. Rowe, Cincinnati, Distrito No. 4

J. W. Norwood, Greenville, S.C., Distrito n° 5

C. A. Lyerly, Chattanooga, Distrito No. 6

J. B. Forgan, Chicago, Pres., Distrito No. 7

Frank O. Watts, St. Louis, Distrito n° 8

C. T. Jaffray, Minneapolis, Distrito No. 9

E. F. Swinney, Kansas City, Distrito No. 10

T. J. Record, París, Distrito nº 11

Herbert Fleishhacker, San Francisco, Distrito nº 12

FEDERAL RESERVE BANK OF NEW YORK (120 Broadway)

William Woodward (1917)

Robert H. Treman (1918)   Clase A

Franklin D. Locke (1919)

Charles A. Stone (1920)

Wm. B. Thompson (1918)   Clase B

L. R. Palmer (1919)

Pierre Jay (1917)

George F. Peabody (1919)   Clase C

William Lawrence Saunders (1920)

JUNTA DE LA RESERVA FEDERAL

William G. M'Adoo	Adolph C. Miller (1924)
Charles S. Hamlin (1916) (1920)	Frederic A. Delano
Paul M. Warburg (1918)	W.P.G. Harding (1922)
John Skelton Williams	

GUARANTY TRUST COMPANY (140 Broadway)

Alexander J. Hemphill (Presidente)

Charles H. Allen	Edgar L. Marston
A. C. Bedford Grayson	M-P Murphy
Edward J. Berwind	Charles A. Peabody
W. Murray Crane	William C. Potter

T. de Witt Cuyler	John S. Runnells
James B. Duke	Thomas F. Ryan
Caleb C. Dula	Charles H. Sabin
Robert W. Goelet	John W. Spoor
Daniel Guggenheim	Albert Straus
W. Averell Harriman	Harry P. Whitney
Albert H. Harris	Thomas E. Wilson
Walter D. Hines	Comité de Londres:
Augustus D. Julliard	Arthur J. Fraser (Presidente)
Thomas W. Lamont	Cecil F. Parr
William C. Lane	Robert Callander

BANCO NACIONAL DE LA CIUDAD

P. A. S. Franklin	P.A. Rockefeller
J.P. Grace	James Stillman
G. H. Dodge	W. Rockefeller
H. A. C. Taylor	J. O. Armour
R. S. Lovett	J.W. Sterling
F. A. Vanderlip	J.A. Stillman
G. H. Miniken	M.T. Pyne
E. P. Swenson	E.D. Bapst
Frank Trumbull	J.H. Post
Edgar Palmer	W.C. Procter

NATIONALBANK FÜR DEUTSCHLAND

(Como en 1914, Hjalmar Schacht se incorporó al consejo en 1918)

Emil Wittenberg	Hans Winterfeldt
Hjalmar Schacht	Th Marba

Martin Schiff   Paul Koch

Franz Rintelen

SINCLAIR CONSOLIDATED OIL CORPORATION (120 Broadway)

Harry F. Sinclair	James N. Wallace
H. P. Whitney	Edward H. Clark
Wm. E. Corey	Daniel C. Jackling
Wm. B. Thompson	Albert H. Wiggin

J. G. WHITE ENGINEERING CORPORATION

James Brown	C.E. Bailey
Douglas Campbell	J.G. White
G. C. Clark, Jr.	Gano Dunn
Bayard Dominick, Jr.	E.G. Williams
A. G. Hodenpyl	A.S. Crane
T. W. Lamont	H.A. Lardner
Marion McMillan	G.H. Kinniat
J. H. Pardee	A.F. Kountz
G. H. Walbridge	R.B. Marchant
E. N. Chilson	Henry Parsons
A. N. Connett	

Apéndice II

La teoría de la conspiración judía de la revolución bolchevique

Existe una extensa literatura en inglés, francés y alemán que refleja el argumento de que la Revolución bolchevique fue el resultado de una "conspiración judía"; más concretamente, una conspiración de los banqueros mundiales judíos. Generalmente, el control mundial se considera el objetivo final; la Revolución bolchevique no fue más que una fase de un programa más amplio que supuestamente refleja una lucha religiosa milenaria entre el cristianismo y las "fuerzas de las tinieblas."

El argumento y sus variantes pueden encontrarse en los lugares más sorprendentes y de personas bastante sorprendentes. En febrero de 1920 Winston Churchill escribió un artículo -raramente citado hoy en día- para el *London Illustrated Sunday Herald* titulado *"El sionismo* contra el bolchevismo". En este' artículo Churchill concluía que era "particularmente importante... que los judíos nacionales de todos los países que son leales a la tierra de su adopción se presenten en cada ocasión... y tomen parte destacada en todas las medidas para combatir la conspiración bolchevique." Churchill traza una línea divisoria entre los "judíos nacionales" y lo que él llama "judíos internacionales". Sostiene que los "judíos internacionales y para la mayoría ateos" tuvieron sin duda un papel "muy grande" en la creación del bolchevismo y en el desencadenamiento de la Revolución Rusa. Afirma (contrariamente a los hechos) que, con la excepción de Lenin, "la mayoría" de las principales figuras de la revolución eran judíos, y añade (también contrariamente a los hechos) que en muchos casos los intereses judíos y los lugares de culto judíos fueron exceptuados por los bolcheviques de sus políticas de incautación. Churchill califica a los judíos internacionales de "siniestra confederación" surgida de las poblaciones perseguidas de países donde los judíos han sido perseguidos a causa de su raza. Winston Churchill rastrea este movimiento hasta Espartaco-Weishaupt, lanza su red literaria en torno a Trotsky, Bela Kun, Rosa Luxemburgo y Emma Goldman, y acusa: "Esta conspiración mundial para el derrocamiento de la civilización y para la reconstitución de la sociedad sobre la base de un desarrollo detenido, de una malevolencia envidiosa y de una igualdad imposible, no ha dejado de crecer."

Churchill argumenta entonces que este grupo conspirativo Espartaco-Weishaupt ha sido el resorte principal de todos los movimientos subversivos del siglo XIX. Al tiempo que señala que el sionismo y el bolchevismo compiten por el alma del pueblo judío, Churchill (en 1920) se preocupa por el papel del judío en la revolución bolchevique y por la existencia de una conspiración judía mundial.

Otro autor muy conocido en la década de 1920, Henry Wickham Steed, describe en el segundo volumen de su obra *Through 30 Years 1892-1922* (p. 302) cómo intentó llamar la atención del coronel Edward M. House y del presidente Woodrow Wilson sobre el concepto de la conspiración judía. Un dia en marzo de 1919 Wickham Steed llamo al Coronel House y lo encontro perturbado por la reciente critica de Steed a el reconocimiento de los Estados Unidos a los Bolcheviques. Steed señaló a House que Wilson sería desacreditado entre los muchos pueblos y naciones de Europa e "insistió en que, desconocidos para él, los principales impulsores eran Jacob Schiff, Warburg y otros financieros internacionales, que deseaban sobre todo reforzar a los bolcheviques judíos a fin de asegurar un campo para la explotación alemana y judía de Rusia."[252] Según Steed, el coronel House abogó por el establecimiento de relaciones económicas con la Unión Soviética.

Probablemente la colección más superficialmente condenatoria de documentos sobre la conspiración judía se encuentra en el Archivo Decimal del Departamento de Estado (861.00/5339). El documento central es uno titulado "Bolchevismo y judaísmo", fechado el 13 de noviembre de 1918. El texto tiene la forma de un informe, en el que

---

[252] Véase en el Apéndice 3 el papel real de Schiff.

se afirma que la revolución en Rusia fue urdida "en febrero de 1916" y "se descubrió que las siguientes personas y empresas estaban comprometidas en esta labor destructiva":

Jacob Schiff	Judío
Kuhn, Loeb & Compañía	Firma judía
Gestión: Jacob Schiff	Judío
Felix Warburg	Judío
Otto H. Kahn	Judío
Mortimer L. Schiff	Judío
Jerome J. Hanauer	Judío
Guggenheim	Judío
Max Breitung	Judío
Isaac Seligman	Judío

El informe continúa afirmando que no puede haber ninguna duda de que la Revolución Rusa fue iniciada y diseñada por este grupo y que en abril de 1917 Jacob Schiff, de hecho, hizo un anuncio público y fue debido a su influencia financiera que la revolución rusa se llevó a cabo con éxito y en la primavera de 1917 Jacob Schiff comenzó a financiar a Trotsky, un judío, con el fin de lograr una revolución social en Rusia.

El informe contiene otra información diversa sobre la financiación de Trotsky por Max Warburg, el papel del sindicato Rheinish-Westfalen y Olof Aschberg del Nya Banken (Estocolmo) junto con Jivotovsky. El autor anónimo (en realidad empleado del U.S. War Trade Board)[253] afirma que los vínculos entre estas organizaciones y su financiación de la revolución bolchevique muestran cómo "se forjó el vínculo entre los multimillonarios judíos y los proletarios judíos." El informe continúa enumerando un gran número de

---

[253] El autor anónimo era un ruso empleado por el U.S. War Trade Board. Uno de los tres directores de la U.S. War Trade Board en ese momento era John Foster Dulles.

bolcheviques que también eran judíos y luego describe las acciones de Paul Warburg, Judus Magnes, Kuhn, Loeb & Company y Speyer & Company.

El informe termina con una puya a la "judería internacional" y sitúa el argumento en el contexto de un conflicto cristiano-judío respaldado por citas de los Protocolos de Sión. Acompañan a este informe una serie de cables entre el Departamento de Estado en Washington y la embajada americana en Londres sobre los pasos a dar con estos documentos:[254]

5399 Gran Bretaña, TEL. 3253 i pm 16 octubre 1919 En Archivo Confidencial Secreto para Winslow de Wright. Ayuda financiera al bolchevismo y a la revolución bolchevique en Rusia de destacados judíos am. Judíos: Jacob Schiff, Felix Warburg, Otto Kahn, Mendell Schiff, Jerome Hanauer, Max Breitung y uno de los Guggenheim. Documento en posesión de las autoridades policiales británicas procedente de fuentes francesas.

* * * * *

17 de octubre Gran Bretaña TEL. 6084, mediodía r c-h 5399 Muy secreto. Wright de Winslow. Ayuda financiera a la revolución bolchevique en Rusia de prominentes Am. Judíos. Sin pruebas, pero investigando. Pide a las autoridades británicas que suspendan la publicación hasta que el Depto. reciba el documento.

* * * * *

28 noviembre Gran Bretaña TEL. 6223 R 5 pro. 5399

PARA WRIGHT. Documento sobre la ayuda financiera a los bolcheviques por parte de prominentes judíos americanos. Informes - identificados como traducción francesa de una declaración originalmente preparada en inglés por un ciudadano ruso en Am. etc. Parece muy imprudente darle publicidad.

Se acordó suprimir este material y los archivos concluyen: "Creo que lo tenemos todo guardado".

---

[254] Archivo Decimal del Departamento de Estado de EE.UU., 861.00/5399.

Con este lote de material se incluye otro documento marcado como "Muy secreto". Se desconoce la procedencia del documento; tal vez sea del FBI o de inteligencia militar. Revisa una traducción de los Protocolos de las Reuniones de los Sabios de Sion, y concluye:

A este respecto se envió una carta al Sr. W. adjuntando un memorándum nuestro con respecto a cierta información del Agregado Militar Americano en el sentido de que las autoridades británicas habían interceptado cartas de varios grupos de judíos internacionales en las que se exponía un plan para el dominio mundial. Copias de este material serán muy útiles para nosotros.

Esta información fue aparentemente desarrollada y un informe posterior de la inteligencia británica hace la acusación llana:

RESUMEN: Ahora hay pruebas definitivas de que el bolchevismo es un movimiento internacional controlado por judíos; hay comunicaciones entre los líderes de América, Francia, Rusia e Inglaterra con vistas a una acción concertada.[255]

Sin embargo, ninguna de las afirmaciones anteriores puede respaldarse con pruebas empíricas sólidas. La información más significativa está contenida en el párrafo en el que se afirma que las autoridades británicas poseían "cartas interceptadas de varios grupos de judíos internacionales en las que se exponía un plan para el dominio mundial". Si efectivamente existen tales cartas, entonces proporcionarían apoyo (o no apoyo) a una hipótesis actualmente no corroborada: a saber, que la Revolución Bolchevique y otras revoluciones son obra de una conspiración judía mundial.

Además, cuando las declaraciones y afirmaciones no se apoyan en pruebas sólidas y cuando los intentos de desenterrar pruebas sólidas conducen en círculo de vuelta al punto de partida -especialmente cuando todo el mundo cita a todo el mundo-, entonces debemos rechazar la historia como espuria. *No hay pruebas concretas de que los judíos participaran en la revolución bolchevique por ser judíos.* Puede que sí hubiera una mayor proporción de judíos implicados, pero dado el trato zarista a los judíos, ¿qué otra cosa podríamos

---

[255] Gran Bretaña, Directorate of Intelligence, *A Monthly Review of the Progress of Revolutionary Movements Abroad*, nº 9, 16 de julio de 1913 (861.99/5067).

esperar? Probablemente había muchos ingleses o personas de origen inglés en la Revolución Americana luchando contra los casacas rojas. ¿Y qué? ¿Convierte eso a la Revolución Americana en una conspiración inglesa? La afirmación de Winston Churchill de que los judíos tuvieron un "papel muy importante" en la Revolución bolchevique sólo se apoya en pruebas distorsionadas. La lista de judíos implicados en la Revolución Bolchevique debe sopesarse con las listas de no judíos implicados en la revolución. Cuando se adopta este procedimiento científico, la proporción de bolcheviques judíos extranjeros implicados cae a menos del veinte por ciento del número total de revolucionarios - y estos judíos fueron en su mayoría deportados, asesinados o enviados a Siberia en los años siguientes. De hecho, la Rusia moderna ha mantenido el antisemitismo zarista.

Es significativo que los documentos de los archivos del Departamento de Estado confirmen que el banquero de inversiones Jacob Schiff, a menudo citado como fuente de fondos para la revolución bolchevique, estaba de hecho *en contra del* apoyo al régimen bolchevique.[256] Esta posición, como veremos, contrastaba directamente con la promoción de los bolcheviques por parte de Morgan-Rockefeller.

La persistencia con la que se ha impulsado el mito de la conspiración judía sugiere que bien puede ser un artificio deliberado para desviar la atención de los verdaderos problemas y las verdaderas causas. Las pruebas que aporta en este libro sugieren que los banqueros neoyorquinos que también eran judíos desempeñaron papeles relativamente menores en el apoyo a los bolcheviques, mientras que los banqueros neoyorquinos que también eran gentiles (Morgan, Rockefeller, Thompson) desempeñaron papeles importantes.

¿Qué mejor manera de desviar la atención de los *verdaderos* operadores que el coco medieval del antisemitismo?

---

[256] Véase el anexo 3.

Apéndice III

Selección de documentos de los archivos gubernamentales de Estados Unidos y Gran Bretaña

Nota: Algunos documentos comprenden varios trabajos que forman un grupo relacionado.

Documento n°1 Cable del Embajador Francis en Petrogrado al Departamento de Estado de EE.UU. y carta relacionada del Secretario de Estado Robert Lansing al Presidente Woodrow Wilson (17 de marzo de 1917)

Documento n° 2 del Ministerio de Asuntos Exteriores británico (octubre de 1917), según el cual Kerensky estaba a sueldo del gobierno alemán y ayudaba a los bolcheviques.

Documento n°3 Jacob Schiff de Kuhn, Loeb & Company y su posición sobre los regímenes de Kerensky y bolchevique (noviembre de 1918)

Documento n°4 Memorándum de William Boyce Thompson, director del Banco de la Reserva Federal de Nueva York, al primer ministro británico David Lloyd George (diciembre de 1917)

Documento n°5 Carta de Felix Frankfurter al agente soviético Santeri Nuorteva (9 de mayo de 1918)

Documento n°6 Personal de la Oficina Soviética, Nueva York, 1920; lista de los archivos del Comité Lusk del Estado de Nueva York.

Documento n°7 Carta del National City Bank al Tesoro de EE.UU. referente a Ludwig Martens y al Dr. Julius Hammer (15 de abril de 1919)

Documento n°8 Carta del agente soviético William (Bill) Bobroff a

Kenneth Durant (3 de agosto de 1920)

Documento n°9 Memo referente a un miembro de la firma J. P. Morgan y al director británico de propaganda Lord Northcliffe (13 de abril de 1918)

Documento n°10 Memo del Departamento de Estado (29 de mayo de 1922) relativo a General Electric Co.

Documento n°1

Cable del embajador Francis en Petrogrado al Departamento de Estado en Washington, D.C., fechado el 14 de marzo de 1917, e informando de la primera etapa de la Revolución Rusa (861.00/273).

Petrogrado Fechado el 14 de marzo de 1917, Recd. 15, 2:30 a.m.

Secretario de Estado, Washington

1287. Imposible enviar un cablegrama desde el día 11. Los revolucionarios tienen el control absoluto en Petrogrado y están haciendo denodados esfuerzos por mantener el orden, que tienen éxito salvo en contadas ocasiones. Ningún cablegrama desde su 1251 del 9, recibido el 11 de marzo. Gobierno provisional organizado bajo la autoridad de la Douma que se negó a obedecer la orden del Emperador del aplazamiento. Rodzianko, presidente de la Douma, emitiendo órdenes sobre su propia firma. Se informa de la dimisión del ministro. Ministros encontrados son llevados ante la Douma, también muchos oficiales rusos y otros altos funcionarios. La mayoría, si no todos los regimientos ordenados a Petrogrado, se han unido a los revolucionarios tras su llegada. Colonia americana segura. No se tiene conocimiento de daños a ciudadanos americanos.

FRANCIS,

Embajador de Estados Unidos

Al recibir el cable anterior, Robert Lansing, Secretario de Estado, puso su contenido a disposición del Presidente Wilson (861.00/273):

PERSONAL Y CONFIDENCIAL

Estimado Sr. Presidente:

Le adjunto un cablegrama muy importante que acaba de llegar de

Petrogrado, y también un recorte del New York WORLD de esta mañana, en el que se hace una declaración del signor Scialoia, ministro sin cartera del gabinete italiano, que es significativa en vista del informe del señor Francis. Mi propia impresión es que los aliados conocen este asunto y supongo que son favorables a los revolucionarios, ya que el partido de la Corte ha sido, durante toda la guerra, secretamente proalemán.

Atentamente, ROBERT LANSING

Adjunto: El Presidente, La Casa Blanca

COMENTARIO

La frase significativa en la carta Lansing-Wilson es "Mi propia impresión es que los Aliados saben de este asunto y presumo que son favorables a los revolucionarios ya que el partido de la Corte ha sido, durante toda la guerra, secretamente pro-alemán." Se recordará (capítulo dos) que el embajador Dodd afirmó que Charles R. Crane, de Westinghouse y de Crane Co. en Nueva York y consejero del presidente Wilson, estaba implicado en esta primera revolución.

Documento n°2

Memorándum del Foreign Office de Gran Bretaña archivo FO 371/299 (La Guerra - Rusia), 23 de octubre de 1917, archivo no. 3743.

DOCUMENTO

Personal (y) Secreto.

Más de una fuente nos ha llegado el inquietante rumor de que Kerensky está a sueldo de los alemanes y que él y su gobierno están haciendo todo lo posible para debilitar (y) desorganizar a Rusia, a fin de llegar a una situación en la que no sea posible otra cosa que una paz separada. ¿Considera usted que tales insinuaciones tienen fundamento y que el gobierno, al abstenerse de toda acción eficaz, está permitiendo deliberadamente que los elementos bolchevistas se fortalezcan?

Si se tratara de una cuestión de soborno, podríamos competir con éxito si se supiera cómo y a través de qué agentes podría hacerse, aunque no es una idea agradable.

COMENTARIO

Se refiere a la información de que Kerensky estaba a sueldo de los alemanes.

Documento n°3

Consta de cuatro partes:

(a)Cable del embajador Francis, 27 de abril de 1917, en Petrogrado a Washington, D.C., solicitando la transmisión de un mensaje de prominentes banqueros judíos rusos a prominentes banqueros judíos en Nueva York y solicitando su suscripción al Préstamo Libertad Kerensky (861.51/139).

(b)Respuesta de Louis Marshall (10 de mayo de 1917) en representación de los judíos estadounidenses; declina la invitación al tiempo que expresa su apoyo al American Liberty Loan (861.51/143).

(c)Carta de Jacob Schiff de Kuhn, Loeb (25 de noviembre de 1918) al Departamento de Estado (Sr. Polk) transmitiendo un mensaje del banquero judío ruso Kamenka pidiendo ayuda a los Aliados *contra* los bolcheviques ("porque el gobierno bolchevique no representa al pueblo ruso").

(d)Cable de Kamenka transmitido por Jacob Schiff.

DOCUMENTOS

(a) Secretario de Estado de Washington.

1229, vigésimo séptimo.

Por favor, entregue lo siguiente a Jacob Schiff, Juez Brandies [sic], Profesor Gottheil, Oscar Strauss *[sic]*, Rabino Wise, Louis Marshall y Morgenthau:

> "*Los judíos rusos siempre creímos que la liberación de Rusia significaba también nuestra liberación. Siendo profundamente devotos del país, depositamos una confianza implícita en el gobierno temporal. Conocemos el ilimitado poder económico de Rusia y sus inmensos recursos naturales y la emancipación que hemos obtenido nos permitirá participar en el desarrollo del*

país. Creemos firmemente que se acerca el final victorioso de la guerra gracias a la ayuda de nuestros aliados y de los Estados Unidos.

Gobierno temporal emitiendo ahora nuevo préstamo público de la libertad y nos sentimos nuestro deber nacional de apoyo préstamo de alta vital para la guerra y la libertad. Estamos seguros de que Rusia tiene un poder inquebrantable de crédito público y soportará fácilmente toda la carga financiera necesaria. Hemos formado un comite especial de judios rusos para apoyar el prestamo, compuesto por representantes de los circulos financieros, industriales y hombres publicos.

Le informamos aquí y pedimos a nuestros hermanos beyong [sic] los mares para apoyar la libertad de Rusia, que se convirtió en caso ahora la humanidad y la civilización del mundo. Le sugerimos que formar allí comité especial y háganos saber de los pasos que usted puede tomar comité judío apoyo éxito préstamo de la libertad. Boris Kamenku, Presidente, Barón Alexander Gunzburg, Henry Silosberg. "

FRANCIS

* * * * *

(b) Estimado Sr. Secretario:

Después de informar a nuestros asociados del resultado de la entrevista que usted tuvo la amabilidad de concedernos al Sr. Morgenthau, al Sr. Straus y a mí mismo, con respecto a la conveniencia de solicitar suscripciones para el Préstamo Ruso por la Libertad, tal como se pedía en el cablegrama del Barón Gunzburg y de los Sres. Kamenka y Silosberg de Petrogrado, que usted nos comunicó recientemente, hemos concluido actuar estrictamente siguiendo su consejo. Hace varios días prometimos a nuestros amigos de Petrogrado una pronta respuesta a su petición de ayuda. Por lo tanto, agradeceríamos mucho el envío del siguiente cablegrama, siempre que sus términos cuenten con su aprobación:

"Boris Kamenka,

Banco Don Azov, Petrogrado.

Nuestro Departamento de Estado, al que hemos consultado, considera desaconsejable cualquier intento actual de conseguir suscripciones públicas aquí para cualquier préstamo extranjero; siendo esencial la concentración de todos los esfuerzos para el éxito de los préstamos de guerra americanos, permitiendo así a nuestro Gobierno suministrar fondos a sus aliados a tipos de interés más bajos que de otro modo sería posible. Nuestras energías para ayudar más eficazmente a la causa rusa deben, pues, dirigirse necesariamente a fomentar las suscripciones al American Liberty Loan. Schiff, Marshall, Straus, Morgenthau, Wise, Gonheil".

Por supuesto, es usted libre de introducir en la fraseología de este cablegrama los cambios que considere convenientes y que indiquen que nuestra falta de respuesta directa a la petición que nos ha llegado se debe a nuestro afán por hacer que nuestras actividades sean lo más eficaces posible.

Le ruego que me envíe una copia del cablegrama tal como fue enviado, con un memorándum del coste para que el Departamento pueda ser reembolsado con prontitud.

Soy, con gran respeto, Fielmente suyo, [sgd.] Louis Marshall. El Secretario de Estado Washington, D.C.

* * * * *

(c) Estimado Sr. Polk:

Permítame enviarle copia de un cablegrama recibido esta mañana y que, en aras de la regularidad, creo que debería ser puesto en conocimiento del Secretario de Estado o de usted mismo, para la consideración que se considere oportuna.

El señor Kamenka, remitente de este cablegrama, es uno de los hombres más importantes de Rusia y, según me han informado, ha sido asesor financiero tanto del gobierno del príncipe Lvoff como del gobierno de Kerensky. Es presidente del Banque de Commerce de l'Azov Don de Petrogrado, una de las instituciones financieras más importantes de Rusia, pero tuvo, probablemente, que abandonar Rusia con el advenimiento de Lenin y sus "camaradas".

Permítame aprovechar esta oportunidad para enviarle sinceros saludos a usted y a la señora Polk y expresar la esperanza de que usted se encuentre ahora de nuevo en perfecto estado, y que la señora Polk y los niños gocen de buena salud.

Atentamente, [sgd.] Jacob H. Schiff

Hon. Frank L. Polk Consejero del Departamento de Estado Washington, D.C.

MM-Encl. [Fechado el 25 de noviembre de 1918]

* * * * *

(d) Traducción:

El triunfo completo de la libertad y el derecho me brinda una nueva oportunidad para repetirle mi profunda admiración por la noble nación americana. Espero ver ahora rápidos progresos por parte de los Aliados para ayudar a Rusia a restablecer el orden. Llamo también su atención sobre la apremiante necesidad de reemplazar en Ucrania a las tropas enemigas en el mismo momento de su retirada para evitar la devastación bolchevista. La intervención amistosa de los aliados sería recibida en todas partes con entusiasmo y considerada como una acción democrática, porque el gobierno bolchevique no representa al pueblo ruso. Le escribí el 19 de septiembre. Cordiales saludos.

[Kamenka

COMENTARIO

Se trata de una serie importante porque refuta la historia de una conspiración de bancos judíos detrás de la revolución bolchevique. Está claro que Jacob Schiff de Kuhn, Loeb no estaba interesado en apoyar el Préstamo Libertad de Kerensky y Schiff se tomó la molestia de llamar la atención del Departamento de Estado sobre las súplicas de Kamenka para que los Aliados intervinieran contra los bolcheviques. Obviamente Schiff y su colega banquero Kamenka, a diferencia de J.P. Morgan y John D. Rockefeller, estaban tan descontentos con los bolcheviques como lo habían estado con los zares.

Documento n°4

Descripción

Memorándum de William Boyce Thompson (director del Banco de la Reserva Federal de Nueva York) a Lloyd George (primer ministro de Gran Bretaña), diciembre de 1917.

DOCUMENTO

PRIMERO

La situación rusa está perdida y Rusia está totalmente expuesta a la explotación alemana sin oposición, a menos que los Aliados den un giro radical a su política.

SEGUNDO

Debido a su diplomacia miope, los Aliados desde la Revolución no han conseguido nada beneficioso y han perjudicado considerablemente sus propios intereses.

TERCERA

Los representantes aliados en Petrogrado han carecido de comprensión comprensiva del deseo del pueblo ruso de alcanzar la democracia. Nuestros representantes se relacionaron primero oficialmente con el régimen del Zar. Naturalmente han sido influenciados por ese ambiente.

CUARTO

Mientras tanto, por otra parte, los alemanes han llevado a cabo una propaganda que sin duda les ha ayudado materialmente a destruir el Gobierno, a destrozar el ejército y a destruir el comercio y la industria. Si esto continúa sin oposición, puede resultar en la explotación completa del gran país por Alemania contra los Aliados.

QUINTO

Baso mi opinión en un cuidadoso e íntimo estudio de la situación tanto fuera como dentro de los círculos oficiales, durante mi estancia en Petrogrado entre el 7 de agosto y el 29 de noviembre de 1917.

SEXTO

"¿Qué se puede hacer para mejorar la situación de los aliados en Rusia?

El personal diplomático, tanto británico como estadounidense, debería cambiarse por otro de espíritu democrático y capaz de mantener la simpatía democrática.

Debe erigirse un poderoso comité no oficial, con sede en Petrogrado, que opere en segundo plano, por así decirlo, y cuya influencia en cuestiones de política sea reconocida y aceptada por los funcionarios DIPLOMÁTICOS, CONSULARES y MILITARES de los Aliados. La composición del personal de dicho comité debería ser tal que permitiera confiarle amplios poderes discrecionales. Presumiblemente emprendería trabajos en varios canales. La naturaleza de los mismos se hará evidente a medida que avance la tarea; su objetivo seria hacer frente a todas las nuevas condiciones que pudieran surgir.

SÉPTIMO

Es imposible ahora definir completamente el alcance de este nuevo comité aliado. Quizá pueda contribuir a una mejor comprensión de su posible utilidad y servicio haciendo una breve referencia al trabajo que yo inicié y que ahora está en manos de Raymond Robins, quien es bien y favorablemente conocido por el coronel Buchan - un trabajo que en el futuro tendrá sin duda que ser algo alterado y añadido para satisfacer las nuevas condiciones. Mi trabajo se ha realizado principalmente a través de un "Comité de Educación Cívica" ruso ayudado por Madame Breshkovsky, la Abuela de la Revolución. Fue asistida por el Dr. David Soskice, secretario privado del entonces Primer Ministro Kerensky (ahora de Londres); Nicholas Basil Tchaikovsky, en un tiempo Presidente de la Sociedad Cooperativa de Campesinos, y por otros importantes revolucionarios sociales que constituían el elemento salvador de la democracia entre la extrema "Derecha" de la clase oficial y propietaria, y la extrema "Izquierda" que encarnaba los elementos más radicales de los partidos socialistas. El objetivo de este comité, tal y como se recoge en un telegrama de Madame Breshkovsky al presidente Wilson, puede deducirse de esta cita: "Es necesaria una educación generalizada para hacer de Rusia una democracia ordenada. Planeamos llevar esta educación al soldado en el campamento, al obrero en la fábrica, al campesino en la aldea." Los que ayudaban en este trabajo se dieron cuenta de que durante siglos las masas habían estado bajo el yugo de la autocracia, que no les había dado protección sino opresión; que una forma democrática de gobierno en Rusia sólo podría mantenerse CON LA DERROTA DEL EJÉRCITO ALEMÁN; CON EL DERROQUE DE LA AUTOCRACIA ALEMANA. ¿Podría esperarse que la Rusia libre, sin preparación para grandes responsabilidades gubernamentales, sin educación, sin formación, sobreviviera mucho tiempo con la Alemania imperial como vecina? Desde luego que no. La Rusia democrática se convertiría rápidamente en el mayor premio de guerra que el mundo haya conocido.

El Comité diseñó un centro educativo en cada regimiento del ejército ruso, en forma de Clubes de Soldados. Estos clubes se organizaron lo más rápidamente posible y se contrató a conferenciantes para que se dirigieran a los soldados. Los conferenciantes eran en realidad profesores, y debe recordarse que hay un porcentaje de 90 entre los soldados de Rusia que no saben leer ni escribir. En el momento del estallido bolchevique, muchos de estos conferenciantes estaban sobre el terreno causando una buena impresión y obteniendo excelentes resultados. Sólo en la ciudad de Moscú había 250. El Comité preveía contar por lo menos con 5.000 de estos conferenciantes. Publicábamos muchos periódicos de la clase "A B C", que imprimían en el estilo más sencillo, y ayudábamos a unos 100 más. Estos periódicos llevaban a los hogares de los obreros y de los campesinos el llamamiento al patriotismo, a la unidad y a la solidaridad.

Después del derrocamiento del último gobierno de Kerensky ayudamos materialmente a la difusión de la literatura bolchevique, distribuyéndola a través de agentes y por aviones al ejército alemán. Si se permite la sugerencia, sería bueno considerar si no sería deseable que esta misma literatura bolchevique se enviara a Alemania y Austria a través de los frentes occidental e italiano.

OCTAVO

La presencia de un pequeño número de tropas aliadas en Petrogrado sin duda habría hecho mucho para evitar el derrocamiento del gobierno de Kerensky en noviembre. Me gustaría sugerir para su consideración, si las condiciones actuales continúan, la concentración de todos los empleados del Gobierno británico y francés en Petrogrado, y si surgiera la necesidad podría formarse una fuerza bastante eficaz. Podría ser aconsejable incluso pagar una pequeña suma a una fuerza rusa. Hay también un gran cuerpo de voluntarios reclutados en Rusia, muchos de ellos incluidos en la Inteligentzia de clase "Centro", y éstos han hecho un espléndido trabajo en las trincheras. Se les podría ayudar adecuadamente.

NOVENO

Si me pide un programa más detallado, le diré que es imposible dárselo ahora. Creo que un trabajo inteligente y valeroso impedirá todavía que Alemania ocupe el campo para sí y explote así a Rusia a expensas de los Aliados. Habrá muchas maneras de prestar este servicio que se harán evidentes a medida que avance el trabajo.

COMENTARIO

A raíz de este memorándum, el gabinete de guerra británico cambió su política a una de tibio pro bolchevismo. Nótese que Thompson admite la distribución de literatura bolchevique por parte de sus agentes. La confusión sobre la fecha en que Thompson abandonó Rusia (en este documento afirma el 29 de noviembre) queda aclarada por los papeles de Pirnie en la Hoover Institution. Hubo varios cambios de planes de viaje y Thompson seguía en Rusia a principios de diciembre. El memorándum fue escrito probablemente en Petrogrado a finales de noviembre.

Documento n°5

DESCRIPCIÓN

Carta fechada el 9 de mayo de 1918, de Felix Frankfurter (entonces ayudante especial del secretario de guerra) a Santeri Nuorteva (alias de Alexander Nyberg), agente bolchevique en Estados Unidos. Figura como documento n° 1544 en los archivos del Comité Lusk, Nueva York:

DOCUMENTO

DEPARTAMENTO DE GUERRA WASHINGTON 9 de mayo de 1918

Mi querido Sr. Nhorteva [*sic*]:

> *Muchas gracias por su carta del 4 de abril. Sabía que comprendería el carácter puramente amistoso y totalmente extraoficial de nuestra conversación, y aprecio las rápidas medidas que ha tomado para corregir su carta de Sirola*. Esté completamente seguro de que no ha ocurrido nada que disminuya mi interés por las cuestiones que usted plantea. Todo lo contrario. Me interesan mucho** las consideraciones que expone y el punto de vista que defiende. Las cuestiones*** que están en juego son intereses que significan mucho para el mundo entero. Para afrontarlos adecuadamente necesitamos todo el conocimiento y la sabiduría que podamos conseguir****.*
>
> Cordialmente, *Felix Frankfurter*

Santeri Nuorteva, Esq.

* Yrjo Sirola fue bolchevique y comisario en Finlandia.

** Texto original, "continuamente agradecido por".

*** Texto original, "intereses".

**** El texto original añadía "estos días".

COMENTARIO

Esta carta de Frankfurter fue escrita a Nuorteva/Nyberg, un agente bolchevique en Estados Unidos, en un momento en que Frankfurter ocupaba un cargo oficial como ayudante especial del Secretario de Guerra Baker en el Departamento de Guerra. Al parecer, Nyberg estaba dispuesto a cambiar una carta dirigida al comisario "Sirola" siguiendo las instrucciones de Frankfurter. El Comité Lusk adquirió el borrador original de Frankfurter que incluía los cambios de Frankfurter y no la carta recibida por Nyberg.

EL BURÓ SOVIÉTICO EN 1920

Posición	Nombre	Ciudadanía	Nacido	Empleo anterior
Representante de la URSS	Ludwig C.A.K. MARTENS	Alemán	Rusia	V-P de Weinberg & Posner Engineering (120 Broadway)
Director de oficina	Gregory WEINSTEIN	Ruso	Rusia	Periodista
Secretario	Santeri NUORTEVA	En finés	Rusia	Periodista
Subsecretario	Kenneth DURANT	EE.UU.	EE.UU.	(1) Comité de Información Pública de EE.UU. (2) Ex ayudante del coronel House
Secretario privado de NUORTEVA	Dorothy KEEN	EE.UU.	EE.UU.	Bachillerato
Traductor	Mary MODELL	Ruso	Rusia	Escuela en Rusia
Archivero	Alexander COLEMAN	EE.UU.	EE.UU.	Bachillerato
Telefonista	Blanche ABUSHEVITZ	Ruso	Rusia	Bachillerato
Empleado de oficina	Néstor KUNTZEVICH	Ruso	Rusia	-
Experto militar	Teniente Coronel Boris Tagueeff Roustam BEK	Ruso	Rusia	Crítica militar en *el Daily Express* (Londres)

Departamento Comercial

Posición	Nombre	Ciudadanía	Nacido	Empleo anterior
Director	A. HELLER	Ruso	EE.UU.	Compañía Internacional de Oxígeno
Secretario	Ella TUCH	Ruso	EE.UU	Empresas estadounidenses

			U.	
Secretaria	Rosa HOLLAND	EE.UU.	EE.UU.	Liga escolar de Gary
Secretaria	Henrietta MEEROWICH	Ruso	Rusia	Asistente social
Secretaria	Rosa BYERS	Ruso	Rusia	Escuela
Estadístico	Vladimir OLCHOVSKY	Ruso	Rusia	Ejército ruso

Departamento de Información

Director	Evans CLARK	EE.UU.	EE.UU.	Universidad de Princeton
Secretaria	Nora G. SMITHMAN	EE.UU.	EE.UU.	Expedición Ford Peace
Steno	Etta FOX	EE.UU.	EE.UU.	Consejo de Comercio de Guerra
-	Wilfred R. HUMPHRIES	REINO UNIDO	-	Cruz Roja Americana

Departamento técnico

Director	Arthur ADAMS	Ruso	EE.UU.	-

Departamento de Educación

Director	William MALISSOFF	Ruso	EE.UU.	Universidad de Columbia

Departamento Médico

Director	Leo A. HUEBSCH	Ruso	EE.UU.	Médico
	D. H. DUBROWSKY	Ruso	EE.UU.	Médico

Departamento Jurídico

Director	Morris HILLQUIT	Lituania	-	-
	Abogado contratado:			
	Charles RECHT			
	Dudley Field MALONE			
	George Cordon BATALLA			

Dpto. de Economía y Estadística

Director	Isaac A. HOURWICH	Ruso	EE.UU.	Oficina del Censo de EE.UU.
	Eva JOFFE	Ruso	EE.UU.	Comisión Nacional del Trabajo Infantil
Steno	Elizabeth GOLDSTEIN	Ruso	EE.UU.	Estudiante

Redacción de la Rusia soviética

Redactor jefe	Jacob w. HARTMANN	EE.UU.	EE.UU.	Colegio de la Ciudad de Nueva York
Steno	Ray TROTSKY	Ruso	Rusia	Estudiante
Traductor	Theodore BRESLAUER	Ruso	Rusia	-
Secretaria	Vastamente IVANOFF	Ruso	Rusia	-
Secretaria	David OLDFIELD	Ruso	Rusia	-
Traductor	J. BLANKSTEIN	Ruso	Rusia	-

FUENTE: U.S., House, *Conditions in Russia* (Committee on

Foreign Affairs), 66th Cong., 3rd sess. (Washington, D.C., 1921). Véase también la lista británica en U.S. State Department Decimal File, 316-22- 656, donde también figura el nombre de Julius Hammer.

Documento n°7

DESCRIPCIÓN

Carta del National City Bank de Nueva York al Tesoro de Estados Unidos, 15 de abril de 1919, en relación con Ludwig Martens y su socio el Dr. Julius Hammer (316-118).

DOCUMENTO

El National City Bank de Nueva York

Nueva York, 15 de abril de 1919

Honorable Joel Rathbone,

Subsecretario del Tesoro Washington, D.C.

Estimado Sr. Rathbone:

> *Me permito entregarle adjuntas las fotografías de dos documentos que hemos recibido esta mañana por correo certificado de un tal Sr. L. Martens, que dice ser el representante en los Estados Unidos de la República Socialista Soviética Federal Rusa, con el testimonio de un tal Dr. Julius Hammer para el Director Interino del Departamento Financiero.*
>
> *Verán en estos documentos que se nos exigen todos y cada uno de los fondos depositados en nuestra cuenta a nombre del Sr. Boris Bakhmeteff, supuesto embajador ruso en Estados Unidos, o a nombre de cualquier individuo, comité o misión que pretenda actuar en nombre del Gobierno ruso en subordinación al Sr. Bakhmeteff o directamente.*
>
> *Estaremos encantados de recibir sus consejos o instrucciones al respecto.*
>
> *Atentamente, [sgd.] J. H. Carter, Vicepresidente.*

Recinto JHC:M

COMENTARIOS

La importancia de esta carta está relacionada con la larga asociación (1917-1974) de la familia Hammer con los soviéticos.

Documento n°8

DESCRIPCIÓN

Carta fechada el 3 de agosto de 1920, del mensajero soviético "Bill" Bobroff a Kenneth Durant, antiguo ayudante del coronel House. Tomada de Bobroff por el Departamento de Justicia de EEUU.

DOCUMENTO

Oficina de Investigación del Departamento de Justicia,

15 Park Row, Nueva York, N. Y., 10 de agosto de 1920

Director de la Oficina de Investigación

Departamento de Justicia de Estados Unidos, Washington, D.C.

Estimado Señor: Confirmando la conversación telefónica mantenida hoy con el Sr. Ruch, le transmito adjuntos documentos originales extraídos de los efectos de B. L. Bobroll, vapor Frederick VIII.

La carta dirigida al Sr. Kenneth Durant, firmada por Bill, fechada el 3 de agosto de 1920, junto con la traducción de "Pravda" del 1 de julio de 1920, firmada por Trotzki, y copias de cablegramas se encontraron dentro del sobre azul dirigido al Sr. Kenneth Durant, 228 South Nineteenth Street, Filadelfia, Pa. Este sobre azul estaba a su vez cerrado dentro del sobre blanco adjunto. La mayor parte de los efectos del Sr. Bobroff consistían en catálogos de maquinaria, especificaciones, correspondencia relativa al envío de diversos equipos, etc., a puertos rusos. El Sr. Bobroff fue interrogado minuciosamente por el agente Davis y las autoridades aduaneras, y se enviará a Washington un informe detallado al respecto.

Atentamente,

G. F. Lamb, Superintendente de División

CARTA A KENNETH DURANT

Querido Kenneth: Gracias por tu carta tan bienvenida. Me he sentido muy aislado y encerrado, un sentimiento que se ha acentuado mucho con las experiencias recientes. Me he sentido angustiado por la incapacidad de forzar una actitud diferente hacia la oficina y de conseguir fondos para ti de alguna manera. Enviarle por cable 5.000 dólares, como se hizo la semana pasada, no es más que una broma lamentable. Espero que la propuesta de vender oro en América, sobre la que hemos estado telegrafiando recientemente, sea pronto factible. Ayer le enviamos un telegrama preguntándole si podría vender 5.000.000 de rublos a un mínimo de 45 centavos, ya que el cambio actual en el mercado es de 51,44 centavos. Eso supondría al menos 2.225.000 dólares. La necesidad actual de L es de 2.000.000 de dólares para pagar a Niels Juul & Co., en Christiania, por la primera parte del envío de carbón desde América a Vardoe, Murmansk y Arcángel. El primer barco está cerca de Vardoe y el segundo salió de Nueva York alrededor del 28 de julio. En total, Niels Juul & Co., o más bien el Norges' Bank, de Christiania, por su cuenta y por la nuestra, poseen 11.000.000 de rublos de oro nuestros, que ellos mismos trajeron de Reval a Christiania, como garantía de nuestro pedido de carbón y del tonelaje necesario, pero las ofertas de compra de este oro que han podido conseguir hasta ahora son muy pobres, siendo la mejor de 575 dólares por kilo, mientras que la tasa ofrecida por la Casa de la Moneda o el Departamento del Tesoro americanos es ahora de 644,42 dólares, y considerando la gran suma en juego sería una lástima dejarlo escapar con una pérdida demasiado grande. Espero que antes de que reciba esto haya podido efectuar la venta, obteniendo al mismo tiempo un cuarto de millón de dólares o más para el Bureau. Si no podemos pagar de algún modo los 2.000.000 de dólares de Christiania, que vencían hace cuatro días, en un plazo muy breve, Niels Juul & Co. tendrán derecho a vender el oro que tienen ahora en su poder al mejor precio que se pueda obtener en ese momento, que, como ya he dicho, es bastante bajo.

Aún no sabemos cómo van las negociaciones canadienses. Tenemos entendido que Nuorteva entregó los hilos a Shoen cuando la detención de N. parecía inminente. En este momento no sabemos dónde está Nuorteva. Suponemos que después de su regreso forzoso a Inglaterra desde Esbjerg, Dinamarca, Sir Basil Thomson le hizo embarcar en un vapor con destino a Reval, pero aún no hemos tenido noticias de que haya llegado allí, y sin duda oiríamos de Goukovski o del propio N. Humphries vio a Nuorteva en Esbjerg y tiene problemas con la policía danesa por ello. Se están investigando todas sus conexiones, se le ha retirado el pasaporte, ha sido examinado dos veces y parece que tendrá suerte si escapa a la deportación. Hace dos semanas que Nuorteva llegó a Esbjerg, a 300 millas de aquí, pero al no tener visado danés, las autoridades danesas se negaron a permitirle desembarcar, y fue trasladado a un vapor que debía zarpar a las 8 de la mañana siguiente. Tras depositar 200 coronas, se le permitió bajar a tierra durante un par de horas. Deseoso de llegar a Copenhague con un telegrama de larga distancia y prácticamente sin dinero, empeñó una vez más su reloj de oro por 25 coronas, poniéndose así en contacto con Humphries, que en media hora subió al tren nocturno, durmió en el suelo y llegó a Esbjerg a las siete y media. Humphries encontró el Nuorteva, obtuvo permiso del capitán para subir a bordo, estuvo 20 minutos con N., luego tuvo que desembarcar y el barco zarpó. Dos hombres de paisano, que habían estado observando el procedimiento, invitaron a Humphries a la oficina de la policía. Fue interrogado minuciosamente, le tomaron la dirección y luego le dejaron en libertad, y esa noche tomó el tren de regreso a Copenhague. Envió telegramas a Ewer, del Daily Herald, Shoen, y a Kliskho, en el 128 de New Bond Street, instándoles a que se aseguraran de ir al encuentro del barco de Nuorteva, para que N. no pudiera ser de nuevo secuestrado, pero aún no sabemos qué ocurrió. El Gobierno británico negó enérgicamente que tuviera intención alguna de enviarlo a Finlandia. Moscú ha amenazado con represalias si le ocurre algo. Mientras tanto, la investigación de H. ha comenzado. La policía le ha llamado a su hotel, le ha pedido que se presente en el cuartel general (pero no le ha detenido), y tenemos entendido que su caso está ahora ante el ministro de Justicia. Cualquiera que sea el resultado final, Humphries comenta la razonable cortesía que se le ha mostrado, contrastándola con la ferocidad de las redadas rojas en América.

Descubrió que en la central de detectives conocían algunas de sus cartas y telegramas salientes.

Me interesó tu comentario favorable sobre la entrevista de Krassin a Tobenken (no mencionas la de Litvinoff), porque tuve que luchar como un demonio con L. para conseguir las oportunidades para Tobenken. Cuando T. llegó con una carta de Nuorteva, al igual que Arthur Ruhl, L. rechazó bruscamente en menos de un minuto la solicitud que T. estaba haciendo para entrar en Rusia, apenas se tomaba tiempo para escucharle, diciendo que era imposible permitir que dos corresponsales del mismo periódico entraran en Rusia. Concedió un visado a Ruhl, en gran parte debido a una promesa hecha el verano pasado a Ruhl por L. Ruhl se marchó entonces a Reval, para esperar allí el permiso que L. había enviado por cable pidiendo a Moscú que le concediera. Tobenken, nervioso, casi destrozado por su negativa, se quedó aquí. Me di cuenta del error que se había cometido con el juicio precipitado, y me puse manos a la obra para conseguir cambiarlo. Resumiendo mucho, lo llevé a Reval con una carta de L. a Goukovsky. Mientras tanto, Moscú rechazó a Ruhl, a pesar del visé de L. L. estaba furioso por la afrenta a su visado, e insistió en que se cumpliera. Así fue, y Ruhl se preparó para partir. De repente llegaron noticias de Moscú a Ruhl revocando el permiso y a Litvinoff, diciendo que había llegado a Moscú información de que Ruhl estaba al servicio del Departamento de Estado. En el momento de escribir estas líneas, tanto Tobenken como Ruhl se encuentran en Reval, atrapados.

Esta mañana le dije a L. que el barco partía mañana y que el mensajero B. estaba disponible, le pregunté si tenía algo que escribir a Martens, me ofrecí a taquigrafiarlo por él, pero no, dijo que no tenía nada que escribir, que tal vez podría enviar duplicados de nuestros *cables recientes a Martens.*

Kameneff pasó por aquí en un destructor británico de camino a Londres, y no paró aquí en absoluto, y Krassin fue directo desde Estocolmo. De las negociaciones, aliadas y polacas, y de la situación general sabes tanto como nosotros aquí. Las negociaciones de L con los italianos han resultado finalmente en el establecimiento de una representación mutua. Nuestro representante, Vorovsky, ya ha ido a Italia y su representante, M. Gravina, está de camino a Rusia. Acabamos de enviar dos cargamentos de trigo ruso a Italia desde Odesa.

Saluda de mi parte a las personas de tu círculo que conozco.

Con todos mis mejores deseos para ti.

Atentamente, Bill

El lote de cartas que envió - 5 Cranbourne Road, Charlton cum Hardy, Manchester, aún no ha llegado.

La recomendación de L. a Moscú, ya que M. pidió trasladarse a Canadá, es que M. sea nombrado allí, y que N., tras pasar algunas semanas en Moscú familiarizándose de primera mano, sea nombrado representante en América.

L. critica duramente al buró por dar visados y recomendaciones con demasiada facilidad. Obviamente se sorprendió e indignó cuando B. llegó aquí con contratos conseguidos en Moscú gracias a las cartas que le había enviado M. El mensaje posterior de M. evidentemente no llegó a Moscú. Lo que L. planea hacer al respecto no lo sé. Yo sugeriría que M. cablegrafiara en clave su recomendación a L. en este asunto. L. no tendría nada que ver con B. aquí. Podría crearse una situación incómoda.

L. instó también a la recomendación Rabinoff.

Dos sobres, Sr. Kenneth Durant, 228 South Nineteenth Street, Philadelphia, Pa., U.S.A.

FUENTE: Archivo Decimal del Departamento de Estado de EE.UU., 316-119-458/64.

NOTA: IDENTIFICACIÓN DE LAS PERSONAS

William (Bill) L. BOBROFF: mensajero y agente soviético. Dirigió la Bobroff Foreign Trading and Engineering Company de Milwaukee. Inventó el sistema de votación utilizado en la Asamblea Legislativa de Wisconsin.

Kenneth DURANT: Ayudante del Coronel House; ver texto.

Empleado de International Oxygen Co., propiedad de Heller, destacado financiero y comunista.

EWER: Agente soviético, reportero *del London Daily Herald*.

KLISHKO: Agente soviético en Escandinavia

NUORTEVA También conocido como Alexander Nyberg, primer representante soviético en Estados Unidos; ver texto.

Sir Basil THOMPSON: Jefe de la Inteligencia Británica

"L": LITVINOFF.

"H": Wilfred Humphries, asociado con Martens y Litvinoff, miembro de la Cruz Roja en Rusia.

KRASSIN: Comisario bolchevique de comercio y trabajo, ex jefe de Siemens-Schukert en Rusia.

COMENTARIOS

Esta carta sugiere estrechos vínculos entre Bobroff y Durant.

Documento n°9

DESCRIPCIÓN

Memorándum referente a una petición de Davison (socio de Morgan) a Thomas Thacher (abogado de Wall Street asociado a los Morgan) y transmitido a Dwight Morrow (socio de Morgan), 13 de abril de 1918.

DOCUMENTO

Hotel Berkeley, Londres

13 de abril de 1918.

Hon. Walter H. Page,

Embajador americano en Inglaterra, Londres.

Estimado señor:

Hace varios días recibí una petición del Sr. H. P. Davison, Presidente del Consejo de Guerra de la Cruz Roja Americana, para conferenciar con Lord Northcliffe acerca de la situación en Rusia, y luego ir a París para otras conferencias. Debido a la enfermedad de Lord Northcliffe, no he podido entrevistarme con él, pero he dejado al Sr. Dwight W. Morrow, que se aloja actualmente en el Hotel Berkeley, un memorándum de la situación que el Sr. Morrow presentará a Lord Northcliffe a su regreso a Londres.
Para su información y la del Departamento, le adjunto una copia del memorándum.

Respetuosamente,

[Thomas D. Thacher.

COMENTARIO

Lord Northcliffe acababa de ser nombrado director de propaganda. Esto es interesante a la luz de la subvención de William B. Thompson a la propaganda bolchevique y su conexión con los intereses Morgan-Rockefeller.

Documento n°10

DESCRIPCIÓN

Este documento es un memorándum de D.C. Poole, División de Asuntos Rusos del Departamento de Estado, al secretario de Estado sobre una conversación con el Sr. M. Oudin de General Electric.

DOCUMENTO

29 de mayo de 1922

Sr. Secretario:

El Sr. Oudin, de la General Electric Company, me ha informado esta mañana de que su empresa cree que se acerca el momento de iniciar conversaciones con Krassin sobre la reanudación de las actividades en Rusia. Le he dicho que, en opinión del Departamento, el camino que han de seguir en este asunto las empresas americanas es una cuestión de criterio empresarial y que el Departamento no pondría ningún obstáculo a que una empresa americana reanudase sus operaciones en Rusia sobre cualquier base que la empresa considerase viable. Dice que se están llevando a cabo negociaciones entre la General Electric Company y la Allgemeine Elektrizitats Gesellschaft para reanudar el acuerdo de trabajo que tenían antes de la guerra. Espera que el acuerdo que se firme incluya una disposición sobre la cooperación de Rusia.

Respetuosamente, DCP D.C. Poole

COMENTARIO

Se trata de un documento importante, ya que está relacionado con la próxima reanudación de las relaciones con Rusia por parte de una importante empresa estadounidense. Ilustra que la iniciativa partió de la empresa, no del Departamento de Estado, y que no se tuvo en cuenta el efecto de la transferencia de tecnología de General Electric a un enemigo autodeclarado. Este acuerdo de GE fue el primer paso en un camino de importantes transferencias técnicas que condujeron directamente a la muerte de 100.000 estadounidenses e innumerables aliados.

Otros títulos

www.ingramcontent.com/pod-product-compliance
Lightning Source LLC
Chambersburg PA
CBHW061724270326
41928CB00011B/2098